U0933828

文明丝路

罗铭泉◎著

中国出版集团
中国民主法制出版社
全国百佳图书出版单位

图书在版编目(CIP)数据

文明丝路/罗铭泉著. —北京:中国民主法制出版社,
2018.4
ISBN 978-7-5162-1775-7

Ⅰ.①文… Ⅱ.①罗… Ⅲ.①丝绸之路—历史
Ⅳ.①K928.6

中国版本图书馆 CIP 数据核字(2018)第 059423 号

图书出品人:刘海涛
出版统筹:乔先彪
责任编辑:刘春雨

书名/ 文明丝路
作者/ 罗铭泉 著

出版·发行/ 中国民主法制出版社
地址/ 北京市丰台区玉林里 7 号(100069)
电话/(010) 63292534 63057714(发行部) 63055259(总编室)
传真/(010) 63056975 63055378
http://www.npcpub.com
E-mail:mzfz@npcpub.com
经销/ 新华书店
开本/ 16 开 787 毫米×1092 毫米
印张/ 18.5 **字数**/ 234 千字
版本/ 2023 年 3 月第 1 版第 2 次印刷
印刷/ 涿州市荣升新创印刷有限公司

书号/ ISBN 978-7-5162-1775-7
定价/ 74.00 元

献给所有有着中华民族优良传统，贤娴淑德、温柔坚毅、积极乐观的中国母亲们！

序

读余秋雨先生的书，经常是一开卷便不能释手。最近开读《千年一叹》时也是如此，但速度很快就慢下来甚至出现经久停顿，越往后变得越拖沓了。

在千年交替之际，参与一个寻找古代各人类文明发源地的发展轨迹的旅程，而且是从西到东途经欧亚两大洲和非洲一角，从一个文明起点到另一个文明源头，把人类古代文明的四大发轫地实实在在地用脚步和车轮丈量，并贯穿起来，然后试图捋出合乎逻辑的轮廓，解释我们为什么会是今天这样，确实是一个万幸的事。

这不会是一个人的旅程，因为要协调的事务太多了，已经不是个人勇气、精力、金钱和时间能说得清楚。但这又是所有对人类文明发展轨迹有兴趣，对人类今天仍然四处战乱、弱肉强食的社会秩序感到惶恐，对子孙后代今后命运时觉不安的人梦寐以求的旅程；毕竟有亲身经历总比没走过这趟路的人强，如果能找到一些蛛丝马迹启发出一点灵感，那更是再惬意不过了。

这种机遇不会再有，就算有也落不到自己头上。但是，这条路毕竟有人走过，读好别人的书也是自己的一段心路经历。林语堂在《印度的智慧》中说:“我不是梵语学者，也不是巴利语学者，而是因智慧而永恒的书籍爱好者。把印度智慧与中国智慧合在一起，目的是把对印度这个国家文学的美丽和智慧的快乐体验表达出来，与我的读者分享。在编撰过程中，就算是我亲身去了一趟印度欣赏也不过如此。又怎么会是别的样子呢?”如此而已，岂有他哉!

于是，在拜读《千年一叹》的过程中，我算是赶上了这趟“千禧之旅”的班车，开始在阅读的同时写下因受到触动而涌现的个人想法，停顿下来思考的时间也就越来越长、越来越投入，到最后我好像真的成为旅途中的一分子了。不过，我这个搭顺风车的不速之客是受到极大限制的：余先生所见的、所感受的，通过写出来的文字便是我认知的全部；字里行间的感觉，一丁点的叹息，通过历史引文折射出来的分析或某些论点，这些缝隙空间和可以容纳更多他人主观意见的地方，让我有机会加进一些个人的想法，忍不住就在书页边上密密麻麻地写了下来，后来竟然积少成多，足够成为另一本书的书稿。有一点必须声明，本书稿绝对没有抄袭，至于内容是对是错，是好是坏，自然作者文责自负。

从无到有，人类在地球上的不同地方创造文明，这个创造期早成了历史。古代文明中心有四个，三个已夭折成为古文物，有幸绵延至今的唯一存活体是东方的“中华文明”，而她，也曾经在近代一段很长的时间里风雨飘摇，甚至命悬一线；中华民族曾一度成为外族人的俎上肉，活生生地任由宰割，在实验室里被活体解剖试验，数十万人被大量屠杀，成为敌人取乐与比拼谁更狠、谁杀的更多、谁是胜利者的比赛工具。

人类四大“源头文明”中其他三个在灭亡前是否也遭受到同样甚至更悲惨的命运我们不得而知，但可以肯定的是它们最后的那些日子都不会好过。至于我，开卷时大概只因此书符合个人阅读的兴趣口味，其他理由并不清楚。读完后开始有了明确目的，并起了要结集成书的念头。

我想找出古代各文明失败的缘由，它们是怎样各自一步步走向灭亡的。四大“源头文明”中，中华文明何以能够传承至今？如果能找到其中因由，之后的目的就变得十分简单：那就是让世上所有人都能够明白地球上仅存的文明活体是何等的重要和宝贵，她早已超越自我，超越某一个民族，超越某一个国家，而成为所有世人的“共（同财）产”。不要等她被列入“联合国世界文化遗产”目录名单时才在事后做那些沽名钓誉，但又于事无补的勾当；才在世界某些角落里冒出一些假惺惺拯救中华文明的声音来！每代人都有每代人的责任和担当，推给他人或留给下一代都是极度不负责的行为！

毋庸置疑，人类需要竞争，竞争带来“进步”与“繁荣”。不过竞争总是残酷的，人类的竞争如果离开了“人性与良知”这个属性和本质，就更是如此。在这里，我们设想人性是善良的，如果不是，又哪来前途呢？纵观历史，人类文明的不断毁灭和重生，大概与人类不断地背离人类的良知本性然后在一片狼藉废墟中终于又找回了人性主流的清明有关。所以说到“进步”，人类应该是变得更理智和更安分而不是更物欲化，“繁荣”应该是精神物质更平衡的供给需求而不是低级庸俗、资源浪费和肤浅虚荣的泛滥。

近代以来影响甚至规范世界的主流价值观变得极度不健康，公平竞争因霸力强权而难以成序，于是条文多以服务于少数人的利益而成为法理依归，法律不再是大众追求的那样以服务于全人类的道德良知为圭臬基础。于是我们的“进步”很多都是出自军工发展下的副产品，我们的“繁荣”更是不得不依赖战乱不断的市场经济，而我们的重点污染源却是大家都不提的军事狂轰滥炸和强权在各地区不断重复的军事演习。为了保护地球的空气质量，1997年12月获联合国大会通过的《京都议定书》和后继的在2015年12月12日通过的《巴黎气候协议》都很好，但远远不够。

西方“进化论”提倡的弱肉强食虽属自然规律，但毕竟是低等竞争。人类如果要追求光明的前途，低等竞争是不能效仿的。至于应该如何竞争，才能很好地包容人性的善良、情感的温暖，希望后面会有能令读者满意的交代。

好了，有了上述铺垫，现在就让我们打点行装，重走一遍余秋雨先生的“千禧之旅”吧。

目 录

以色列、巴勒斯坦

约　旦

伊拉克

伊　朗

巴基斯坦

印 度

楔 子

没有旅行箱，没有提包洗漱用具，也没喝什么壮行酒，带上几本旧书和一本世界地图，就在原地随“队”出发了。因为条件所限，出发了也未能通告有关方，所以很长时间都没有人知道多了一个搭顺风车的稀客。

据悉，出发前，大队是以焚香告祖的方式来壮行的，在一艘出海的木船上架起香案，祭起神坛，献上一头被烤得金黄、皮脆肉嫩的小乳猪，伴随着一案的红烛香火，向着海天焚香祭告，祈求上苍先祖一路眷顾，保佑全体子裔平安归来。

仪式是沿袭数千年传统的风俗（福建、广东一带习俗会有妈祖或菩萨供奉在案）进行的，这不但恰当，而且重要。一个文明的传承，靠的就是一代代人苦苦守护着各式各样从不离弃的传统习惯和文化风俗来支撑的。这种通过千丝万缕的有机纤维体构筑编织而成的文化纽带，就是数千年来中华文明得以生存和传承的最重要载体，其他如历史典故、国学诗文，体制音乐、价值思维等，都是附唐。当这些支撑万紫千红、莺歌处处、各显风采的时候，那是文明盛世；但到了这些支撑捉襟见肘、左支右绌的时候，危机出现了，是自身问题？还是外来文化的过度影响，答案在文明主体的自信和自尊上。

（一）

西方文化十分注重外表包装，尤其注重漂亮体面的服饰，各行各业各个级别都有各自的服饰，如厨师与厨师长、店小二，警察、消防员，医生、护士，工程师、技术员等无一不是。为了让人民对法律和法庭肃然起敬，一些国家的法官到现在还戴着代表贵族尊贵身份地位的假发，方能出庭审理案件，假发之外加上阔袍大袖这样专有的衣饰和一个木槌子用以示警，就更显威严肃穆了。军队的成员更不用说，官阶清楚，各军种泾渭分明，从外表一看便知道其身份地位。至于文职方面的政要和富商巨贾，西装革履的成色和档次自然会昭示一切，英国贵族所表现的绅士风度，更不是一般人能容易做到的。

其实这也是中国文化的一个重要部分，历来都是这样，连演戏所用的脸谱，红脸花脸、生旦青衣，不同角色，各有尺度讲究。就说相声吧，前人敬业乐业，严守规矩，在艺术内容上求突破，在文化风格中思进取，所以长期受到人民喜爱。现在的一些相声，不仅在内容上每况愈下，庸俗不堪，演员更不思进取，连衣冠都懒得整理维持，结果是不伦不类，自己破坏自己的生计，更坏了相声这个行业的行规、传统和名声。一行显百业，文明主体的自尊自信既然是这样，危机的出现又如何能避免，外来不良文化的影响只会加剧这种下滑的现象，如果政府和行业协会不及早从各个层面采取补救措施，文明自信又从何谈起？

当然，最好的包装如果没有科学、长效的良好管理制度，也是枉然，迟早总会付诸流水。包装里面都会有水分，更充满虚伪和欺骗。良好的管理就完全不一样了，容不得半点马虎虚假，大部分时候连人情味也得抽干，来个“六亲不认”。两个充满矛盾的要素如果能够被巧妙地糅合运作，就成了西方工商业成功管理的模式。在这样的环境和教育培养下，商人奸诈不用说，连高层的政治人物为了达到目的也经常撒谎，然后面不改色地坚持，直至退休，到时候自然会被一个大大的黄金降落伞保护起来，法律不能再追究，百毒不侵，安享晚年。这是西方为了他们逐利的需要而巧设的制度，所以他们成功，不过也正因为如此，所以他们失败。现在就让我再举一个简单的例子来说明。

（二）

中国人的烹饪，既历史悠久，又能动心思，更不辞劳苦；刀工烹调，无不讲究万分，精雕细作，如舌尖上的芭蕾，加上菜系众多，小吃精彩，早已世界闻名。但在世界范围内中国菜的传承也没有得到应有的地位却是失败的。法国、瑞士都有不少厨艺学院，他们的厨师每每能引领世界风骚，为什么？原因有三个：先有国家级严谨的管理制度，再有产品、产业漂亮的外表包装，然后还有社会对从业者应有的尊重。

对从业者的尊重是抬高整个行业社会地位的必然条件，而抬高一个行业的社会地位首先又是该行业能够长期持续良好发展的重要基础。中国以前有名气的老艺人靠的不是外表，而是才华、锻炼和辛勤的付出，是真功夫，但是他们的收入与现代的一些艺人或者明星比，却寒碜得令人心疼和心寒。这种寒心已经不光是因为从前社会制度而导致的不公，更多的是因为现代社会过度庸俗和功利的包装而导致的失衡。我们孜孜以求不断创新的好厨师地位是提高了，但距离法国、瑞士的世界级名厨仍有不小距离，这与无能、无所作为的行业协会不善管理有关。我们在这些方面没有做好，各人只顾自己，行动零零散散，缺乏协作精神和远见，在全球竞争中自然就会落败。我们不要简单地抄袭西方过度的包装，这不切合实际，也不全是正途。举一反三，个中关系，有心人应该细心想想。

在法国，厨师属于艺术家的范畴，法国还有一家全球闻名、历史悠久的为这些艺术家及他们的创作场所——餐厅做权威鉴定的机构：“米其林”——一个本来只是制造汽车轮胎的专业公司，但它却创意无限。今天的“米其林”，已经成为一所专门评点餐饮行业的历史悠久的法国权威鉴定机构。

当欧洲进入私人汽车代步时代的时候，1900年米其林轮胎的创办人出版了一本供旅客在旅途中选择餐厅的指南，即《米其林红色宝典》。此后每年翻新推出的《米其林红色宝典》被美食家奉为至宝，被誉为欧洲的美食圣经。后来，它开始每年为法国的餐馆评定星级，评审要求相当严谨与公正，几近苛刻，以至全世界现今也只有45家米其林三星级餐厅。其星级评鉴标准：一颗星是“值得”造访的餐厅，是同类饮食风格中特别优秀的餐厅；两颗星餐厅的厨艺非常高明，是“值得绕远路”造访的餐厅；三颗星是最高的“值得特别安排一趟旅行”造访的餐厅，有着令人永志不忘的美味，据说值得打“飞的”专程前去用餐。

评上星级，尤其是三星级餐厅，对一家餐馆和主厨来说是无限风光、无限荣耀又可带来滚滚财富的事。所以著名的餐馆很多不是很大，顶多十来张餐台，主人就是厨师或大厨，再配备数名能力强的厨师助手，每顿饭都像是家宴一般，气氛亲切，并且绝对不会翻台，客人可以坐一个晚上，细嚼慢品，一张桌子一个晚上只为一座客人而设。据业内人士介绍，按国外米其林三星餐厅的价格定位，来这里进餐，人均消费3000—4000元人民币，而且经常要等上半年才有机会预订成功。像这样有名气的餐馆，每周营业不会超过六个晚上，白天不开业，都在忙着为当天晚上需要花费较长时间的菜式做准备。餐馆没有菜单，都是采用时令新鲜的食材，订餐时会问清楚客人的需要、忌讳和口味，菜单当时就大概敲定了。各个地方，靠的都是当地的特色食材，其中一些大众化产品也会挑选最高级别的材料来配制。靠近海边的当然就会以海鲜为主，也会靠海鲜出名。在法国，既然全社会把厨师看作艺术家，付费当然不会简单地在食材上计算衡量，而是在厨师所花费的时间（名气）和餐馆所有人员的付出（管理）乃至用餐过程中的整体感受（风格）上。当然，评餐厅而不一定评厨师，把整体要求提高了又何止三个量级！！人员不用再分级别高低，个个都有分量，食材配料也不用再分主从，一一归类规范。这，正是整体科学管理要求的精髓。

（三）

由此可见，发展创新事业与生意的机会到处都有，只是我们没有好好把握。在现今中国经济正在转型的时期，服务行业的新需要和个人发展的新机会，也比比皆是，可很多人只知道随波逐流，到处制造并参与恶性竞争，甚至造假，并且连企业招牌这个最关键的公司载体都可以随意出卖而不知心疼。我们纵有数千年悠久历史，但像样点的世界性百年老字号却是屈指可数，而且大多不为世人所知。这样看来，我们公民素质有待提升的空间是不是仍然十分巨大?

制度的一项重要内容是制服，这是形式上突出外表留下印象的体现，所以厨师穿上专业的制服后往往会增强自信和自豪感，这样一来又会带给他们更强烈的责任心。招牌更代表了一个企业的整体形象；一个形象良好的公司标志，只能用时间和不断辛劳耕作换取，所以它一定是无价的。不能以这样的心态管理企业的人充其量只能是职业管理者，绝对入不了企业家之列。我们很多行业和从业人员所缺的正是这些素质和认识，如果他们都能像厨师那样转变成艺术家，穿上神气的制服，脸上挂满自信和自豪，那假以时日，通过这些人自发向上的努力，全民的素质（包括心理素质）自然会上去，国家的整体形象也就上去了！

不过中国价值观与西方的价值观毕竟不同。中国人沿袭的是修身、齐家、治国之道，注重内敛，所以我们的“君子风度”（注重内容思想管控）绝不等同西方的“绅士风度”（注重外表言行包装），这就形成了两种不同价值观的基础，值得玩味。当然，这只是文明、文化中的一小部分，但见微知著，它是可以作为一个与时俱进的思想突破口引申的。

以上的一些观点，与文明文化在不同发展方向上取得的成果有关，但更重要的，是让我们都学会开放思想中的无限创意，不要老是墨守成规，要发展并增强社会中的正能量。至于其他例子，不胜枚举，有机会再说。

（四）

为了与队伍看齐，目录自然要服从统一的安排，于是就有了一、二两篇开场准备，有关希腊部分从第三篇开始，埃及部分从第十五篇开始，以色列、巴勒斯坦部分从第三十二篇开始，约旦部分从第四十三篇开始……这样的处理也是出于相互参考印证的需要。在参照书《千年一叹》中有很多亮点，本书不便也不宜过多引用，只能点到即止，所以读者如果单看本书，可能会有些零乱感，但如果能拿余先生的《千年一叹》参考着看，纵使有意见相左的地方，一切也就顺理成章了。

有一点必须郑重声明的是，我们的历史正处于一个与时俱进、改革创新的大发展阶段，国人都应该为国家的强大有所作为、有所担当，用正确的中国人定位和角度思考问题，用建设性的正能量破解问题，而不是标新立异、哗众取宠地扰乱既有的秩序民心。所以书中的个人意见，不是为了要与他人顶牛，只是心有所感，提出来作为大家的参考。

一、文明与野蛮

人类文明的开创是人类从原始部落走向制度社会，通过分工协作获得生存和发展的过程。很多知识技巧、规矩制度和生产工具，都是从无到有，通过人类集体智慧的表达和双手辛勤的劳动而得到的。这个开创性阶段就是人类文明的发轫期，留存下来的总体，就是文明。

源头文明具体要素有四点：

1. 语言、文字的创造和使用。

2. 青铜器\铁器的出现和在生产、自卫中的应用。

3. 书写工具、文字载体的创造、使用和流传。

4. 国家的形成和有效管理制度的出现。

有了语言后，文字的出现可不是必然的，很多部落一直到中世纪时还没有自己的文字，草原上逐水草而居的部族基本上都是这样。蒙古人横扫亚欧，武功蛮力盖世，他们与当时欧洲大多数的部落也都如此，文明成了他们必须破坏才能获得成功的障碍。事实上，世界上众多的文明都是夭折在落后的部族手里，人类四大源头文明也基本上是这样。到今天，其中三个（中东两河、埃及与印度文明）灭亡了。

为了物种的生存，人的动物习性本来就是野蛮的；为了保护我们既得的一切，我们进而要求社会秩序。既得利益越多的人越要求秩序良好，否则他们保不住也管不过来自己的所有。良好的社会秩序要求文明，无文明则无从安定。所以这个“以野蛮获取→用秩序管理→求文明安定”的过程，便成了一个充满矛盾的循环。现有的世界秩序是建立在西方工业文明的新体系上的，所以人类社会仍然血腥野蛮，只不过蛮力的使用和执行的方法、工具都变了，变得隐蔽，另外人们也学会了用漂亮外表把自己和事物包装起来，不过这倒应了自然界“越是漂亮的东西越毒”那句老话。

解决矛盾只能从改善人性方面入手。首先我们要尊重“天性难移”这个事实，要学会宽容，但对不良天性我们不能放任，要努力改造，增进个人修养。至于处世方面，我们可以从改良社会风气和完善规章制度入手，实施管理。找准这入手的关键正是我们先人超凡智慧的表现。

几千年的中华文明十分有必要一直往前走，这不是一个民族福祸的问题，人类唯一可以不断解读数千年历史而且又是哲理多于迷信、平和多于霸力、发展出中庸之道的文明早已不是一个民族、一个国家的财富而是全人类的“共产”，财富里面可能存在的一些对原始人类和天体宇宙的密码钥匙，需要我们细心挖掘、整理和解读。年轻的野蛮文明在掷石头、烧石油后搞出千百个原子弹，足以毁灭地球无数次仍执迷不悟，稍作裁减摆一下姿态后又继续蒙头前进争霸，这样的鼠目寸光实在令人担忧。人性的泯灭真的不能避免吗?

二、文明的竞赛

文明在前进，可是野蛮跟在后面跑。当两者保持适度距离时是和平年代，跟得太近就要打仗了。

毕竟人类文明从野蛮中来，各文明一直在竞赛中磨合着并被淘汰着。中华文明从源头始创期便和其他文明进行以千年为度的生命力竞赛，胜负其实早有定论，只是新的文化，此起彼伏地不断在吞噬旧文明的同时忙着做手脚，在抹掉剽袭痕迹的同时又到处打下下一个千年用得上的楔子，目的自然是要为自身正名。这些生力军跳进场来参与从未中断过的比赛，弄得古老的长跑者很吃力，觉着不公平和不妥。本来竞赛周期动辄以千年为度，可是后期出现了异常，竟然毫不经意地就从长跑格局转到短跑赛道上来，到长跑者惊觉情况不妙时，身前早已经换上一批健步如飞的陌生干将，连道德规矩也懒得遵守。不是吗？你不买他们的鸦片他们要打你，然后武力索取赔款（同样是毒品，现在却在墨西哥边境筑阻隔围墙阻拦毒贩，所有费用最终由墨西哥人支付）；与此同时，菲律宾政府打击毒贩时却又被指责不人道。不过，在万般无奈中比赛还得继续。余先生说得好："这场比赛关及现实生存尊严无法回避，也使远途而来的选手略感委屈。"

有竞赛自然就得有输赢，这本来没有什么，参与者培养出一点体育精神问题就好解决。但政治的豪言壮语，总缺乏实质的体育精神，大家争个不休。游戏规则由谁来定？定了以后谁有权改？如果有人犯规谁来监管？谁来裁判？谁来量刑？在今日霸权武力决定一切的世界格局中，联合国的作用大为削弱，我们找不到合理的答案。

不是人类没有智慧，希腊人早在2000多年前就创办了奥林匹克运动会，拟定了比赛规则，制定了比赛目标，让人类公平地在更高、更快、更强这个大方向上不停奋进。我想，希腊人可能是想用体育比赛代替战争行为，让争强好胜的人都能在体育场而非战场公平地一较高下。希腊人追求自由、平等与民主。希腊人与罗马人很不一样。罗马人还在部落生活时是野蛮好斗的，所以罗马人建立了斗兽场，人与人斗，人与兽斗，这种分胜负的手法非常残忍，与希腊文化的差异极大，但欧洲人总爱主观地把这两种文化拉拢在一起，作为他们继承的文化源头。其实希腊文化在她能够发展成为一种独立文明时已夭折，她的线形文字失传，后来起用的文字是其他文明流传下来的一个分支。至于古希腊文化是如何中断的，一些猜测说是被其他蛮族所灭，这也合情理。当人性的灵光出现带来更符合人类的社会时，兽性受到压抑而退却，爱心、慈悲心、同情心、怜悯之心、恻隐之心慢慢出现。只是当两种制度被摆放在一起时，总是崇尚武力的一方胜出。野蛮人战胜文明人，这样的历史，古今中外，屡见不鲜。古文明一个个地夭折，除了给考古学者提供更多的就业机会外，于人类并无好处。

自三皇五帝始，中华文明便有个很好的开始，好劳动，有毅力，不恋权，习禅让。到周衰礼崩乐坏，山河破碎，进入春秋战国时代。中国人忙着修长城，防蛮族，求自保。于是出现了攻防两种制度的局面，攻的一方是野蛮民族，守的一方是文明先进却被动吃亏的文明人，世界历史处处都是明证。

但恰恰就是与人为善的思维格局代表了人类未来获取和平生活的最佳希望。元朝时汉人地位低下，到清代被要求留发不留头，或留头不留发。清末时我们科技落后得更厉害了，鲁迅笔下的阿Q开始出现，民众随波逐流，丧失自我，拿来就好。是的，我们一度被打击得失去自信，全然不知道自己守着的中华文明，竟然是座无比璀璨的宝库。

GREECE
希腊

三、野蛮的力量

到了希腊，对希腊的印象也就从雅典机场开始。想象很多时候比现实美好，尤其是对一些闻名已久的地方。当面前与想象中不一致的时候，心里难免会有落差，不过这感觉与当地经济和发展却一点关系都没有，也就无所谓合理不合理了。

“看”到了一个这样略觉寒伧的雅典，我没有感到悲哀。我知道文明不全是用物质堆砌出来的，细微观之，希尔顿酒店好像代表了现代化的西方生活潮流，吃喝住乐全可以在酒店内完成。这样的现代文明高度统一，却缺乏岁月的磨痕、工匠的雕琢、人性的渗透，只是它好像又包含一种让许多世人向往、着迷、趋之若鹜的元素。

不过我从海边屹立的洁白石柱感受到了野蛮的力量，它们是海神殿的遗迹，希腊文化敌不过野蛮的力量被打趴下了。希腊文化之所以仍然存在，是因为它有一些西方人可以利用的价值传统，同时又无兴风作浪的力量，威胁不了四周其他文化的生存，如此而已。至于希腊作为一个国家，一种优良、平和、哲理文化的母体，它的状况就不那么重要，该被提及的时候会拿出来说说，用得着的时候它得出现，至于千疮百孔的经济民生，美国人、欧洲人也懒得去管。

不过希腊是幸运的，希腊的生存环境也还可以，在欧洲、美洲众多强权蛮力环视下作为一个独立的国家得以生存下来不易，而且人民生活与他们的付出相比较还是挺轻松的，要是换上其他国家，譬如说东欧、中东的，早就可能被肢解了，即使不被肢解也会活得很可怜。随便拿出几个早期的例子说说：美洲的印第安文化、玛雅文化，欧洲的吉卜赛文化、犹太文化等。

除了一直以来历史中的战争杀戮（直接定点“清除”）外，野蛮的力量导致文化、文明的消亡有很多种方法。北美洲的印第安文化要比南美洲的倒霉，北美洲原住民地位谁也改变不了，生存下去的权利又不便被公开剥夺掉，圈起来放在“保护区”让他们弱化、劣化，慢慢过渡到被自然淘汰就是最好的选择——不动声色的定点消除办法。吉普赛人与犹太人都曾在欧洲大陆游荡。吉普赛人自从被赶出印度后就长期处于这样的生存状态，驾着一辆破烂的大篷车拖家带口四处流浪，生计异常艰难，很多时候靠占卜问卦和偷摸拐骗为生，既无国籍又不受当地人欢迎。犹太人聪明，2000年的流浪生活虽然受了不少苦难，但现在总算熬出头建立了自己的国家，所以犹太人比世界上其他任何国家的人都珍惜那片得来不易的小小的土地，一个被世人称为以色列的新国家。

从海边屹立的石柱上看到了英国诗人拜伦的签名。这位诗人不只酷爱希腊文化，把希腊看成自己的祖国，还参加过志愿军为希腊抗击邻居土耳其，使我不期然地想起我们的邻居来。同样是一个岛国，同样是一个靠吸取大陆母体养分成长的民族，日本人的表现与英国人的表现，差别竟然如此之巨大！

于是，我又不期然地想到了野蛮的力量。的确，文明不易，希腊是幸运的！

四、希腊文化源头之我见

希腊是西方文字、文化和很多学问的源头，所以，很有必要认真追溯一下希腊文化的起点，至于是否可以把希腊文化与欧洲文化对接并不那么重要，因为西方在开始有独立国家意识前对历史并不是很重视，多以当权者的意志加上些传说为基础，与真正史实和群众关系不大。近代强大后为了集体荣誉匆匆忙忙拾遗补缺，一面组织写作，一面用手段打击他们的所谓竞争（文明）对手，在印度、美洲、远东等地都采用过很不光彩的手法抹黑异族，抬高自己，所以我们必须辨别真伪，还历史以真实。

希腊文明能传承下来是人类的幸事，因为希腊、印度和中国一样都是世界上为数不多有着哲学传统的国家。哲学象征理智，只有理智能让人类摆脱宗教的羁绊、兽性的约束、野蛮的力量。

在公元前 2000 年左右，一种使用金属的新技术在欧洲传播开来，那就是公元前 3000 年在东方发展起来的青铜器制造术。当时各地商路的海上汇合点就在克里特岛，于是地中海成了经济中心，而克里特岛更是希腊通向东方的桥头堡，也是欧洲与美索不达米亚和埃及文明的最初接触点。

公元前 2000 年到公元前 1450 年，克里特岛经济和文化活动频繁，希腊人在许多传说中都提到这段时期的“米诺斯文化”和以迈锡尼古城为中心的“迈锡尼文化”，1999 年被联合国教科文组织列入世界文化遗产名录，统称为“爱琴文化”。

受到埃及文化的影响，克里特岛人采用类似埃及文字的象形文字，这些符号演变成所谓“线性文字 A”，不过后来消失了，遗留的符号到目前为止无人能解读。希腊人也采用了岛上的所谓“线性文字 A”并发展出以希腊语为基础的“线性文字 B”[1]，不过后来也失传了。英国人迈克尔·文特李斯在 1952 年成功解读后，欧洲人终于有了他们的第一种文字——“线性文字 B”，所以把古希腊作为千年后才建立起来的欧洲文字源头，意义十分重大。

克里特岛后来遭受灾难而致宫廷毁灭、人口四散，到公元前 12 世纪左右，大陆上迈锡尼一带的城市又遭到致命性打击和破坏，人口迅速减少，贸易往来中断，经济政治衰落，文字变得多余，线性文字就在这时消失了。公元前 1100 年至公元前 750 年这段时间是希腊的“中世纪”黑暗时代，和欧洲的“中世纪”相似[2]。希腊人开始从大陆向爱琴海各岛屿和小亚细亚西海岸爱奥尼亚殖民。

人们对迈锡尼文化的毁灭有很多种猜测（也有很多疑惑），有的说是天灾，也有的说是人祸，至今仍然莫衷一是。不过结果倒说明了人类文明的脆弱性，无一例外都有可能被淘汰的共通性和从文化发展到文明所必须经历的艰险性。天灾我们无法控制，人祸发生时野蛮的力量又是如此难以驾驭和抵挡，人类文明得以延续的不稳定性可以想见。

在以后很长的一段时间里，希腊、欧洲都没有自己独立完整的文字。后来波斯人入侵，南面的希腊城邦联盟成功地打败了波斯人，维持了体制的独立，又从波斯人那里得到了不少有用的东西，如字母表[3]、数学和天文学等。为了避免同样的威胁再次发生，希腊北部的马其顿人亚历山大征服了波斯，并一度打到印度。

文字是从中东传输到我们这里（包括希腊和整个欧洲）的——字母是公元前 14 世纪时由腓尼基人引进的——这在今天已成为既定的事实。但是，欧洲各种语言确切的根源仍然不明确。这些语言似乎都和古梵语有连带关系，古梵语是印度婆罗门使用的语言，与希腊语和拉丁语有许

1 ［法］德尼兹·加亚尔等著：《欧洲史》，蔡鸿滨等译，海南出版社 2002 年版，第 55 页。

2 ［法］德尼兹·加亚尔等著：《欧洲史》，蔡鸿滨等译，海南出版社 2002 年版，第 56—57 页。

3 ［法］德尼兹·加亚尔等著：《欧洲史》，蔡鸿滨等译，海南出版社 2002 年版，第 90—91 页。

多相似之处。[1]

希腊传说中讲到，希腊字母是古代希腊的伟人们从腓尼基带来的，后经过修改和增补，成为希腊人自己的文字。近代学者考证，希腊字母的确是从腓尼基人手中得来的闪米特字母[2]。传递的时间并不十分确定，一般认为在公元前 14 世纪到公元前 8 世纪之间。

没有文字的文化不可能建立文明。希腊语言来源问题不是完全清楚，但字母是从腓尼基人引进的这一点世所公认。

至于政治，希腊可能是世上第一个公民能参与国事的政体，言论自由，允许批评意见和新思想不断涌现，人民通过假设和辩论逼近事实甚至真相。这是希腊文化的一大特色，也是日后欧洲人摆脱神权，发展实验科学的思想基础。

接下来罗马人兴起并建立帝国。之前，罗马的城邦和欧洲的众多郡堡国都属于野蛮地带，兼并希腊建立罗马帝国后，罗马人才把自己和希腊人视为文明人用以和大部分欧洲野蛮人区分。希腊—罗马文化就是这样被结合起来，一个部落民族提供哲学、几何数学、艺术文学等基层人文建设，另一个则提供军事武力与制度管治。

如果我们打开世界地图看一看，就明白克里特岛为什么能够成为当时的经贸运输枢纽；无论什么资源（当然也包括文化），克里特岛都能起到中转作用，这打开了对所有不同文化吸收和应用的大门，并通过希腊人传到迈锡尼等地。作为一个岛国群，它是很难独立产生辉煌文化的，商业发达的岛国尤其困难，因为文化需要比较安逸稳定的环境发酵、积累，然后沉淀。人类的四大源头文明，莫不如是。不过缺少了文字的应用，数字在希腊却得到了很好的发展，泰勒斯（约前 625—前 547 年）引入数学上命题证明的思想，这是几何学的基本精神；公元前 300 年，欧几里得在埃及托勒密王的邀请下到了亚历山大城，并在长时间的研究后发表了有名的《几

1 ［法］德尼兹·加亚尔等著：《欧洲史》，蔡鸿滨等译，海南出版社 2002 年版，第 6 页。

2 北京大陆桥文化传媒编译：《记录世界变迁的七大文字》，中国发展出版社 2006 年版，第 154—155 页。

何原本》。希腊人在几何方面的成就是骄人的，可惜的是欧几里得的《几何原本》抄本早已失传，现在的各种版本都是根据后人的修订和注释整理出来的。现存最早的拉丁文本是根据“中世纪”阿拉伯文翻译而成的。印刷本 1482 年才在威尼斯出现。

图纸、三维立体物像和一些数据东西方都有，但分别却是十分明显的。中国人用文字解释图像的要求和意思，所以往往长篇累牍，文字出彩了，图像却变成了次要，绘图水平也变得不怎么样。希腊人使用数字来描绘他们的世界，所以几何学早早就被发展了起来，他们用投射法、侧面立像，一直到后来的剖切面绘图，可以不用文字就把事物说得清楚透彻。譬如说造一条船，东西方都能造出来，但结果肯定是不一样的，语言文字的表达能力，肯定比不过数字和清楚描绘出来的二维甚至三维图纸。文字的解释与数字的分析，其实就已经说清楚东西方不同的思维逻辑。语言的图纸让匠人有很大的思想发挥空间，所以他们多在艺术成就上优胜；至于大批量的精准生产力，没有数字图纸，则寸步难行。

希腊人对数字着迷，因为有了“数”，才有几何学上的点，才有线、面和立体，然后有火、气、水、土四种元素构成了万物的世界。自然界的一切都是由“数”决定的，都必须服从“数的和谐”。从这方面引申，现代科学上的很多数据收集，包括“人工核爆”、天气预测、大数据分析、计算机的运作、沙盘推演战争结果的运算，不都是从数的世界得来的吗？

于是，数字为希腊打开了一扇门，在使用过多文字带来的文山会海窘迫中轻松脱身，自由地溯理穷苍；数学则为希腊构筑了物质城堡平台，在里面寻至微，在外面觅天理。中国人呢，在玩弄文字中发展了诗、词、歌、赋，载道文章，还有灯谜、对联等，却未能用数字构筑发展起可持续发展的科学工艺大平台，这是很遗憾的。

五、不能争闲散第一

一个曾走在世界文明队伍前列的国家，一个生产过伟大哲人和数学家的国家，一个倡导奥林匹克精神，提出更高、更强、更快这些理念的国家，竟然沦为一个快要破产的国家，真难想象希腊人的生存状态会这样闲散。是因为被土耳其人统治得太久，还是因为“数的和谐”过度发展而彻底地被野蛮的力量摧毁了？虚拟的世界本来就是用来麻痹人心的，数字游戏更脱离现实。

希腊的历史演变推进，如果能够略去中间一大截，留下一个辉煌灿烂的头，接上现在我们看到的尾，肯定会带来更多的震慑和更大的震撼，也许更能起到警示世人的效果，让人们知道文明发展的每一小步都来之不易。但人的行为到底难料，抗日战争的血腥岁月，离我们才多远呀，不少国人却忘得干干净净，大概有干净的痛就有干净的忘吧。作恶的人也不例外，他们的记忆竟然随时间的流逝发生转变，转变后又赶忙修改教科书以确立他们“正确”的新记忆。对很多国家来说，“历史”本来就是这么一笔糊涂账！

中国人也会过闲散日子，虽然不是整体地过但也是过得颇有“建制”。我们传统的读书人投身仕途，很多人都有人生抱负，明知古代仕途险恶也要闯一闯。他们心中抱定主意，“达则兼善天下，穷则独善其身”；不能为良相，但愿为良医，退百步讲，化作闲散人。这些一心要为国为民建功立业的人，就算不成，心意已尽，也就可以归隐田园，闲散一阵，可他们不是无担当的人。

清兵入关后的八旗子弟带来另一种闲散。武功放下，各有良田，于是琴棋书画，古玩玉石，斗蟋蟀，拼蝈蝈，蹴鞠舞剑，饮酒作乐，不事生产，也是悠闲之至，不过中国人就算在闲散之中也会玩出门道学问来，读者不妨参考京城第一玩家王世襄的自选集《锦灰堆》。当然，大多数人玩得不够专注，学问不到家，还是那些被称作纨绔子弟的多。

平常的人没有时间闲散，不管怎样痛，生活还得继续。对于一般的中国人来说，闲散不是传统。为了儿女后代能够过得好点，中国人早就没有了闲散的自由。所以中国人的耐力是惊人的，感情方面的含蓄也是如此。我们一代接一代的感情表达方式，在一次次沉淀后再沉淀的表达过程中，早已含蓄得几乎痕迹不露，到今天既不为国际社会理解，更不被“70后”“80后”的年轻人接受。也难怪，文明本来就是高度自我约束，没有深度修养的人又哪来能力体会？

魏晋时代的陶渊明就是个学而优则仕，继而辞官退居山林的文人。他的诗《归园田居》（其一）脍炙人口：

少无适俗韵，性本爱丘山。误落尘网中，一去三十年。
羁鸟恋旧林，池鱼思故渊。开荒南野际，守拙归园田。
方宅十余亩，草屋八九间。榆柳荫后檐，桃李罗堂前。
暧暧远人村，依依墟里烟。狗吠深巷中，鸡鸣桑树颠。
户庭无尘杂，虚室有余闲。久在樊笼里，复得返自然。

一口气读下来，这是一个什么样的场景？是悠闲，是闲散，却没有一点希腊人那种无所谓、无作为、无担当的生活味道。这样的传统，多么可爱，多么值得我们珍惜、珍传。这就是中华文明的精髓，知其可为而为之，其不可为而改之，改之不得，化为心得，由始至终，永不言弃，自珍羽翼，归隐山林。回归自然，依然孜孜不倦，自强不息。为人如此，不管闲散与否，如何闲散，都可以了。

至于闲散第一，这个第一，我们不争。

六、奥林匹克

奥林匹克沿途的风景，明显地与从雅典机场一路走来的不同。我再看看原标题，想起永恒的人性。

为了奥林匹克精神的庄严，为了遗留文物和火炬仪式的神圣，为了显示对现代奥林匹克体育运动的重视，为了给全球到此旅游的众多游客留个好印象，顺名利排序，终于到了为了希腊——一个已经并不强大也不富有的国家的颜面，我们于是看到了喜人的景色，密树森森、清溪浅浅，道路整整，房舍齐齐，其中无不流露出永恒的人性。

我感受到人类黎明期最重要的竞技场及其弥散出来的气氛，因为所有当时的设计元素都与现代需求高度吻合，不过正确的说法应该是当时的大细无遗的整体设计让后人无法超越，这就更印证了古希腊人在几何求证时的缜密思维逻辑和后来建构自然科学体系的高度远见。希腊人奠基了可以链接、可持续发展的科学体系，这与他们的运动竞赛制度竟能如此密切呼应，真是一步正，步步正。这种囊括整个社会所有人身体心智的和谐发展体制，实在令人叹羡。

奥林匹克牵涉三个很值得我们探讨的话题，都是有关人的发展的：一是美学，二是健康，三是科学。

一、希腊的人体美是对自然崇尚的一部分，结合很多神话传说。中国人崇尚自然的方法与之大相径庭，更与展露身体无关，而是以人与天地间灵气的精神沟通为主，两种文明对“不知”的看法迥异。如果从希腊神话说起，那就是满天神佛，不能解释的事一下子就有了答案。在东方人的观念里，裸露被视为不敬与挑逗，是不被允许的，这需要很大的自制能力和定力。且不管这是真道学抑或假道学，正衣冠是礼仪之邦的传统，人体美自然与我们无关。

于是这又扯出文明进化程度与物质匮乏的问题来。希腊人乃至后来的罗马人，衣饰都是十分简单的，连奥林匹克运动比赛冠军的桂冠也只是用橄榄枝编织而成。从某个角度看，我们会更欣赏古希腊社会的单纯和淡薄物质的高贵情操，不过他们却绝对不是淡薄情色性欲的家伙。罗马士兵有全身赤裸上阵打仗的，很多石像雕刻仍然记录着这样的事实，就像那座十分有名的石雕"思考者"，坐在石头上一手支着腮帮弓着腰像在思考着什么的思考者也是光溜溜的。不要相信好莱坞电影渲染的雄赳赳的罗马士兵的英姿，因为这与国产的同类电影一样不真实。其实人都是靠衣装的，好莱坞电影的人物打扮，衣光出丽影，这符合所有人的审美观。所以人体美的要求也应该有其自然背景。

地中海地区气候适宜，衣服不是生存的必需条件。既然大家都得裸露相见，那就不如好好锻炼身体，所有人在观感上都会愉悦些，市容也会好些，当然，健康也是所有人的自然追求。对当时的城邦来说，这是增强士兵将领战斗力的好办法，体育发展也就顺乎自然了。其实人体美的基本要求就是强壮体魄，多几块结实肌肉就会多一些生存蛮力，少一点脂肪赘肉自然会健康些。

人体美这个问题一直以来争论不休，有人说艺术，有人说色情，但最基本的评估元素是看的人心灵是否都那么干净。心灵美的人心中自会全无窒碍，自然就会邪念不生，色心不起，欲望不兴，觉得美的就是美，不美的就是不美。只是人类本身就是充满矛盾的个体，一定会有一些人往歪处想，然后一步步走向邪恶。西方很多传媒和娱乐场所，充斥着裸露的女体和挑逗性很强的宣传广告与表演，出现了很多变态狂、虐待狂、色情狂，这样的社会挂着羊头卖狗肉，哪会有人体美？

我们不应怀疑希腊文化对人体美的欣赏，因为我们没有这个传统，所以不知，也就只能"不知为不知"了。好色之心人皆有之，自律能力众人多无，社会哪能不乱？！况且西方没有“五伦”的概念，在我们看来是乱伦，西方却变得可以接受。此外，就算是古希腊，社会还是比较淫乱的。当时社会，有差不多一半的人是毫无人权的奴隶，可以货物般公开买卖的。女奴的买卖到现在仍然在一些地方半公开存在着，她们也像古代那样光着身子、赤条条地让买家鉴赏、挑剔，然后议价出价。

说到底“橘生淮南则为橘，生于淮北则为枳”，更何况传过来的部分本身就不是什么好橘子。我们社会的风气不断被互联网污染着、被不良的野蛮文化侵蚀着。以前我们还有中东和印度可做屏蔽遮隔，现在没有了。

二、运动比赛可以增强人的体魄，希腊人这样做了，而且做得有声有色，于是有了奥林匹克！中国人不是不关心健康和运动，六艺——礼、乐、射、御、书、数，要求人们身体、心智都有好的发展。至于我们什么时候走偏了需要深入考究，但从健康体魄方面来说，我们确实是走错路了。更有甚者，我们依靠药材补品，就想把一个从小失调的身体，用养生、进补的方法拉回到健康这条路上来，简直是愚不可及、痴人说梦。但现实就是这样，我们的孩子都是这样被家长拖着走，以牺牲健康、时间为代价恶补日后可能不再用上的工具——外语、奥数，而忽略我们该做的基础学问和健康。孩子是无辜的，更无力反抗，实在可怜！

中国人有锻炼身体连带学习自卫本领的习武传统，否则农耕民族如何抵御肉食动物的蛮力入侵？社会急功近利的风气造成整体价值观偏颇，这么多这么好的强身手段弃之不用，孩子有点小毛病就被家长带到医院打点滴、输抗生素。古希腊人的手段比我们少，只是通过有建制的自然锻炼方法，却着实比我们健康。

三、科学是一代接一代思考劳作的成果，需要良好的、可持续发展的建制传承。在中国有着辉煌的科学传统，主要靠个人单打独斗，一直没能构筑起横向多方联系并相互激励、纵向有机连接而且可以长期持续发展的体制。新中国成立后填补了这个巨大的历史缺憾，只是很多中国人早已养成自我保护的十分狭隘自私的心态，却不是短期可以改变的。

以上的三个问题逆序而看，最后两个包含长久建制和科学分析的元素：

横向看是普及、联系和激励同代人正能量的互动，纵向看是提供继承、流传、发扬光大的发展平台。这两点都是中国最缺乏的，也是希腊的优良传统。至于第一个问题，是少数人的小众口味，不要也罢。当然，不同的人欣赏的眼光可能会有所不同，但阳春白雪，下里巴人，毕竟附庸风雅的人多，人性本色自然流露的人更多，而我们的老祖宗告诫我们已经说得很清楚了，食、色，性也，必正衣冠，衣冠不整是无礼！

东西方的发展如此不同，中国与希腊两种文明都受到蛮力不断地冲击。希腊就在中东生存，抵受野蛮的强度和频度远比中国大，结果就像两河流域和埃及文明一样被毁了，实在找不到能独善其身的理由。可见文明生存的不易，也可以推断哲理性的有着奥林匹克精神的文明不可能是西方野蛮文明的源头，不能把受害者与罗马帝国画上等号。

七、我们错了

雅典市内的雅典大理石体育场（也叫泛雅典体育场）是100多年前世界发起恢复古代奥林匹克运动的起点，1896年世界第一届现代奥运会就是在这里举行的。那么，1996年，奥林匹克运动会恢复100周年，如果奥运会的举办地点被选定在希腊雅典，在奥林匹克的诞生地，在新奥运会的诞生地，那显然是最正常不过、最恰当不过、实至名归的事情了。这是亚里士多德的逻辑，也是一般世人的逻辑、希腊人的逻辑、我们的逻辑，更是雅典人的逻辑。

不过我们都错了。我们的逻辑是合乎公理的逻辑，但不一定合符人性。在今天的社会，人们大多数都在追名逐利，世界大事经常是最强大的力量说了算。美国人要求第一，要求他们的国家利益最大化，要求控制世界秩序，那当然是很多事情都变成美国优先。至于如何影响奥运会的决策，方法很多，美国可以用抽查药检的手段来决定谁可以参加、谁会被排斥。这样一来，合理的不一定符合强权的利益，符合他们利益的又不一定合理，政治不干涉体育活动成为空谈，一切要发生的也就是合理的。于是，我们又一次看到符合人性需求的逻辑，不过不是正面的。

希腊被西方选定为西方文明的源头，因为它曾有过的文化辉煌和优良传统，符合西方国家的需要，也能配合西方宣传的口味。希腊人有他们的逻辑。他们的逻辑是基于数学推算和逻辑推理得来的，完全没有功利的成分，所以希腊人能够带着奥林匹克精神，带着几何原理、哲学推想，走出希腊，走向全世界。平和的文化创造秩序，也带来文明，但在他们生存的地区，他们只是文明的后继者，远比他们先到的埃及和美索不达米亚文明，敌不过包围在四周的野蛮力量而先灭亡了。崇尚和平、自由、民主的希腊也不会例外，但是断断续续的希腊文明却能走远，走了很长的路，一直到现在。古罗马人崇尚先进的希腊文化，所以在成立帝国后接受了希腊文化并以它来分界希腊—罗马的文明与其他地区的蛮族。在整个欧洲有了文字和工业革命后，希腊文化中的很多成分，包括奥林匹克运动会，被发扬光大，为构建整个现代的科学文明铺路搭桥。当然，现代的希腊人并不富有，世界什么也轮不上他们，但他们觉得至少他们一直带着的人文财富，在他们需要归家的时候应该回来，而且是不会不来的，这是他们在逻辑推理上得到的强大自信。他们不明白口口声声说是他们文明继承者的人却丝毫没有这样的共同逻辑，在老母亲有需要的时候把她甩到一旁去。

于是，在听到申办 100 周年奥林匹克运动会的胜利者是美国亚特兰大时，雅典人愣了一下，在奥林匹亚运动场上守了一晚静候佳音的全场人哭了。

其实那些天整个希腊都在哭泣。从国家领导人到民众都表示，希腊再也不申办奥运了。这句椎心泣血的简单表白，可不是一些小毛头生气时向对方说“不跟你玩了”那样单纯，它是一个民族感受到极大憋屈、尊严受到严厉打击后产生的平和发泄、一个经过不少大风大浪的民族对事情极度不满但又满腹无奈的申诉。

奇怪的是，这样的结果在世界上没有引起太大的震动。在西方主导的世界社会里，再没有一星半点真正属于人文情怀的关切，只有无限利益的考量。由此可见，这种文化认亲的嫁接行为实在过于牵强，就算勉强拉上关系却处处显露出不协调的脾性基因，希腊与罗马本来就在文明进化的水平上有着极大的差距。从另一个角度看，认亲的目的十分清楚，由不得其中一方做主就给摊上了。

脾性归脾性，心痛归心痛，日子还得过，就算不为自己，也得为子孙想想。终于，从一片哭泣声中到感叹了几句后，希腊人想明白了，宣布决定放弃以前的宣示。虽说奥林匹克运动会属于世界，但真正的精神却仍然深深烙印在希腊人心中。不能想象没有奥林匹克运动会的雅典，更不能想象失去奥林匹克精神的希腊！于是，我们现在都知道，2004 年奥运会的主办权，希腊人“争取”到了。不过，这一切又说明了什么呢？事情出现这样的起伏，还是那句：永恒的人性。

从希腊古代石雕中看到古希腊哲人深邃凝聚的目光、忧郁沉思的眼神，可以猜想他们面对野蛮时的极度无奈，同时又不得不感受着文明逐渐离他们远去的悲哀！冷寂中没有哭声，也看不到眼泪，只是看不透的目光，却总透着几分智慧和深意。我们的错，是应用思维清明的逻辑，没有对人类欲望得失的感情多加考虑，于是我们都错了，古哲人们呢？我猜想着，他们还不是都一样？如果不是，希腊绝对不会是现在这样的希腊，当然也不可能留存给世人这么多宝贵的人文精神和财富！

八、心理素质

1999 年 10 月 2 日晚八时，雅典地震，有些游客乱成一团，惊慌失措，倒是整个雅典不慌不忙，平安无事。游客很生气，说："难道他们真的没有感觉？"

换上另一幅全然不同的图像。设想香港地震，一团一团的日本游客，一群一群的雅典、俄罗斯游人都不慌不忙地在酒店静候一旁，倒是满街的香港人四处奔跑、逃窜，惊慌失措，大声呼喊，乱成一团。然后游客很生气，说："难道这就是他们正常的感觉？"

这说明什么呢？那应该是文化、经验，也可能是心理素质和纪律素养的差距。

2011 年 4 月 11 日，日本福岛发生大地震并引发海啸和核电站受损这样的综合性巨大灾难，电视上看到的日本人反应镇定，秩序井然，四线双向的公路上逃离方向排满了各式各样的车辆，拥挤不堪，却看不到加塞和从应急车道超车的现象，更没有逆向行驶的严重违章行为。从切换的画面中又看到很多货船、渔船和相对小很多的汽车在岸边、海中漂荡，全都犹如玩具，马上令人觉得与大自然相比，人类是何其渺小！不过我的注意力却不能不放在日本群众良好的自律能力和群体素养上。

我记得看过一部苏联的电影，其中有一段是说敌军兵临城下，一个苏联的老妇人因为走不动留在家中。快没有粮食了，观众看着都急，电影中的老妇人却一切如常，泰然自若。这只是一个很普通的老妇人，从偶然路过进入她家的逃荒者与老人的对话中听到了老人的哲学，很有古代中国人的禅味。她觉得惶惶恐恐、慌慌乱乱与平平淡淡、处之泰然都会迎来同一个结果。要来的总是要来，很多事情不是人的力量可以预见和定夺的。既然是这样，平淡处置日常生活是最好的方法。如果真要饿死，那也得体体面面地安排自己离去，因为这是人类最后的一点尊严。想明白这点，一切都有了答案。

现在是雅典在地震。我不知道是因为该地多地震，所以人们应对起来经验丰富，不会大惊小怪，抑或他们也像日本人那样纪律良好。希腊人的习性不大可能这样，像苏联老妇人那样从哲理中寻找心灵的平静倒是一种可能，这样的心境我们的老祖宗没少说给我们听，中国人都应该懂，可就是做不到。对了，还记得那个寓言故事吗？一个希腊人在鱼群如梭的海边钓鱼，钓到两条就收竿回家，外国游客问为什么不多钓几条……

地震这一件事，就让我们看出了人文水平上的差别，一个民族与另一些民族素质上的差距，甚至作为高级知识分子所属的所谓精英群体与另一个团体的距离。人多是一个理由，也是一个借口！

都说“万般皆下品，唯有读书高”。当我们读书为了修身明志、穷天察理，做学问功夫、增个人德性时，这可能还有些道理。但现在情况全变了，读的书也不一样了，这话就大有斟酌的必要。

西方的学问是以实用的自然科学为主，同时注重工艺技术，因为这样组合的结果，可以富国强军，但也会帮助野心家称霸世界。西方对体育运动也很重视，这点肯定是得益于奥林匹克的传统。我们今天的教育制度，国学已经被边缘化，于是读书对国家观念、民族意识不强的人来说，就成为多赚钱、多享受的代名词。西方重视的智力开发和体育锻炼我们因为科技落后已经偏重其[illegible]，西方并不十分注重的德育本是5000年来一直维系中国独立统一的根基，而我们却为了仿效西方无声无息地把它抛弃。产生今天这样的局面虽然有一定的历史原因，但成了我们教育体系严重失衡的大问题。没有理想的人生是空虚可怜的，这些人会沦落为只会赚钱的机器。没有人生理想的教育制度，又怎么能培养出有远大理想的国家栋梁和接班人？这样的问题在这里说不清楚，篇幅也不允许，需另文再议。

九、人啊，认识你自己

希腊是一个崇尚多神的国家，神化中神与人的差别不是很大，以半人半神的形象出现的神也是有的，所以希腊神话很人性化，也就更能融入人的社会和人的感情中来。在众多神殿中的阿波罗神殿因为一句铭文而显得特殊，那就是刻在神殿外侧的七位智者中一位名叫塔列斯留下的这句："人啊，认识你自己！"

在祭师当权、民智普遍未开的时代，能撇开神的意志和神权的羁绊而喊出用自己的力量、智慧了解自己这样的话来，确实需要远见、智慧和勇气。这句话看似平淡，好像没说什么，也没有对任何实质对象提出挑战或有所抵触，可能正是这个原因使它得以流传于世。另外更为重要的一点是，它暗地里用很不经意的手法流露出一种情绪，一种对宗教神谕的不信任，一种对后来一直以神权囿固西方思想达 2000 多年，到蒙古人征服很大一部分欧洲后才算撒开半只手的势力的不满。

希腊人用实事求是的精神发展数学逻辑、几何推理、人生哲学，这些小众的学术研讨都没问题。但宗教的势力是庞大而且全面的，所有人包括君主的精神需要又是那么强烈和不可理喻，当理智与情绪发生冲突时，理智需要冷静的头脑分析，但情绪对这些却全不买账、无动于衷，它只需要少数人对大众的鼓动，激发他们正面或负面的感情，就可以通过空气中的粒子、电波，像潮水般向群众输送，在群众中蔓延。

人有感情、情绪，多数是不可理喻的，这包括受过高等教育的高级知识分子、高官高干、国王君主，区别只在于程度上的轻重而已。情绪的波动，又往往与个人或集体利益有着不可分割的联系。中华文明很幸运，在开始时我们也有占卜问事，也有巫婆祭师，后来还是得力于一些冷静、英明头脑的努力，把中华文明带出神巫迷信的这个拉扯不清到处糨糊的情绪泥淖，没有发展成宗教信仰。在问事变成问卦，易经分成易学和易术，思想学术经过百花齐放、百家争鸣这一阶段后，巫权、神权慢慢退出，政治舞台转化为伦理君权唱主角。孔子周游列国宣扬儒学，为后来治国理政的君权体系打下平稳的理性基础，情况就更稳定并开始制度化。这是中华文明得以传承不断的重要依据。中国的理学（哲理）和西方的神学遂成为中西方文化向着不同方向发展的重要因素。

雅典在当时只是一个小城邦。当“它理性的文明开始发出光芒，像奥林匹克运动会火炬那样辐射四周时，它的黯淡已经注定。它的湮没是在罗马帝国禁止基督教之外的异教时期”。每当文明与野蛮对峙，理性跟情绪有所抵触，总是文明和理性败下阵来的居多。为什么呢？因为文明追寻和平和真理，野蛮追求单纯的利益；理性需要宽容睿智的头脑，情绪只求脾性充分的发泄。这是建设和破坏的两个对立面，而我们的世界充满矛盾，很多优秀文明的湮没，皆因于此。

西方蛮族毁灭了超然灿烂的雅典文明，于是希腊文明不再。到了18、19世纪时，西方国家强大起来后，它们整体又十分渴望自己能有一个好的文明源头，将自己从蛮族中摆脱出来，就像当时罗马人与希腊攀上关系后，把希腊—罗马列为文明阵营，其他民族一律称为蛮族一样。当时他们不知道雅典文明的珍贵，灭了就灭了。认识到珍贵后，要重新把断去的文明链条连接起来可就费劲多了。人类就是这样的一种动物，自以为聪明，甚至不可一世，但到头来总会发觉自己不停地做着傻事！

阿波罗神殿在雅典西北一百七十公里处的德尔斐，“把希腊文明之前的人类精神需求极大地集中并耗散了，然后退休在应该退休的时刻，绝不拖泥带水”。潇洒走了短暂一会儿后，好像只是为了证明它曾经存在过，一句简短的铭文就留给世人如此难以磨灭的念想。

“人啊，认识你自己！”这是一个多么宽宏但又简单的思想范畴啊！每个人都是从生开始，到死结束，中间这段日子还好明白些，剩下来的，就是未知的生，焉知的死。东方哲人说：知之为知之，不知为不知，是知也！我性愚钝，还是不得而知啊！

十、巴特农神殿的声音

美好的东西世人都想据为己有，但一定要取之有道，社会才可能和谐，否则必定会引起不公，导致愤怒情绪蔓延并转化为暴力，引起动乱，甚至战争。文明世界有法律、法典、法规和规章、制度、条文等来维持社会秩序，不过一旦战争爆发，所有条文约束归零，人的脾性变得不可预料，野蛮和文明不停更迭。

巴特农神殿奉祀的是雅典城的守护神雅典娜。当希腊文明的黄金时代成为过去，雅典娜再也守卫不了雅典城，雅典城也就没能力继续守护神殿了。于是，巴特农神殿的处境随着拥有它的人而变，先是被罗马帝国改为基督教堂，继而被土耳其的统治者改为清真寺，到后来更是沦落为土耳其的火药库，先后发生过爆炸和被敌人轰炸等事件。19世纪初，英国驻土耳其大使把巴特农神殿遗留的精华部分的雕刻作品运到英国，至今存放在大英博物馆内，难怪世界上那么多古代文明都一一在外力摧残中湮灭。这是强盗的秩序、蛮族的世界。

今天，我们看到巴特农神殿发出声音了。不，是呼吁！一位部长干净利落地呼吁："我一定复活！"一个组织，几位教授，在向到来的全世界游客呼吁，把巴特农神殿的精华雕刻从伦敦的大英博物馆请回来。理由在传单上写得很强硬，义正词严，符合文明人的处事方式、希腊人的逻辑传统，传单上面引用了希腊一位已故文化部长的话：

我希望巴特农文物能在我死之前回到希腊，如果在我死后回来，我一定复活。

我想，这位部长在生前，一定知道自己的希望渺茫。希腊人的逻辑里可能没有强盗的思维，但他们不可能不明白强盗逻辑。既然这样，这位部长必须安排自己的复活以便做持久战，这话听来，令人悲酸；这个希望，也将徒劳。

这位文化部长是位女士，叫曼考丽。她说的这段话被写进送给英国首相布莱尔的公开信中。

不仅希腊如此，中国也是一样。强盗抢劫可不会分抢谁不抢谁，只要有机会，就会像蝗虫掠食那样一扫而光。野蛮的逻辑是弱肉强食，所以如果通过巴特农神殿中的一个组织、几位教授来呼吁正义，结果一定是部长生又不得，死也不能，复活当然不成。文字的力量只有用在文明的人身上才会发生作用。

敦煌会说话吗？中国使用文字的时间比希腊早很多，所以很多人说三道四的本事不小，只可惜一旦遇到外人对中国干坏事，有些人却连说话的胆量都没有，说出来的简直不是人话。余秋雨教授说，他曾写过一篇文章表达自己对斯坦因等人取走（盗窃）敦煌文物的不甘心，说很想早生多少年到沙漠上拦住他们的车队，与他们辩论一番。没想到却受到很多年轻评论家的讪笑，有一位竟然说："你辩得过人家博学的斯坦因吗？还是识相一点趁早放行。"余先生说他不会对这些嘲弄生气，这是好气度，但事关国家财产和文物归属的问题，道理就算与一些人说不清也得说出来。年轻评论家的话既没有东方中国人的骨气，也没有西方希腊人的逻辑，言辞中满载着张冠李戴、混淆视听的歪逻辑和妄自菲薄、毫无自尊的阿Q精神。不是吗？被人打劫了还要因为强盗名气大而自矮一截、噤若寒蝉，自己没胆量出面保护自己国家的文物也就罢了，还对别人说三道四，长他人气焰，灭自己威风。这样的人，既然没有将自己定位为中国人，我们也就没有把他当作中国人看待的必要，最好的办法就是远离他，但又得防着点。这些人大恶不敢做，小恶却肯定不少做。中国人的这种阿Q精神真得治理治理，不要让它从癣介之疾变成大患。对这些人我们不能不说话，要在社会上形成共识，把他们变成过街老鼠！

很多中国人对西方文化的认识实在是太肤浅了，简直就像那些会一点英文就忍不住在国人面前不时挂在嘴边两三个单词的人那样，有意思吗？希腊的命运，是因应西方蛮族经济、政治、文化等需要而决定的，好的东西它们一定会拿走，宁可以后因为需要的改变再做补救，如果能借用余教授的亲情比喻，那就是打劫母亲也会在所不计，利益至上。这是它们的强盗逻辑，现在要攀上希腊文化这高枝，恐怕没那么容易！中国的朋友们，这样一说，还有幻想吗？

群众自主处理问题永远是个难题。犹太人因为群众意见的严重分歧而产生的问题更难处理，因为它牵涉宗教。摩西代表神带领着整个被奴役的犹太民族离开埃及，当他——上帝的传话人，遇到不听命的群众时也只能感叹地对上帝说："我真拿这些人没有办法！"[1] 当然，这些都是3000年前留下来的神话传说，但它毕竟是后来书写《旧约圣经》的资料依据。因为不同民族的需要后来又有改写过的《新约圣经》，成了西方文化的重要组成部分。如果历史记录可以因为需要而产生，我们还能深信不疑吗？

中国的哲理、希腊的逻辑，都是从清晰的思维得来的，所以古希腊人也没有给西方留下宗教信仰，我们先人更没有留给我们过大的难题，是我们自己不争气，受到外人欺负后反过来把责任一股脑儿全推给已经不能说话的古人。

中国有很多遗址，譬如在河南有关周代的，他们不但没有表达对动乱时期文物被盗的不满，反而到处挂图像解释外人对中国考古的贡献，中国专家在一旁只能打个下手。外国人来华到处打听探测我们先人埋葬的宝物竟然还成了主角，有没有盗走文物先不说，这样的主客次序颠倒简直是乱弹琴！难怪余秋雨老师感到愤怒，有血性的中国人都会感到愤怒！！

遇到不公平的事的时候，希腊人说了一句气话："我一定复活！"

中国人遇到不公，不是说"做鬼都不放过你"！就是说"我死不瞑目"！前句是无奈中的主动，后句是无奈中的被动。我们有些人连无奈被动的话都不会说，还对愤而发声的人冷嘲热讽，这样的人还有人味吗？

---

1 Milton Viorst "What shall I do with this people?: Jews and the fractious politics of Judaism." THE FREE PRESS,NY. 2002 Edition.

十一、哲学的高度

本文观点围绕雅典人文学院的一位比较哲学博士贝尼特女士的思想论点展开。她现在主要研究和讲授《易经》和孔子、老子、庄子的著作。

她介绍，希腊人学习东方哲学，从印度起步，落脚于中国，这是她们多数同行的惯例。像贝尼特女士那样，入门前先立足于希腊古典哲学，然后到意大利学习东方哲学，大概也是多数同行的惯例。

因为贝尼特女士立足于希腊古典哲学，于是我们的学者觉得她对中国哲学反而有一种旁观者的清醒眼光。贝尼特女士认为，“希腊哲学的研究重心是知识，中国哲学的研究重心在人生。一开始学习，什么也对不上口径，后来发现先秦智者中更符合国际哲学高度的是老子，其他则比较具体和狭窄”。

希腊学者如果只从本身的角度看世界，尤其是看东方的事物，那就如隔靴搔痒，甚至不着边际。如果她只是按照惯例路过，不是从中华哲学体系的根基开始着手，她永远都不可能想明白东方人之所想。我们的学者觉得她对中国哲学有一种旁观者的清醒眼光，别的事还好说，但牵涉哲学，这话真是不知道该从何说起。旁观者清倒没错，贝尼特女士在大方向上看到东西方不同的研究重心也没错，但再深入分析，严重的隔阂就出现了，这正是为什么贝尼特女士“一开始学习(中国哲学),什么也对不上口径”的原因。

中国人呢，因为种种历史原因，自己的传统价值观早丢过半，后来又不分青红皂白一窝蜂跑去学习西方，最后迷失了方向，再也找不到自我。自然科学当然是没有分界线的，但人文科学可不一样，有时可能有点模糊，有时却是泾渭分明。

什么是哲学？它本身是个关乎人生但没有边际的思想活动体验，可以随人信马由缰放松思想，自由地起飞、驰骋。此外，它又是人对人生所有疑惑的求索。不同的哲学思想发生碰撞，或擦出火花，激发更多的思考。相同的哲学思想融汇成流，结成体系后往纵深发展，把人类找寻人生真理的事业一步步往前推进。

西方的一切学术离不开希腊的科学逻辑基础，人生哲学也是如此。现在很多西方的认识是通过科学仪器，通过剖析人脑、分析思维电波、分析脑细胞和神经系统的运作展开的，研究活动更是越来越依靠尖端科技往思想系统的细微结构方面探索。但如果人类要通过科学手段理解“人生”，那是不大可能的，如果真要理解“人”，那我们就接近上帝的位置了。除了野心家，这条路想起来都令人觉得诡异，不是吗？

虽然西方的路和科学精神在很多领域都是中国人所欠缺的，唯独人生哲学方面我们不缺。中国人走的是心路，是良知之路，也是感情的路。感情爱心是人类最明显的特性，如果要求科学处理感情而不是随良知和良心，那会是无路可走！所以中国人发展哲学、理学和虚无缥缈好像不切实际的玄学，然后从理学又派生出心学，等等，都与我们整个文明发展的方向有关。如果说一切科学到头来归于哲学，哲学当然比科学难，能容易得了吗？

安徽省桐城市的西南一隅有一条六尺巷，全长一百米、宽两米，建成于清朝康熙年间，巷道两端立石牌坊，牌坊上刻着“礼让”二字。据史料记载，张文瑞公（张英）居宅旁有隙地，与吴氏邻，吴氏越用之。家人驰书于都，公批书于后寄归。家人得书，遂撤让三尺，故六尺巷遂以为名焉。

张英批书很简单，就一七言诗云：

千里家书只为墙，让他三尺又何妨。
长城万里今犹在，不见当年秦始皇。

这是东方哲学的处世之道，也是中国人在管理方面的现实写照。

在电视剧《大染坊》里，卲家为人打官司，把占用了邻居院墙一角的民居的后墙拆了，被拆的是一穷苦人家，气不过的男户主一时想不开喝农药死了。死了人的一家找不到说理处，于是带着街坊邻里一大帮人哭着闹着前往卲家索赔。卲家觉得自己打赢了官司有理，宁可花钱找衙门的人出头把闹事者驱走也不愿意赔偿。

贝尼特女士说的中国只有老子“符合国际哲学高度”这话我不明白。如果哲学可以有标准高度的话，以上两件事大概可以代表东西方哲学的不同“高度”。遗憾的是，同样是因为一面墙，西方不可能产生“六尺巷”，东方也很难有法律的清明。

有什么样的哲学思想便会发展出什么样的行为逻辑。东方人的哲学逻辑西方人恐怕难懂，他们定下的标准高度，又如何能代表其他的哲理体系？很多中国人比较缺乏自信，但如果连哲学标准也得由西方人来定，这样下去，以后只怕连中国人炒菜吃饭，如何调味下锅，标准都得求诸西方了！

对这样的事情，我们不能总是唯唯诺诺，不假思索便全盘接受。在需要的场合、需要的时候，我们应挺身而出，该对质的对质，该驳斥的驳斥，该捍卫的捍卫，语气用词方面则不妨学习借用英国、加拿大总理在议院辩论时的逻辑风度、美国总统在国会答辩时的高度，任何一个环节有些微欠缺，都是件遗憾的事。

中国人必须还自己汉唐时代的豪迈自信，不该再有清末民初的媚外崇洋，胸膛挺起来了腰杆子自然就直，看事物的角度也一定会改变，这时候得出的结论才会平实。也只有这样，我们才能展现大国公民的风范形象，配得上崛起的中国的大国担当。

十二、责任与义务

希罗多德对历史的态度是："我有记录的责任，却没有相信的义务。"

上面这句话与其说是一种希腊式的高贵，不如说是记录者对史实是否被真实地记录下来的无奈宣示！

西方历史记载的通病从一开始便不严谨，长官意志与个人神话色彩浓重。书写历史是少数人的权利，记录历史则是一种专业，由宫廷聘请的人负责，记录者受命于当权者。历史的定位本来就是"他"的故事，记录者如果真实地把好事坏事都记录下来，可能吗？一般情况倒好处理，大家也就相安无事。要是遇着棘手的事情，写下的不真，真的不能写，有良知的人会内疚，觉得自己变成了隐瞒历史事实、欺骗世界的帮凶，却又无可奈何，只得把工作职责与个人操守分割开来，稍带隐晦地把这层关系说个清楚：书写记录历史是工作上的职责，听命于雇用的人，写下来后相信不相信却是个人的权利。自己都不相信自己记录的历史，真是可悲。是啊，人在屋檐下，哪能不低头！不要责怪记录的人，这样的经历我们都有过。

西方有一句有名的谚语："谎言说一百遍便成事实！"这与西方对历史的不够尊重和对权利利益的极度重视不无关系。谚语仍然在流行着，西方历史也在继续着"他的故事"。

中国当然也遭遇过同样的问题。还好是问题来得早，而且当时记录的人能够秉笔直书，敢犯龙颜，不避权贵，于是中国在书写历史方面有了一个很好的开端，同时有了一个比较完善的记录历史的系统框架，乃至后世史书的记录者，无人能出其右。这第一人就是《史记》的作者司马迁。

《史记》是中国第一部系统地记录政治人物、经济大事、战争军事乃至王侯将相、各方奇人诸等角色的史书，对汉武帝父亲的事迹也有不加隐讳的记载。最初，汉武帝看后大怒，并要把它销毁，但终因爱才，更爱文体布局的精湛和文字运用的简洁而放弃。这是《史记》书者的胆色，更是武帝的胸怀。《史记》书成后即成为中国史书典范，影响着一代代的中国人，名留青史成为读书人向往的最高人生境界。阅读历史和修缮史书更成为中国的优良传统，历朝历代都有专人负责。除了官方的史册外，还有流传于民间的野史、演义、传奇和地方志、宗族史册等，它们对正史起到了一定的补充作用。

这是东方与西方对历史的不同态度。

现在回到希腊文明更早的起点——克里特岛。独有的地理位置使它成为古代欧、亚、非三大洲商品、文化的交流集散地，也是航海家们熟悉的停靠地。欧洲要把它当作他们文明的发祥地，引来的却是不断的质疑。质疑的重点在：

一、没有文字和文明传承的记录，一切都在公元前 15 世纪突然湮灭，即使流传下来的都是传说。

二、人种部族来自何方？很多迹象表明它受埃及的影响很大，甚至初期的文字也是从埃及而来的，但这些都不适合作为欧洲文明的源头，所以不被采用，但用得上的却又是漏洞百出，令人难以信服。

三、一个商业发达的小岛作为一个文化交流站尚可，作为文明的发祥地实在令人难以信服，全球都没有这样的案例。世界上很多岛国都很隔涉，日本如是，英国如是，菲律宾、印度尼西亚乃至新加坡、斯里兰卡全都如是，克里特岛也不可能例外！理由我在另一文说过，不再重复。

“欧洲好不容易找到了自己的文明源头，但这个源头因何而来，由何而去，都不清楚。”由此应该明白，世人其实还非常无知。西方有些人因为相信谎言可变成事实，于是想把很久以前因为利益而被野蛮毁灭的文明再修补接上，为自己树立源头，但这可能吗？人死不能复生，破碎了的青花瓷再拼凑起来总会有裂痕，这道理连小孩子都能明白，为何有些人总爱在破坏后才再做补救？

数百年来中华文明也在经历着同样严重的打击，而且还因为部分国人妄自菲薄而心生外慕，这样的心理素质不够强大事出有因，必须从速调整修正。有些人还非常无知，总以为撒谎后用时间冲淡就可以欺骗天下人，于是不自觉地像童话里穿上新衣的国王那样，赤裸裸地被世人看个明白竟不自觉。也可能是他们已经没办法，登上舞台戏就得唱下去！

我们不能盲目地相信西方的所谓权威，更不能轻易地相信它们的所谓历史。斯大林在莫斯科第一次接见毛泽东时不停地称赞说："伟大，真伟大！"毛泽东则说："我是一个犯了错误的人。"斯大林听不明白毛泽东的客气与委屈话，愣了一下才说："胜利者是不会错的！"这话代表的可不是斯大林一个人的观点，这是所有西方人的逻辑。书写历史一向都是胜利者的权利，所以西方历史也就是这么回事了。至于西方人对日本人篡改历史反应冷淡，国人不解更是意料中事。

权威人士说过的事、写过的书，虽然充斥着破绽和漏洞，我们竟然相信了，是谓"无知"；至于逻辑上和时间节点上都不可能发生的事因为权威人士说有可能发生，我们既不独立思考又没有驳斥的胆量，于是可知变成了"未知"。否认这样的无知和未知，恐怕我们不能说是"真正的愚昧"吧！

其实持怀疑态度的人不少，网上一查，有网友说："我也正怀疑，比如亚里士多德的百万字的论著，在中国这个有竹简和纸的国度，传承下去都有散失，后世会产生好几种版本。奇怪的是古希腊的居然精准得一字不差地保存着！据说是用纸莎草纸或羊皮纸写的，但这两种纸当时都是量少价高。不可思议。"

古罗马人缺乏文化。从古罗马时代开始，希罗多德就被尊称为"历史之父"，这个名称也一直沿用到今天。30 岁（前 454 年）那年，希罗多德开始旅游，每到一地，他就到历史名胜处浏览凭吊，考察地理环境，了解风土人情，还喜欢听当地人讲述民间传说和历史故事，他把这一切都记下来，并一直随身带着。

希罗多德于公元前 425 年离世，他的《历史》一书最终没能完稿。有时为了神的荣光，为了宣扬自己的伦理道德观，希罗多德会不顾历史的真实性原则。譬如，他在第1卷的第29—33节中，有声有色地描述了吕底亚国王克洛苏斯与梭伦就“幸福观”进行对话的情景。实际上这段描写是不符合事实的，因为梭伦赴小亚细亚游历，发生在克洛苏斯当政前的三四十年，这二人是不可能对话的。隔空对话也成了西洋史的传统！

先不说西方的历史有多长，他们能真实记录下来的确实不多，所以相互吹捧。中国人从一开始便喜欢、重视历史，记录下来的人物事迹，典籍文章，浩瀚如大海，一般国人对古籍古迹，也不怎么当回事，随便破坏损毁，对古人也不够尊重，同代人更是相互排挤，不能团结，对外人却可以客气万分，过度迁就忍让，给外人的感觉是窝囊！这种心态很要不得，时间一久会使我们丧失怀疑的能力，追捧权威，跟着别人走。西方人树立他们的权威是因为有用，但他们并不迷信权威，更不相信外国权威。他们认为，人生而平等，就这一点，我们心态的不平衡问题很严重。

挑战歪理需要胆气，捍卫真理需要勇气，做到这些还得有些大气，而我们呢，显然缺（底）气！

十三、他的传说、我的传说

希腊神话多，当然不缺乏传说。荷马史诗《奥德赛》就是在转述种种遥远的传说。

中国也有不少神话传说，《山海经》是其中之一。但北京大学出版社出版的《全球通史》第七版——作者美斯塔夫里阿诺斯，一面把中国历史中的神话部分否决，去掉 1000 多年，一面把希腊的神话传说谱写成历史，得到它被蛮族消灭后又用罗马帝国接驳而成一个新的希腊—罗马文化体系，被灭的与继承的文化两相加后得出年代更久远的文化传说。

如果可以这样不断追溯，埃及文明应该是希腊文明更前的一段，因为这两个体系包含很多共通点：首先是文字的传承，包括失传的埃及象形文字和受埃及影响后来在克里特岛发现失传了的线性文字；其次是地理上的接近；再次是埃及与希腊都有不少艺术品传世。埃及的比较精细华丽些，但很多都在西方博物馆，尤其是大英博物馆内躺着。这样的传承虽然更接近事实，但超出了欧洲的地域范围，很难被西方国家接纳为西方文明的源头。再说，两河流域的文明通过今日土耳其进入欧洲也是合情合理的。不过这一点牵涉问题太复杂，而且感情与宗教信仰的成分多，所以不可能实事求是处理，必须另辟蹊径。

于是，《全球通史》索性来个大突破。第七版推荐序这样写道：

首先打破地区和民族的界限，按照历史运动本身的空间来阐释历史，不仅让读者从地区史和国别史的框架的束缚中解放出来，真正进入“整体世界史”的思考境界，而且可以从中悟出许多对现实具有启发意义的思考，尤其对我们深入考察20世纪以来“民族国家”形式掩盖之下的真实世界，具有重要的启发意义。[1]

虽然这是一个中国人写的推荐序，但十分明显，这是一个大国为了称霸全球、统一世界而开始预先铺下的路。美国人对《孙子兵法》很有体会，这不就是一切从“心路”开始，攻心为上吗?

歪理因少数人的需要而存在，但毕竟是歪理！欧洲到“中世纪”时还没有国家观念，只有种族部落的意识，而且经常为利益而彼此争斗。人类难以做到真正地打破地区和民族界限，蒙古人横扫欧亚的时候如此，英国人称霸世界时更是如此。现在美国人称霸，美国总统奥巴马2016年也曾表态说要继续引领世界100年，那么，一个美国历史学者又如何能够改变他自己国家的国策？写序的人更妙，越俎代庖表达作者没有发表过的见解，岂不荒谬?

从《全球通史》整体的布局来看，作者这样做只是为了更改数百年来早已在世界各国人民心中根深蒂固的共识，那就是人类的四个源头文明：两河流域的文明、埃及文明、印度文明和中华文明。这些文明历史的长短，本来也是由西方人书写的。在他们说了算的年代，各文明年代久远和考证得来的文物也都被两三个西方国家收走了，于是一些数据、一些记录全由少数西方权威人士说了算，其他国家不是处于战乱之中就是科技不够发达而丧失话语权。不过那时候西方国家还是沿袭着他们一向对历史不严肃、不重视的态度，也对自己文化和文明的渊源并不关心，注意力基本上放在如何去掠取全球的财富、争夺殖民地、相互角力斗争上。

在这个违背历史一切原则的前提下，《全球通史》在第五章首先抛出希腊—罗马文明来，然后加进印度和中国而构成三大古典文明。四大变成了三大，新的希腊—罗马文明被创造出来了，而且跑到最前面去。这样的

1 【美】斯塔夫里阿诺斯：《全球通史》（第七版），董书慧、王昶等译，北京大学出版社2006年版，推荐序第6页。

文明长跑比赛，又岂止是余秋雨在《雨中的白发》一文说的出现异常，简直是毫无规矩，乱了套！

这就是蛮族的规矩，如果可以和被允许，希腊人崇尚的奥林匹克精神将荡然无存，希腊文化的人文精髓、科学逻辑也将黯然失色。为了塑造一个能为西方文明添彩的源头凭据，有些人不惜颠倒历史，把内容搞乱再根据需要重塑，这是历史，还是故事？！

观点与角度每每因人、因事、因国家或利益集团的需要而异。一家之言，是每一个人表达思想的自由，无论如何不同也不足为奇。怪就怪在西洋权威一被树立就有这么多人追捧、跟随。这是人的素质修养问题，盲目崇拜，随波逐流者太多了，很值得我们细心想想。

1815 年 6 月 18 日，在比利时布鲁塞尔近郊爆发的滑铁卢战役，不仅是拿破仑和威灵顿两支大军的生死决斗，更是无数人忽略了的众多投资者在伦敦股票交易市场的巨大赌博。结果是罗斯柴尔德家族五兄弟中坐掌伦敦股市的内森赢了，他比其他投资者先一天知道法国战败的消息，就这一天，一天之内他狂赚了 20 倍的金钱，超过了拿破仑和威灵顿在几十年战争中所消耗的财富的总和。就这样，罗斯柴尔德家族控制了英国的财富命脉。1817 年，踌躇满志的内森·罗斯柴尔德在征服了大英帝国后说：

> 我不在乎什么样的英格兰傀儡被放在王位上来统治这个庞大的日不落帝国。谁控制着大英帝国的货币供应，谁就控制了大英帝国，而这个人就是我！[1]

这就是一个踌躇满志的富商信心满满的口吻。这同时也是历史上第一个富可敌国的商人成功地控制一个甚至多个国家的开端！

100 多年后美国诺贝尔经济学奖得主、《经济学》一书作者保罗·萨缪尔森也有一席意思差不多的豪言：

---

1 Eustace Mullins《The Secrets of the Federal Reserve–The London Connection（Bankers Research Institute，1985），Chapter 5。

如果我能为一个国家编写经济学教科书，我就不会在乎是谁在为它制定法律，又是谁为它制定条约。[1]

这样的精准控制要害手段，成了英、美精英分子打造他们称霸世界的长期规划宏伟蓝图的主要内容。换句话说，美国人总是在算计着，然后无声无息地掌握潜在对手或敌对国家每个行业和重要人物的七寸之处。

世界都在经历着这样由强势者精心炮制的嬗变。从金融入手，从国有银行入手，从经济学的教科书入手，从世界通史的教科书入手……中国人尊师重道本无不妥，但在外国教科书的中文代序中把外人吹捧上天，弄得读者如入云端雾里般迷迷茫茫，旁观者看着，都会觉得肉麻。

事实屡次证明，西方说一套做一套，没有纯学术的经济、纯学术的历史，当然更没有纯学术的政治和文化交流。今日世界文明竞争的激烈程度，一点也不亚于冷兵器时代甚至石油时代，只不过包装堂皇些，外表漂亮些，说话好听点，手段更迂回隐蔽些而已。我很为中国传统的仁义道德思维担心，一方面是怕它的丢失，另一方面更怕守势思维难敌西方源源不断、夜以继日的蚕食。世界多个地方的祸乱，都是活生生的例子！

中国学者不能老钻牛角尖只读学术书，把真实的世界冷落一旁，应该多看一些其他社会上的书，以达集思广益之效。刚才不是说到经济吗？那么何不看看美国约翰·珀金斯（John Perkins）著，杨文策译《一个经济杀手的自白》呢？你将会发现一个与学术经济完全不一样的真实世界，一个你和我还有以后我们儿女都要活在其中的世界。既然入世，就不能不知道这个真实的世界到底是怎么回事，绝对没有你想象中那么平静，也更需要血性和胆气面对，这都是一般中国读书人所缺少的！

从塑造一种世界性文明的过程看，先要有强大的经济实力和影响力，然后营造一个强大的军事（科技）和军事投放的硬实力，再加上一批可以令世人信服的历史、经济、考古、宗教信仰等方面的理论权威，为自己需

1 ［美］保罗·萨缪尔森、［美］威廉·诺德豪斯：《宏观经济学》（第十七版），萧琛主译，人民邮电出版社 2004 年版，译者序第 10 页。

要的辉煌文化源头著书立说，引导视听，时日一久，“事实”就会成立，事业也就成了。但这一定不是文明的事业，金融寡头、战争贩子建立起来的事业，我可以确信，一定是野蛮的事业！

文明与野蛮较量，从来就不曾占过上风，只是世界上有一两种文明，仍然在苦苦支撑着，不停地告诫子孙和传承人修身养性、自我约束、戒骄戒躁、自强不息，为儿女为人类的美好明天努力。不过，文明是个厚积薄发、生态脆弱的家伙，如珠穆朗玛峰上的积雪、南极北极的冰山，一旦出现持续的雪线消退、冰山坍塌，人类应该明白，我们对自己生活的星球的生态破坏已经是异常严重了。如果连地球上的痛苦启示也不能令人类有所反省，文明还有希望吗？野蛮是不是十分恐怖？文明的余絮尚有多少和能不能支撑都难说，现在看来是远远不如野蛮力量的多！

文明的步伐如果这样进展下去，一些历史继续是故事，一些故事继续是传说，都将不可避免，再发达的信息传递工具也改变不了“放任人性的故事”。

中国已经到了非创新无法突破，非突破无法更好地向前发展的阶段；经济上如此，科技工艺和生产力更是如此，其他各方面包括思想上对国家有建设性的、自我修复的平和突破也如是。我们尊重每一个人合理合法、严肃认真，并且符合社会共识、代表中华民族利益、能促进社会繁荣稳定和进步的言论自由，当然也希望得到他人的尊重。这首先需要个人准确的定位，然后是一定的文化水平和个人修养，理智而不是情绪。那么，你更愿意相信外国来的传说，还是我们的传说呢？

EGYPT
埃及

十四、进埃及

像进入希腊时一样，进埃及也是从机场开始。

传说中的《出埃及记》，先知摩西带领犹太人出埃及时靠的是双腿，穿过浩瀚沙漠时靠的也是双腿，到达约旦河畔时靠的还是双腿。这样的历史过程难以模仿复制，一些落脚点物质上的相对落后已经带给现代香客不少烦恼。

往金字塔的路上就如往奥林匹亚的路上那样，不用看就知道一定比附近的地方好些。人类爱面子，都有虚荣心，适度虚荣就是一种积极向上的力量。

一点不错，进埃及是“为寻找希腊文化的源头而来，在法老面前，连那些长髯飘飘的希腊哲人全都成了毛孩子”，西方的历史学者又哪能把埃及摒弃一旁，拉郎配般把希腊—罗马结成亲家而打造出所谓的三大古典文明呢？这可是历史呀，我的天！

站在庞大的胡夫金字塔前，我们无法想象4700多年前是如何建造它的，时间的巨手可以抚平它脸上的皱纹使它不留缝隙，留下只有麻点般的岁月沧桑；缺乏文字的记录与流传又使它无法向我们倾诉，庞大的身躯变成一连串的问号留给后人。仰望它，不能不令人油然起敬。对中国来说，更有一个古老文明对另一个古老文明的感情，那应该是尊崇，是敬佩，可能还带点伤感和惋惜。

人类文明史还没有到达可以爽然解读的时候，我们引用的有关金字塔的资料很多是出自古希腊历史学家希罗多德考察埃及时的记述，那是公元前5世纪的事。他对自己时代的历史记录尚且多猜测附会，连他自己也声明对记录没有相信的义务，他对金字塔的推断，我们不妨拿来作为一种遥远的猜测，这样既尊重了西方对历史的写作传统，又可以明白西方权威对传统锲而不舍的追求和继承，甚至在这基础上有所创新。

我们还是生活在一个强权说了算的时代，很多人相信的历史不过是被一些别有用心的人堂而皇之包装起来的故事，很多人相信的权威也不过是被一些别有用心的人堂而皇之包装起来的利益！熙熙攘攘的几番风雨，如此而已，岂有他哉！

希望中华文明的历史传统不受影响，书写的人能够秉笔直书，还世界历史一个清白，还历史以史实！

十五、还是金字塔

还是金字塔。还是由希腊人写的埃及史。还是古时的故事与传说。

真希望世上能多几个真正的埃及学家，有能力写出更有说服力的金字塔背景。我不知道自己有没有机会亲身去一趟埃及实地考察，不过相信即使我真的去了，能碰到一个法老传人的机会也不会很大，能遇上一个真正法老传人的埃及学学者比我去埃及的机会要更渺茫！

欧洲人做了两件不可饶恕的坏事。

第一件事，公元前47年，恺撒攻占埃及时将亚历山大城图书馆的七十万卷图书付之一炬，包括那部有名的《埃及史》。

第二件事更坏，400多年之后，公元390年，罗马皇帝禁异教，驱散了唯一能读古代文字的埃及祭师阶层，结果所有的古籍、古碑很快就没有人能解读了。[1]

欧洲蛮族消灭别样文明的时候的表现是十分坚决、彻底的，希腊文化受到的迫害也不会少。现在很多国人人云亦云，跟着西方人说中国的问题是没有信仰，尤其是没有宗教信仰，这纯属胡说，而且问题严重。明白以上的背景就明白西方人的想法，宗教也罢，政治也罢，都背离了向善的轨道，只有不断的利益。埃及文明覆亡这一简单例子，就很能说明问题。

首先是宗教问题。所有宗教信仰都是教人为善的，西方的宗教也不例外，例外的是它的排他性，因为异教徒的问题，宗教的行善立场变得伪善，

1　余秋雨：《千年一叹》，作家出版社2002年版，第80页。（本书中所有加引号未注明出处的地方基本上都是引用自此书）

有了对立面便赶尽杀绝，完全背离了人性，这与东方的哲学思想和为人原则截然不同。西方人这样做是因为他们的思想上有逃生门，开了很多口，犯了错误可以忏悔，通过人代表的神得到宽恕。西方的宗教是入世的、功利的，早已完全背离创教时的性质。

第二是政治问题。宗教会影响政治。西方政治口称民主，那是要求别人追随他们，唯他们马首是瞻的从属性民主，排外性也极强。力有未逮时会表现得和善，强大时的野蛮行为又会像殖民时代那样，只有奴隶买卖，哪有人身自由？西方政治说要“三权分立”，那只是内部分赃的权力安排，否则所谓的民主选举将无法展开。我们从选举又看到了西方排他性的特质，选举的相互排挤是周期性的民主包装政治需要，现实生活中的排他性却是尖锐、敏感、斗争性极强的，所以对手一定有，没有也得有，经济实力、军事实力或国力排在第二的就是，这个对手从苏联，到德国，到日本，到俄罗斯，到中华人民共和国，谁也跑不了，想安生也不成。美国人会跑到你家门口无事生非，天天军事演习，这是什么样的大国风范，哪门子民主？

第三，文明渺茫。强大的野蛮力量本来就存在于人类的劣根性中，别人管制时我们受不了，自己又不愿意学习管理自己，放纵与任性就像脱缰野马。对族人不便下手时就欺压他人，没有他人时所有人都遭殃。

在这里我至少看到了埃及文明中断、中华文明延续的一个技术性原因。初一看文字只是工具，但中国这么大，组成这么复杂……要统一文字又是何等艰难！在其他文明故地，近代考古学家遇到最大的麻烦就是古代文字的识别……但这种情况在中国没有发生，就连甲骨文也很快被释读通了。……为此，站在尼罗河边，对秦始皇都有点想念。[1]

前人创业的远见与艰辛，后人乘凉时多不会察觉。我们很多家长在浪费孩子们宝贵的、时段性的、有限的童年，强迫其学习另一种语言文字时，可曾想到孩子母语水准在滑落，中文老师更是不被重视，孩子们的修养与道德又怎会得到提升？这种误导，造成了孩子们在无知中失落，处世无度，物质至上。国学的生存环境不容乐观，我们文化的根在萎缩，这是中华文

1　余秋雨：《千年一叹》，作家出版社 2002 年版，第 81 页。

明的大患！

从曾经的读书人挑灯夜读，人人科举赶考的热烈显学，到今天的不被重视，对西方的野蛮功利文化推崇有加，崇洋媚外心理泛滥，这景象着实令人担心。无可讳言，科学是国家强大硬实力的基础，但它必须要有独立奋进、蓬勃发展的人文文化的有力支撑，才不至于泯灭人性。

回到开罗，这么几座宏伟壮观的金字塔矗立在撒哈拉沙漠，希腊文化作为地区文明的源头是很难的了，美国人要为它铺垫一番作为代替四大文明古国的新三大之首，恐怕也难办到。欲盖弥彰，纵或有一些人相信或被收买利用，世人不可能都是阿斗！

从这个角度看，中国的长城，又岂止矗立北部保卫边疆这么简单！我们的文明，是值得每一个国人自豪的。

十六、开罗废话

我口舌木讷，很难抓住话题核心，所以与人交谈时总不能引起对方的兴趣，每每因此出现冷场而弄得场面尴尬。很难想象在开罗，一些人、一群人，不，好像整个社会都那么能说善道；生活悠闲，发言却那么踊跃，勇于表达，但又不着边际。这样一种人与人之间漫无目的地沟通，不知道在他们自己人之间是否也存在？

语言从一开始就是人与人之间沟通的工具，在还没有文字的时候，它更肩负着传递信息的重任。当埃及文明被蛮族彻底消灭之后，当文字被创造和使用了很长时间又突然间被剥夺了流传的权利后，语言再次成为传递信息的载体，但其不便可知。如果语言也被抹杀，那么这个文明、这个民族算是彻底完了。别的民族文化侵占了它生存的空间，代表它说话；取代了它的文化功能，代表它传递讯息。留下来的人，接受更落后的野蛮文化，又有什么可学，又有什么乐趣？

就这样，在开罗生活的人不再是法老的传人，而是来来去去的征服者和他们的传人，希腊人、罗马人、阿拉伯人，他们的来去，权力的更迭，对原居民来说，又有什么分别呢？这里已经没他们的事了，只是生活还得继续，慢吞吞地过，漫无目的地过。在中国这叫磨洋工，得过且过混日子。

我一面再三细读余秋雨先生的文章，一面尝试感受现代埃及人与我们种种不一样的行为，却感觉越是往深处尝试越痛苦。这已经是第二个有着辉煌历史的文明消亡了。古希腊文化亡得并不彻底，它生命的延续有被蛮力利用的需要，于是它复活了，带着一段迷失的记忆，也带着从未迷失过的奥林匹克精神，但十分明显，希腊人学会慢下来了，追求更高、更强、更快的理想由他人干去吧，这里连老祖宗定下的规矩都无法管控，公正公平的衡量就更没法掌握，早已经没我们什么事了。不过还好，希腊人还是希腊人，还能保留自己的文字，自己的语言，却再也没什么可以诉说，不如看看海，钓两条鱼，也不用多，安安静静地过日子。一个古老文明被打压后的记忆是难以磨灭的，也是痛苦的。

另一个更古老的文明灭亡得彻底，也使我明白什么是痛得彻底。埃及人的生活节奏显然更慢，但说起话来却含糊又不含糊。含糊的是内容，心中有无数的话要倾诉，但早就乱了套，与什么都不沾边。不含糊的是劲头，就算是废话连篇也好，该说的必须说出来，憋了几千年的言语，内容过时了，换个新内容，埃及人热情依旧，只是听的人不多，第一是世人没时间，第二是世人嫌贫爱富，潦倒触霉的陈年旧事谁都不爱听，你不急于名利我还急着呢！第三是就算失去文明的人不觉得不光彩，灭亡的蛮族干了这么件大好事，内里隐瞒着不知多少不为人知的秘密，多说怕漏了嘴，那就不如不说。

埃及人好像对什么事情都提不起劲，对时间、约会、工作不积极，连盖房自住都可以七分完工，然后在一座像烂尾楼模样的“新居”安家入住，但对谈话却能投入这么大的热情、精力，如此反差，必定有着深层次的讲究。

工作、时间、盖房、约会，为生命的延续，赚钱过日子。当人生、前途、理想都不再明确，这一切就变得毫无意义了。慢慢吞吞的行为，拖拖沓沓的步子，这种生活节奏正合适。但这些都是表面的，内里深处是被久埋的热情和伤痛，必须通过语言向适当的人表达，又有什么人比远方来的、毫无利益冲突和矛盾的、有着儒家传统的中国人更适合呢？话匣子一打开，要停下来可就难了，于是出现拖着你的手不放，搭着你的肩不松的情景。内心要说的话很多很多，但埋得深，霎时间要找到合适的话语，已经不是件容易的事，于是天南地北，看到什么说什么，想到什么说什么，这样充满热情的痛苦，又岂是三言两语能表达得了，一时三刻能说得清楚？这大概就是一个民族“心死”的整体表现吧。

文明从来都是守着并满足于自己的一亩三分地与周遭的蛮族抗争周旋，中华民族甚至筑起万里长城保卫自己。因为侵略、战争都是野蛮的表现，所以文明人会采取守势而慢慢变得软弱。但只守不攻是要吃大亏的，世界上真正的文明都已先后被灭，中华文明成了独苗。人类会珍惜她吗？不，野蛮是愚蠢的，贪婪是自私的，这些都不利于文明的生存和发展。所以，文明在委屈求存的同时，必须保持足够的蛮力、充分的血性，文韬武略，软硬兼备，方可生存。中国对此不可大意，千万不能总以君子之腹，度小人之心！

心里很不平静。我在不停地想，如果我们也被迫这样生活，在中国人的地方失去了使用中国文字、语言的权利，用落后文化支撑起这个有着5000年悠久历史国家的文脉，我们尊严何在？我本木讷，至此更觉无言！

一个国家的子民，如果有太多的人不能担负起对国家该负的责任、该尽的义务，只知道为自己的私利盘算，为家族的福祉谋划，盲目地崇洋媚外，那么，国家的发展一定会受到很多掣肘。所谓覆巢之下，焉有完卵！在追逐个人利益的过程中，很多人会忽略这点或无暇细顾，这是十分遗憾的事。当然，政府是否提供足够的机会，法律保障是否完善，政策会否朝令夕改，等等，也是该全盘考虑在内的，否则问题无法全面妥善解决，更提不起这部分人的积极性。

还好，中国5000多年来从三皇五帝开始，历朝历代都不乏顾大义、能够挺起民族脊梁的英雄豪杰[1]，把巨龙一直舞在天上，舞到广寒宫！

开罗废话

问路每遇热心人，话不沾边事有因。
非为无聊找消遣，难得兄弟带半亲。
文明传承有脉络，一刀砍断总伤魂。
于众声中听心死，原来废话最锥心！

——2017年4月4日　清明

1　李江源、方健、郭光华编著：《中国的脊梁》，重庆出版社2006年版。

十七、牛选的领袖

开罗南二十公里处有一个地方叫孟菲斯，它是古埃及的首都。那里有座撒卡拉金字塔，一个斗牛场。听说这个斗牛场是选拔统治者的地方。

有一段时期，古埃及把在这里获胜的斗牛士选作自己的领袖。逻辑好像是这样的：人选牛，牛选领袖，领袖统治人。

这个逻辑其实很有学问，因为它把人与人的关系变得简单。牛是不会使诈的，人会。把牛的选拔制度厘定清楚，再把人与牛配对相斗的制度也厘定清楚，一切应该公平了。就算出现某些不公，如果不是人的欺诈行为而属于天意，其结果应该也算是公正的。

这种斗牛三十年举办一次，有一位统治者连续获胜两次，在位六十年。这样的能力实在令人惊讶，因为斗牛士可以年轻，连续参赛两次的斗牛士可年轻不了！

在斗牛场不远处有一位著名的“斗牛士”塑像，那是3200年前埃及新王国时代第十九王朝的法老拉美西斯二世的巨大卧像。这位法老活到九十多岁，娶过三十四个妻子，生有一百多个儿女，生命力可谓旺盛。

他就是那位在不再年轻的时候被牛再次选中的领袖。

在这里，在孟菲斯，出土过一个有名的金牛墓。

十八、有点微词

一个先在开罗学习中文，后到安徽师范大学进修的埃及青年，在预测将会经过的路途中守候了一个多小时后，终于找到了在开罗进行访问、考察的“千禧之旅”团队，找到了想结交的人，几句话后，手已经搭在对方肩上。这就是埃及人的热情，现在看来更是他们拉近与喜欢交谈的人的距离的习惯。两个古老的文明，我们是礼仪之邦，他们是热情之国。结论下得这么快，大概也是受到他们热情的影响，免不了会犯错误，不过现在可管不了那么多，热情过后再说。

人是用理性约束感情的动物，但要真的理智并不容易，热情的人总是受人欢迎的，更何况是初次碰面，三言两语手搭肩膀。于是乎，此后几天，大家都有点离不开他了。当他真诚地说要表达微词时，他的微词，更应该引起我们高度的重视。不一定是他对，可贵的是他的热情所流露出来的善意，一个旁观者对中国游客的善意，一个古老文明对另一个古老文明的善意。

他对中国游客的微词是：

一、很少有人听导游讲解文物，只想购物，拍照。

二、每天晚上精神十足，喝酒、打牌，第二天旅游时一脸疲惫。

他觉得一个国家的具体形象，体现在零散的旅行者身上。现在到埃及的中国游客很少，影响还不大，今后多了，影响就大了。两种古老文明见面，不能让人笑话，也只有两种古老文明彼此惺惺相惜，才会有如此直率的真情。在欧洲国家，热门的旅游地方、景点，我们不停在闹笑话，出洋相，他们是不会跟我们说心里话的，欢迎的是人民币，厌恶的是吵闹杂乱、缺乏公德心的中国人！

毋庸讳言，两点微言直达要害，确实是很多现代中国人的通病。从追求理想、无私奉献、夜不闭户、守法奉公到后来的违法乱纪、破坏传统，都造成极大的混乱与伤害。事出必有因，让逻辑清晰起来是我们的责任，但不是这里讨论的话题。后遗症也好，旧毛病也罢，现在的问题必须由现代人克服。

第一点不听导游讲解从侧面说明国民普遍素质差，文化水准低，只追求庸俗和格调低下的东西，出外旅游确实就是为了购物、拍照、买东西炫富。日本人每年读 30—40 本有益读物，中国人的平均数据却低得可怜。这是一个危险的信号，而且有因为智能手机的普及而每况愈下的趋势。花时间赚钱固然重要，花时间上微信与朋友沟通感情也很重要，一个月阅读两三本好书其实更重要，因为工作进展需要个人素质的跟进，交朋友如果想上层楼也需要个人质素的提升，多读书、读好书为机会的到来先打好基础，同时又为拥有掌握机会的能力早早铺路。当然，没有人会拒绝与博学多才、见多识广的人交朋友的，出外旅游时导游就是你积累见识的最好帮手。

第二点喝酒、打牌、做夜猫子就更明显，这些不学而能，一沾即会。人是要进步的，有上进心的人不应满足于这些最低层次的嗜好。喝酒要适可而止，也不需要大吵大闹，惹人烦厌。读一些书远比打牌好。想深一层，花了大价钱出外旅游，做的却是随时可以在家做的事，亏也不亏？

第三、第四……要说起来其实很多，每次停在十字路口时张眼细心四望十分钟，你一定会大有所获，然后奇怪这怎么可能？继而你会自问：这就是我们中国人的公德心和素养吗？

有关这位埃及老兄的事还没完。他说，萨拉丁古堡教堂有一座小小的铁制钟楼，是法国人送的。埃及送给他们一个漂亮的方尖碑，在巴黎的协和广场上放着。他们算是还礼，送来一个不像样子的东西，多么小气！现在埃及后悔了，那个方尖碑应该送给中国。中国不会那么小气，也有接受的资格。

这是有着深厚历史底蕴的人在说话。不亢不卑的，既有渊源典故，又有得体分析；既有该褒的褒，更有该贬的贬，对谁都不买账，听着令人舒服（巴黎的协和广场我曾流连多时，顶尖镶金的埃及方尖碑印象尤深……协和广场幸亏有了这块埃及古碑，把历史功过交付给了旷远的神秘[1]）。

其实法国可能已经尽了力，只不过它的历史太短，文物不多，拿得出手和舍得拿出手的更是少之又少，只好打个马虎眼，随便敷衍一番，但在明眼人心中，还是不舒服。不过相比之下，这真还只是件小事。当拿破仑远征埃及时，随军队军舰带去的科学家、历史学家、考古学家、工程师和工匠无数，自然收获颇丰，带回法国的同样是无数。这都是古老文明共同的悲哀！

不知道什么时候的中国人，不管是出国旅游也好，在国内的也罢，也能这样随随便便地说出这样得体、不亢不卑的话来。

1　余秋雨：《千年一叹》，作家出版社 2002 年版，第 95 页。

十九、枪杆子捍卫文明

在开罗，埃及人的热情令人舒服。离开开罗去卢克索，同样的热情，表达方式却发生了极大变化。

埃及 94% 的领土是大沙漠，剩下的只有沿尼罗河流域两岸的区域可以发展农业和工业，这就顺理成章地成了一条陆上主干道，正是埃及文明的发源地，也是往卢克索的通道。1997 年 11 月，一群恐怖分子在卢克索杀害 64 名外国游客，埃及旅游业遭受重创，第二年游客骤减 80%。埃及人说，恐怖分子多数是国外敌对势力派遣和指使的。不管怎样，这样的表达方式，应该是热情受到了极大屈辱后的一种行为反弹，虽不可取，但局外人又知道什么、能说些什么呢？事件发生后，这条通道变得危险和不再安宁。

车队是受到埃及政府派出的武警保护的。七百多公里的长途，遍布岗楼碉堡。一路上是荷枪实弹的军人，车队好像在交战国的边防线上抢道而行，冒险中不无刺激。开路的和殿后的都是各坐十余名全副武装武警的警车，中国和埃及两国的友好关系，成为在沙漠边上不断挺进的车队仅有的安全保障。换过几次警车之后终于坐上装甲车，顶上架着机枪。护行人员身份复杂，有特警，有公安，也有旅游警察。一个古老的文明国家用这样的方式护卫自己的古文物和保护前来参观古文物的游客，给世人的警惕太深刻了！

原来文明一直都被野蛮追打着，连一口大气都未能喘过来，消亡几千年了还得这么狼狈地应付着，只为保护剩下的一点骸骨、不再是满满的骄傲、一点点若有若无的尊严。再想深一层，离开了枪杆子的保护，文明真的就不能生存了吗？这留给世上剩下的古老文明，又是一个什么样的启示？

东方哲人创造了中华文明，我们的伟人也一再告诫我们该怎样护卫自己的文明——靠的就是血性和枪杆子！“匹夫无罪，怀璧其罪”，这正是世上蛮族熙来攘往的原动力。文明得保护自己，以蛮制蛮，拿出血性，提起枪杆子。

这何尝不是对只知崇洋媚外的人的一记当头棒喝！

二十、卢克索

在装甲车的护卫下来到了卢克索，一路荒凉，尽是无法掩饰的贫困。穷山恶水，治安一般好不到哪儿去，这是生存的定律。

这里屹立着哈特谢普索特女王祀殿，至今已有3300多年历史了。卢克索是埃及法老时代继孟菲斯之后的政治文化中心，应该到处都是文物古迹才对。纵使现代人对旧的东西不会十分在意，但文物毕竟是珍贵的不可再生的记录历史的资源载体，那么，埃及古文明没了，它的文物又被谁拿走，藏哪里了呢？

希腊人、罗马人、法国人、英国人占领过埃及，阿拉伯人在进驻着，但他们的文化，都远远没有法老时代创造的辉煌。好的东西总会引起不法之徒非分之想，好的文物总会引来杀戮抢劫而且祸延后代，子子孙孙都得不到安宁！不过像埃及这样的地方，尼罗河边尽是沙漠，野心家是不会久留的。他们要的是财富，是珍宝，是享受，是舒适的人生。他们只会巧取豪夺，却不会真心真意地建设创造，野蛮与文明的分别，大概如此。

应该清楚地明白一点，与文明可以讲文明，但与野蛮只能蛮力以对，别无他法，这一点实在令所有文明人深感遗憾！

二十一、太阳神庙

既然是法老时代的一个文明重心，看来在卢克索要逗留一些日子了。

卢克索的第一胜迹是尼罗河东岸的太阳神庙。庙内的公羊石雕，擎天屹立的石柱阵，令人瞠目结舌。石柱需要十二个人双手互握才能围住，而且数目惊人，在这里集结成林。与它们相比，希腊、罗马的著名廊柱都嫌小气了。希腊文化的源头，到这里一看，不言自明。这不全是明摆着的事实吗！至于所谓的罗马文明，乃至一些美国学者别有用心地穿凿附会，混淆视听的希腊—罗马文明，更不必多说，也不足为论了。当然，这也只是笔者的一家之言！

历史的演变需要时间，文明的沉淀也需要时日。据说，3000 多年前，每一位法老上任，都要到太阳神庙朝拜，然后毕其一生，在这里、在柱上，写上自己的业绩，如此代代相传，延续了 1000 多年。在没有更好文字载体的年代，石柱毕竟比纸草和泥版更能流传久远。

"奇怪的是，修建过程这么长，前期和晚期好像没有什么明显的分别。这反映了埃及古文明的整体风貌：一来就成熟，临走还是它。"

这当然不大可能，如果推想，最可能的是埃及古文明发展时间长，它的成熟期早，稳定期却达千年。打开地图一看，在埃及沿尼罗河谷四周，西边是阿布穆哈里克沙漠，再远点是大名鼎鼎的撒哈拉大沙漠；东边是东部沙漠（阿拉伯沙漠），再往东点有红海和西奈半岛，除了海还是沙漠；往尼罗河源头方向走去，到了苏丹仍然还是沙漠——努比亚沙漠，陆路对外交通显然不是很方便。尼罗河口面对地中海，在四周文化落后的情况下，沙漠和海都是埃及文明最好和最有效的屏障。

我们有理由相信长期的稳定让埃及人能更好地建设他们的文明，但可能也因此而麻痹大意，从而种下被灭的祸根。当文明成果一点点地从埃及往外传，慢慢提升了附近民族整体的文化水平（最好的例证就是早期的希腊文化受埃及影响很大，包括象形文字、线性文字、白色的大石柱等）后，其他地区的蛮族有能力到达埃及时埃及人却无力抵抗，这几乎是所有伟大文明共同的命运。

离开帝王谷时在田野中见到两尊塑像，高大而残破地坐着。据说塑像雕的是同一个人——阿蒙霍特普四世，每天日出时分会说话，近似竖琴和琵琶弦断的声音，说话时眼中还会涌出眼泪。专家们对此是有科学解释的，但不管怎么说，我不爱听。这不是科学问题，这是难得一遇的人造胚胎，经过岁月的孕育，再通过大自然鬼斧神工地不断雕琢、过往蛮族的几番摧残，化作两个毫无面目只会淌泪自语的老者。这是天人合一的感情杰作，更是人文学上的不世之作。两个老者同一个人，显然从一开始便明白人类怕孤独，怕自己日后形单影只，虽然当时没有一个你，但不妨同时再造一个我，坐下来度过几千年。

我愿意用心感受这个时刻、这种环境带来的沧桑与凄楚；一座高大得令人自卑的塑像，残破得面目全非，孤独地在四周无人的荒野中坐着，日出时偶尔说两句，有人听也好，无人听也罢，憋得久了总得说上三言两语解解气，说到伤心的地方，男子汉也会流泪，没什么奇怪的，这就是科学。

人类因无所敬仰而浅薄，古迹则因身后空虚而孤单。

二十二、法老传人

古老文明中以逝去的两河流域文明和埃及文明最令人缅怀和伤感。文字没了，语言灭了后又改了，仅留下地上地下的一些遗迹，大多也给掠夺一空了。这些文明好像早已远去，却又各有脾性、各有情怀。两河流域的传人并不甘心这样离去，放不下他们高傲的自尊，对把他们赶走的野蛮人一直都在针锋相对地做不对称的斗争，以蛮力对抗蛮力，所以中东乱局不止，千百年来都在腥风血雨中度过，可能只是对传统早已力不从心的呵护，对穿在身上传统衣裳服饰的眷恋，当然还有对现实不公的不满，不过这都是后话。

埃及文明是另一个被欧洲人打下去，早已经死得直挺挺的古老文明。当世界上第一座图书馆在亚历山大城消失时，也带走了法老传下来的文字、语言、祭师和民族的魂。可以想见的是埃及文明是平和的，传到希腊时也是平和的，所以结出了奥林匹亚运动场的公平比赛精神而不是罗马斗兽场的野蛮精神。它值得世人缅怀的地方是它对世界的舍生奉献。文明的部分作用是开解人类的无知而非重拾荒凉。现在，埃及已经没有什么可以奉献，法老的传人成了在自己国家内的遗民，也只能远离尘嚣，躲在一角，仍然从事着手工刻石，许多古庙的修复都与他们有关，修复的手法无与伦比。这些法老传人“自己首先把自己封存了，然后由他们来代代封存遗迹”。不过变化总是有的，近千年来他们信奉了伊斯兰教。

这些遗民生活在卢克索尼罗河西岸的墓葬群周围。单从这一点就可以看出原来的主人生活的艰难，也让我们明白以色列人为何如此爱国。失去了才知道曾经拥有的珍贵，这大概是人类的通病吧。

二十三、沙漠联想

离开卢克索向东，不久就进入沙漠，东部沙漠。

以前没到过沙漠，连中国的沙漠都没有到过，实在是写不出什么来，不如休息一天趁机写点别的东西。

记得之前与一些迷信、崇拜美国的中国学者提过一本书《一个经济杀手的自白》，不如就谈谈它。我们看事物实在不宜过于片面武断，何况是没有去过、经历过的地方。所有国家正反的题材都一定存在，所以偏吃加上无知乱吃的人不可能健康。世上本无乐土，只要不忘本，能看远看宽点，心自然能安。心所安处便是家。

这本书，是美国经济学者，一位成功的跨国公司的国际高级销售经理，约翰·珀金斯顶着巨大的压力，断断续续、时写时停花了 20 多年时间才完成并最终成功出版的；这本书，是在美国主流媒体刻意回避和保持沉默下，仍然能够流通出来并达到空前畅销的自白书。“究竟是什么力量让我最终战胜了恐吓和拒绝受贿，从而完成了《一个经济杀手的自白》？简单来说，是我的独生女儿杰西卡。她大学毕业后独自在社会上闯荡。最近和她聊天的时候，我告诉她我要出版这本书的想法和顾虑。她非常支持我，并对我说：“别担心，如果他们为难你，我会为你继续做这一切。为了下一代人的幸福，我们必须让世人知道真相。”这就是她的回答。更深层次的理由是出于我对这个生我养我的国家的忠心；是出于我对美国国父在创立美利坚合众国时发表的理想宣言和热爱；是出于我对今天的美国为全球所有人承诺的“自由、平等和追求幸福的权力”的期望；特别是“9·11”

事件之后，我无法忍受自己眼睁睁地看着经济杀手将美国蜕变为全球帝国的现实。这些因素构成了我整本书的骨架，而接下来的每一个字，就是在这个骨架上一点点加上去的血和肉。[1]

既然有人冒着生命危险把事情做了，既然有人理出了一个骨架并在上面加上了血和肉，那么，买本来细读也好、再加上一些血和肉也罢，我们又何须再吝啬我们的时间和付出？我们不也有我们自己的儿女？我们不也有对自己国家的忠诚和人民的热爱？我们不也有对中华文明传承的责任和振兴中华的理想担当？

近百年了，人们迷信美国，认为它就是移民的天堂，寻觅新机会、发展新事业、自由生活的民主国家！为什么这么多人会有这样的憧憬？是因为美国富有（他们有全球通用国际货币的印钞权）？是因为美国有个自由女神像（法国人送的）？是因为美国立国前也是个殖民地？是因为美国机会多而且均等？是因为美国民主、自由和平等？是因为美国强大，美国人到哪里去都受保护不吃亏？这种种是与不是的可能性都存在，但善良的人们毕竟误会了，美国立国时可能接近人们的想象多些，但 200 多年前的理想与今天现实中的美国已经相距极远，于是就有了约翰·珀金斯写书时更深层次的理由，只是人民向往美好生活，总爱把遥远的地方在热切憧憬中美化起来。对一些不切实际的人来说，梦醒时分总是酸楚甚至悲怆的！但很多人的梦，仍在继续着。

究竟是什么力量让作者最终战胜了恐吓和拒绝受贿，书中好像都有了答案，但不一定是我们的答案。国情及传统使得很多中国人都做不到这样理智：

1. 在中国，众多的中国读书人、知识分子、社会精英是否会有这份勇气和担当，作出相同但平和的选择？

2. 我们的独生女儿会这样无惧地支持父亲吗？

3. 我们一大窝子家人能团结一致，首肯这样的决定吗？

---

1 【美】约翰·珀金斯著：《一个经济杀手的自白》，杨文策译，广东经济出版社 2007 年第 2 版，自序第 13 页。

对以上问题的不同回答大致就是双方在文化背景、血性胆色、公德心和私心孰轻孰重的差距。至于我们的独生女儿会否对我们说“别担心，如果他们为难你，我会为你继续做这一切。为了下一代人的幸福，我们必须让世人知道真相”，这就难说了。不是我们的女儿不够优秀，而是我们做父母的、社会的教育方法不一样；我们对儿女关怀溺爱有加，但对培养他们独立自主的坚强性格、吃苦精神和动手能力都有所不足，甚至欠缺。所以本书作者和他的女儿的优点，既反映出国人尤其是知识分子性格上的缺陷，更指出为什么很多时候中央政府三令五申的好政策和惠民方略，一到基层便走样并且难以执行，有时更唱起反调的原因。

《一个经济杀手的自白》故事是从沙漠开始，也算是巧合。

沙特阿拉伯成就了不少人的事业，当然也包括我在内。我在这个沙漠国家所取得的事业上的成功，……使我成为美因公司百年以来最年轻的合伙人。……我拥有的股份可以保证我在40岁之前就成为一个百万富翁。

布鲁诺找到了一位20世纪初俄罗斯数学家的著作为基础的计量经济学模式……我们可以借助这一种工具“预测”出我们想要的经济增长数据，从而说服发展中国家的领导人接受我们提供的巨额贷款。

后来，我请了一位年轻的麻省理工学院（MIT）的数学博士为我的计量经济学模型研究出一套算法（Markoy method）。……我们又共同撰写了一篇技术论文，这篇论文认定新算法是一种革命性的方法，对于正确预测经济发展起着至关重要的作用。[1]

这套算法听起来非常权威，自然也起到了创作它的人想要它起的作用。

1 【美】约翰·珀金斯著：《一个经济杀手的自白》，杨文策译，广东经济出版社2007年第2版，第99—100页。

不过这套算法故意地设计得十分复杂，以致大部分圈内人士都无法清楚理解。美国的“经济学”十分发达事出有因，“创作”风盛是原因之一，国家利益需要是原因之二，经常得到诺贝尔奖算是原因之三。当然，树立起了权威的众多经济学人除了自身得益，名利双收外，反过来都能为美国作为一个全球的金融霸主立下汗马功劳。

本文作者如果沿着当时的路走下去，说不定已经拿了个诺贝尔奖什么的了。美国前总统奥巴马和前副总统戈尔不都拿到了诺贝尔和平奖吗？够讽刺吧！但政治经济，息息相关，明白了美国的政治后要明白经济就不难了。

沙漠里谈经济，扣住了阿拉伯的脉搏就算扣题了，想不到竟然这么贴切！朋友们，还“迷”信权威不？

二十四、到了红海

海，蓝色的居多。海以水为主，水没有颜色，海水的颜色要么来自水中的植物、矿石，要么来自天空。没有污染的天，没有污染的云，没有污染的海，水天一色，都是蔚蓝的。海水越深，越是这样，颜色会越浓，只是水太深了人会感到恐怖。人类在水中活动的范围，毕竟多在浅海。

红海的颜色也是蓝的。那么，红海为什么以颜色命名，而且是红色呢？我没有去查找答案，发挥一下自己的想象力会使头脑清醒些。就从附近两个古老文明的经历来看，再从千百年来丝毫没有太大改变的人性联想开去，我们都会联想到这周边地区从不缺乏的风采，那是血染的风采。

人们在红海边漫步，一脚踏着沙，沙不断地往旁伸展，看不到边际；另一脚蹚着水，水向另一旁漫延，一直到远方，也看不到边际。人在水沙两者中，虽然渺小，却居然够着三边际——沙漠、海水、蓝天，渺小中透着不受羁绊的不妥协，卑微中感受人可胜天的壮志雄心，是否过分，不得而知。

如果希腊文化能给人类一个错觉，以为人类一定会按照某种逻辑进化发展，那么希腊本身可能有部分就是一种错觉，而西方文化执意延续着的错觉却把另一种平淡的文明掩盖得严严实实。埃及文明不计较人世间的名利，连数千年后的传人都深深明白韬光养晦的道理，躲在一角，干的还是传承下来数千年前人干的活儿。

我敬佩曾经有过的纯真希腊，而不是众人不停在塑造着、歌颂着、追捧着的希腊。我更敬佩希腊的老师埃及！

二十五、文化财产

文明，在于先人们的远见和无私奉献！

文化是财产，可以私有，可以公有。私心重的人，私心重的文化，会把一切私有。只有无私的人，才能推进文化的公有，共产共享，发展及远。

埃及文明追求神秘和封闭，给世人留下了金字塔和木乃伊。埃及法老是把该做的事情做到极致了，结果却因不能普及和种种原因而灭亡。

西方文化邻近世界两大源头文明，却在文明源头上发表怪论连篇，在破坏毁灭后再试图东拼西凑。西方文化在世界文化中迟迟不能发轫，欲究其因已经超出本文范围，但粗略言之，攻击破坏型文化导致必然的战乱和独霸私心是主因，神权政治是其次。

因为私心，文字成为僧侣、祭师、神巫的专利品而不被普及，民智不开，文化如何发展？至于神权政治，它的排他性极强，既不能容忍其他宗教，亦不接受不一样的哲理文化，甚至其他人种（都被笼统地称为有色人种），思想何来自由？生活何来民主？人权何来平等？这情况文艺复兴后才得到扭转，但至今未能全面铺开，只在自然科学上发力，人文科学因受传统禁锢，思想得不到解放而得不到根本改善，只好把工作放在外表的包装上、控制舆论的制高点上、弄虚作假谎言惑众的演技上。世人总是善良的多，不停上当受骗。

中华文明不走宗教信仰路，只求实事求是的知与不知。先秦诸子学术门派各异，但能尊重彼此的不同观点，百花齐放，畅所欲言。每个学派都力求将自己学说传遍天下，同时又都能细心聆听不同意见，思想因而彼此激荡，相互启发，每有另辟蹊径、标新立异，各方各面都能把自己所学发挥得淋漓尽致，达到人类历史上人文思想的高峰。现在回望，早已千帆过尽，盛景难再。

中华文明之所以伟大，在于它的普及与包容。孔子在他的时代有教无类，不分贫贱，不论出身，更不为财谋。今日的孔子学院也秉承了这一传统，无私与包容，所以能普发广传。

把人类文化作为私产是西方的创举，在改弦易辙后的推进普及中暴露出很多根深蒂固的问题，至今不能断绝和解决。文明，包括文化、文字和语言，是人类的共产，只有这样，才能广为流传，才能及远，才能长久。

5000 年来，中华文明一直是独立自主的，但时至今日，一切都已改变。东西方基本价值观的分歧，已如上述，人类文明的出路，我们坚定认为不可能以功利、私心为主；人类文明的前途，不可能以贪婪、物欲为轴；人类文明的发展，更不可能以杀戮、战争为动力，血液当不了石油！

中华文明的文化财富是人类共产，但现在我们必须细心保护，以待时机。正所谓“怀璧其罪”，“财不可露白”，西方可以破坏别人的文明，但他们丑化了共产又离不开共产。什么“世界文化遗产”等，只不过是用来收集全球文明共产的掩人耳目的鬼把戏。

西方科技文明发展速度迅猛，破坏力大，杀伤性强，但不能持久，总会有其力不能穿鲁缟时，我们不妨拭目以待！

二十六、国家财产

我在海边长大，却已经很久没有看海了。思乡看来还是看明月靠谱些。看明月思乡，却又勾起家国情怀。看来是写文化财产时意犹未尽，还有不少需要补充的地方。

文化财产是公共财产，那么国家财产呢？当然也是！与私人财产的性质完全不同，这些都是全国人民共有的公产，公有的共产，通过国家委派的专人负责管理并承担看守等职责。国家所有的一切，都是国内人民的共同财产。我们每一个人都有保卫国家，保卫国家财产，保卫中华文明、文化财产的责任。反过来国家当然有保护所有国民的义务，包括人身安全、私有财产安全和教育国民、提升国民素质、维护国民身心健康、保障国民平等自由等职责。

那什么是私人财产呢？国家的印钞权和货币发行权是否可以转变为私人财产？如果我们的标准统一，根据上面讨论过的原则，国家的印钞权和货币发行权都是国家财产，与个人、私人团体、私人公司机构、社会组织集团等完全无关，而且有着极大的利益冲突。

私人财产在所有国家和社会都有着非常清晰的法律定义，其作用基本上是保护个人权利。人每天都需要不断地补充给养维持生命，可是没有人能保证自己永远健康，永远能够从事正常的体力劳动或脑力劳动，所以大多数人会积累一定的财富以备个人和家庭的不时之需。通过正常的劳动累积起来的财富就是私人财富，其多寡就看个人的眼光和能力了。不过社会并不鼓励个人累积富可敌国的财富，因为这已经远离累积私人财富的目的而成为别有用心的野心家的追求，这与大众追求社会稳定、公平、和谐相去甚远！

这样看来，私人财产的理财方法有一定的讲究。没钱不成，钱太多也不一定是好事，有时会引起家人反目，甚至危及本身；至于委托他人或大机构理财更危险，该怎么办？办法其实很多，也很实用，既能保障个人利益，快乐平安，百年终老，又能保护社会利益，维持社会稳定。

西方文化有把共产做私产的传统，所以连国家财产也经常有人觊觎。开始时是跑到国外发展所谓的殖民地，说白了其实就是公然武力掠夺。这样的资源瓜分活动引发了两次世界大战。

不过把公产转化为私产不一定要对外，当机会来临时对内也会发生。美利坚合众国的印钞权和货币发行权暗中被美国国会操控，并且有一套严密的监督程序。这是原来三权分立的真正美国，也是很多人一直以为仍然存在的美国。当美国国债发行量较低时，财务比较公开和健康，权力也分散在众多的国会议员手里，人民通过选举国会议员来行使监督权力，不容易被财团或军火集团操控。后来，一些富可敌国的大财团联手干非法勾当，后果是恐怖的，世界秩序也由公开、透明、民主、公平的格局转变到半地下甚至是黑社会模式，唯武力说了算。这对善良的人们来说，很不公平，但间接说来，却是善良的人们一手造成的。这好像已经成为世界的公理。中国虽然不在这公理约束的范围内，但一直受到极大的压力，从封锁到围堵，从围堵到利用。中国的资源包括人工在内都是物美价廉，而且本身市场广大，可以吞吐很多洋货，也可以吸收很多西方淘汰的生产力和不要的污染源，但时间也不多了，当这些价值达到饱和，政策随即就变，利用又会返回围堵，围堵又会回到封锁，甚至不惜威胁一战，这不是危言耸听，而是从西方文化传统得出的结论。化解的方法是我们要维持坚强有力的中央政府，团结全国人民，上下一心，发展生产和科研实力，保持强大的军事力量。

至于私产好还是共产好，只要我们不再被人忽悠，不再被偷换的概念迷惑，都会各自得出应有的合理答案，再说下去那就是经济上的幼稚、政治上的无知！

二十七、小地方和大视野

诺贝尔文学奖捧红了一位埃及作家，也改变了他不想被改变的命运。

他是纳吉·马福兹，天天都会去开罗市中心一家坐落在解放广场北侧的小咖啡馆，先是拐进一条极窄的通道，爬上一个小木梯，进入一间大约十八平方米的小店，坐在同一张靠窗的桌子旁，叫上一杯惯常的咖啡，或从窗口向外望：隔壁是一间皮货店，远一点是个地铁站入口，蹲着几个擦皮鞋的人；再往前点是两栋建筑物，一个是希尔顿酒店，另一个是阿拉伯联盟总部。不往外望时或许就是在构思创作中，他的许多作品都是从这里创作出来的。

获奖后他的名气大了，生活习惯却没有改变，仍然天天如此，走他的路，坐在同一个桌子旁，叫上他的那杯咖啡，直到有一天黄昏，一个歹徒在他步行回家的途中将他行刺。遇刺后他被路人送到医院救治，后虽脱离了危险，终因伤及神经至今无法写作，他也不大出门了。

究竟天天在外边同一家咖啡馆坐下写作和在家写作有何不同，我看观点会因人而异，但从视野的角度看，两者分别不大。两个不同场景，一个在家里，一个在公众场合咖啡室，气氛肯定不一样，但不同情节需要不同背景，如果已成习惯，在哪里构思写作都一样。公众场合会提供一些无法预料的突发情况，给一些心怀不轨的人以可乘之机，对一些有公众影响力的作家，遭遇损毁或谋害的机会肯定高很多，安全无法保障；在家写作的安全指数会高些。

咖啡馆是小地方，家中条件不一定就好到哪里，但都出不了大视野。

大视野需要经验和磨炼、阅历与见闻，天天在同一地方不可能得到这样的经历积累，只有到处闯荡开阔视野，才会磨炼人的意志、增强阅历见闻。读万卷书与行万里路同样重要，用车轮来丈量当然比双脚行路走得更远，但一定要多与人沟通、接地气。

一个负责任的作家写作用得最多的是良知，这会赋予作品一个立场，一条生命，一口暖气；然后知识、经验与阅历共同构筑起的骨架内容；个人风格文采的包装其次，最后才是布局技巧的整体运用。对社会某部分人或某些禁区当然可以适度回避，但只有具备社会良知和责任担当的作家才能生产好的作品。对这样的一位作家来说，诺贝尔文学奖代表的可能只是作品的次末，显然不足以影响作者个人的价值取向和生活习惯。但对品流复杂的社会来说，不同情绪受到诱发会产生激动、愤怒、仇恨或不满等反应，这样惊动了一些不应该被惊动的人，发生一些不应该发生的事就不足为奇了。这个世界有得必有失，无法回避，有血性的人会选择尊严，然后勇敢地面对。

我们无法回避的话题是世人翘首以盼的诺贝尔奖。我想，怎么样计算获得诺贝尔和平奖的国际风险、社会风险都应该比文学奖高吧，很多总统、副总统、总理不都得过吗？一个从事社会地位不高的职业、收入经常不足以糊口的文人又能做什么坏事了？我再想想，得一个诺贝尔文学奖而导致右手不能写作，整个人的生活秩序、节奏全被打乱，值得吗？……不值得，真不值得！不过如果不是天天上咖啡馆而是在家写作，这事可能不会发生，但问题还是在诺贝尔奖上，它为一个普通人带来的名利和光环太大、太突然了，而且得了奖以后很多事再也无法逆转，更无从回避，这就容易出乱子。

那么，问题到底是出在诺贝尔奖上，还是出在世人身上呢？如果大部分世人遇到这样的事能处之泰然，事情大概不至出乱，但诺贝尔奖也就不成其为诺贝尔奖了。因为有虚荣心，世人趋炎附势的多，自然就会得出这样的一种因果关系。

于是，我又想，写作的地方大小其实不重要。要冲淡虚荣心，人要多外出走动，用心接触社会各阶层，用智慧冷静分析世界，用思考观察调研社会问题，多接近民情地气，还要低调不出名，这样视野自然会大有增长，人也会得安宁。

以前有人羡慕山野农民生活的不受束缚而写下几句歌词：“日出而作，日入而息，帝力于我何有哉！”换上贴题的三句就是：日出上馆，日入回家，诺奖于我，其实无他。但诺贝尔奖就是诺贝尔奖，不出这样的风头，生活的轨迹必然依旧，说不定能为世上多添几本好书，写到九十九！

二十八、出埃及

来开罗好几天了，昨天晚上的告别联欢会，好像预示着今天要出埃及。果不其然，今天早晨，大队终于获准坐船参观苏伊士运河，并通过河底隧道离开。

苏伊士运河把地中海和红海连接起来，红海则把非洲东北角上的埃及和它在亚洲的西奈半岛分开。用河底隧道连通这部分国境也是必然之事，因为跨红海在沙漠上搭桥难度非常大，红海倒不算宽，有时对岸的人的面貌都可以看得清清楚楚，不过沙漠昼夜温差极大。

午后开始在西奈半岛上穿行，走了四百七十公里直到晚上九点半才停下来投宿。一路都是荒凉的沙漠，渺无人迹，穿过的三两个小镇也是一样，全都不见一人，说起来真不止是另有一番景象那么简单，这样的荒凉实在怵人。

就这样一片寸草不生、荒无人烟的土地，竟然会引来无数人为它流血，把黄黄流沙、窄窄红海，染红了不知多少遍。对一些人来说，这是账面上的概念；但对另一些人来说，这可是国家尊严的问题；再有，这是对子孙后代负责、为他们捍卫生存的权利；厮杀半天自己可能只是个旁观者，因为没有人知道地下将来会有什么。

因为这个不确定性，我们就有义务留守、坚守、固守。前人创业总是艰辛的，我们如果连守业都做不到，就更遑论发扬光大了，人类文明的进步恐怕也会停步不前！当然，如果明知道地下有巨大财富，看守者肯定会表现积极，觊觎的人则肯定会更多，费尽心思、千方百计找借口、寻机会抢夺。这是眼下西方主导国际社会的普遍心态，希腊逻辑不再管用，法律公理也被扫到一旁。这样的世界秩序，人类前途何来？

我们不能因为沙漠荒芜土地无用便放弃。希伯来人自从离开了两河流域后西出东进，流浪迁徙，1000多年都未能立稳脚跟，最后成了无家可归的民族，受尽世人凌辱冷眼。2000多年后也不知道是什么天大的运数，犹太人终于能够重新立国安家了，个中经历痛苦不足为外人道。中国人在清末民初时的命运其实也好不到哪里去，今天能够在自己国土上自由生息，我们应该特别珍惜，应该对国家有所担当。

每一寸土地都是我们立足之本！人需要粮食，这离不开土地；需要衣服和日常用度的生活物品，试问又有哪一样离得开土地了。如果有人觉得中国地大物博，那是我们祖先用血汗换取和辛勤经营得来的成果。我们不主动侵犯他人，也不主动出击掠夺别人的财富，但是我们自己的领土，寸土不让！这就是我们要在东海和南海捍卫海疆主权的原因。

“人啊！认识你自己。”这是古希腊哲人的话，西方文化满嘴说要继承希腊文明，但千百年来一直没有走出第一步！

二十九、四世纪的羊皮卷

出埃及途中穿越西奈沙漠，沿途好不荒凉，到了半岛南边的南西奈省，在西奈山下有一座世界闻名的圣卡瑟琳修道院。修道院的名字来源于公元 3 世纪时埃及亚历山大城中的一位贵族的女儿。她为了信仰成了一名殉道者。后来，世界各地以她的名字命名的教堂和修道院有好几个，其中这一座，是最古老的，最有地位的，也是唯一处处都展现出 1000 多年前的原始状态的。

修道院里有一个仅次于梵蒂冈的基督教真本图书馆。它曾拥有一部公元 4 世纪的羊皮卷《圣经》手抄本，19 世纪时被一名德国学者借去，没想到这名学者四年后就把它卖给了大英博物馆，获利十万英镑。修道院身处不毛之地，无以发声，也不想打官司，只好把德国学者当年写的那张借据保存着，作为后人参考的凭证。

在寸草难留存的荒漠好不容易有了个修道院，有了个图书馆，有了一点点可供发展的文明文脉。这样的地方最单纯不过，最不会对外面浑浊的世界怀有戒心。世界上其他交通不便、出入隔涉的地方也一样如此，经常被外来人的甜言蜜语欺骗。盗贼的本质都是一样的，无论他们要下手的对象是什么，是物还是人。

十万英镑是个大数目，但里面有没有造假的成分，有没有夸张的水分，已经不重要。夸大了的价值可能令人觉得大英博物馆的诚意，更可能的却是大英帝国霸占羊皮卷《圣经》的决心。那么，这样的决心恰当吗？一个什么都讲究法律的国家在利益面前再也找不到底线，毕竟一个只有法律的国家不同于一个有道德的国家，因为道德是有底线的。

于是，更为严重的问题出现了。它不是出于盗贼这样的个体，且不管这个个体是有地位的专家或名气很高的国际权威学者，而是出于代表一个强大的主权国家的博物馆。来历不明的珍贵物品的私相授受，不是光明磊落的国家行为。有着殖民传统的国家，它们的行为可能已经习惯了不光彩，但我们实在没有必要避重就轻，无关痛痒地为它们的颜面而失语。

尊重是需要前提的。当人们明知道事情是不合法、不道义，甚至是不合情理时都毫不含糊地做了，我们还遮遮掩掩地说话，这就像童话故事“皇帝的新衣”一样，犯错误的不是国王，是国王以外的所有人，是天下人。这些人的容忍、虚伪和遮瞒，使得作恶的人心胆越来越旺盛，慢慢地时间长了，就会觉得自己是对的。

任何一个光明正大的宗教都是拒绝卑劣的，这话不错，但很多人都犯了一个很简单的时空交差的错误，简单地认为现在的宗教还是创始人那时一样动机单纯的、一样救世甚至赎世情怀的宗教，这就犯了时空错乱的毛病。我们很多中国人对今日美国的憧憬，也是出于同样的道理。

千百年世事的变幻，一直显示于我们日常生活的改变中。我们用手机微信与朋友对话，看着电视播放世界各地发来的新闻，我们很适应，好像不知道世界每天在变。但当我们定下心神想想，我们会发觉原来一切早就不一样了。我们扫二维码购物，手机付费，但我们却认为美国还是 200 多年前的美国，宗教还是之前的宗教，靠谱吗?

如果不从根本源头思考自己，一切还在依赖别人，别的国家，别的宗教来帮助自己，这样的人永远不可能有自己的想法，更不会有主心骨，只会随波逐流，人云亦云。这样的人生是可悲的人生。

另一种太有主见而没有道义的人，已经把家里变成藏污纳垢之所还在沾沾自喜，以为占了大便宜，这种人也应该从思想源头想想，自己的价值观是否出了问题。

大英博物馆里到底有多少见不得人的东西，抢回来的也好，偷回来的也罢，甚至说是重金购进、私人捐赠也无所谓了，因为太多的事例早已一一在案：在雅典有文化部长做鬼也要抗议的文物回归，到埃及有被巧取豪夺的羊皮卷，这总共才多少个国家呀？中国的圆明园和敦煌文物还没来得及提及，还有什么伎俩没要出来的？我们还需要听吗？

ISRAEL PALESTINE
以色列、巴勒斯坦

三十、相处要态度

出国旅游免不了要在不同国家的海关进进出出，这对很多人来说都是件头痛的事。海关官员的职责很重，他们就是和平时期守疆卫国第一线的工作人员，只是他们的工作是防止有害物品的进入。范围从杀伤性武器到有害性毒品、药物、动植物等，而不法分子却会千方百计地逃避搜查，隐瞒事实，加上查验时间一般不能过长，身体又不便随便摸索，造成了执法人员的严肃嘴脸，虽不好看也是事出有因。

当然，有些地方的海关人员素质比较低下，把工作责任变为权力，胡作非为，敲诈勒索，损害国家形象，这是另一回事了。

中东地区的安全问题尤其严重，海关的工作更是不能掉以轻心，所以过海关的经历令人战战兢兢，时间拖得长了更难免会生气。前几次在海关的经历都令人烦恼，这次从西奈半岛进入以色列，经过两个敌对国家的最前线，看来又会有半天的无奈折腾了，必须得忍耐。

过关虽烦，以色列海关人员的态度却极好。态度好是工作人员受到良好培训和个人修养的问题，但该查的查、该问的问、该翻的翻，工作认真细致，一点都不马虎。当然，工作认真细致需要时间，时间一长，过关的人不耐烦自是难免。但客观的现状是年轻的工作人员都在忙碌着，既不打官腔，也不拖拉，更不索要小费，一旁等待的其他人又有什么理由生气不耐烦？但最后终于办妥全部人、车、设备的过关手续，首先是工作人员鼓起掌来，其他人除松了口气也跟着鼓起掌来，大概不应该会有什么反应了。带这么多的设备旅游通关是一方的工作需要，耗这么长的时间检查是另一方的工作需要，在这样危险敏感的地方，双方都能明白各自的职责文明相处，除了工作上的劳累剩下的就只有快乐，有朋自远方来的快乐，所以鼓起掌来。这是每一个海关人员都应该学习的榜样！

进入以色列后车队往北朝耶路撒冷驶去，途中发现一个叫“所罗门石柱”的所在，走近一看，原来是所罗门时代的一个铜矿，距离现在差不多有3000年了。再往前追溯，希伯来人在亚伯拉罕的带领下从美索不达米亚迁居阿拉伯沙漠，创造早期犹太文明，已经是3800年前的事了。至于摩西后来带领部落出埃及，也有3300年的历史。

犹太人为什么会离乡背井从资源丰富的两河流域迁居到阿拉伯沙漠？这个原因我必须在以后时间里查探明白。不过在查明原因前，在知道接下来发展的史实后，我想用逻辑思维作出一些合理的假设。

看来希伯来文明是因为不敌中东北部入侵的游牧蛮族而不得不逃离的。游牧蛮族既要别人生产完成的生活物品，又不愿意安定下来从事日复一日的烦琐劳作，在掠夺到所需资源后便又回到原来放牧的地方，自由自在享受生活。这样看来，大概爱好文明的民族都是爱好和平的，他们明白辛勤劳动、休养生息才能积累资源财富，发展文明的道理。

于是，不胜其烦又不甘愿为他人生计终日辛劳的希伯来人在亚伯拉罕的带领下离乡背井出走了。此后进驻这片区域的人一直在变动，但谁都不愿意在毫无保障的情况下定居，所以中东一直以来动乱不安。工业革命后生产力得到发展，对抗也从冷兵器转到热兵器，游牧民族的传统优势消失了，只好安定下来，改变多少世纪沿袭的生活方式，但游牧民族的心定居下来直到现在仍然不易。

从整体看，整个亚欧大陆的文明与蛮族分界线大体上就落在农耕社会和北方游牧部落的分界线上。

犹太人的迁徙是在强敌当前而自己力有不逮时整个民族的自保行为，也是一种战略退却，但多次退却并没有换来新的生存空间。

由此可见，放弃了原来的根据地是一件多么危险的无奈之举。犹太人失败了，我们先辈的长征却成功了，并且是两次离开不同的根据地——井冈山和延安。长征留下更多更长远的精神财富，它的伟大无可比拟。

公元前6世纪犹太王国遭巴比伦洗劫，包括国王在内的数万人被押送到巴比伦，后来部分犹太人返回巴勒斯坦并编订《圣经》，为他们的苦难留下话语。

从公元前1世纪起，更强悍的罗马人一次次攻陷耶路撒冷，犹太人不分男女老幼宁肯集体自杀也不投降，剩下的逃亡异乡，受到基督徒的迫害，第二次世界大战时期的大屠杀因为先进的科技手段变得更加彻底。这就是西方蛮族，巴比伦人、罗马人处理不同信仰者的无情手段，哪里还有丝毫的人性和良知可言。

西方人的宗教信仰不是为了行善修德，而是为了精神的慰藉，所以基督教也好、天主教也罢，他们的神职人员可以接受罪犯的忏悔并加以宽恕甚至赦免。中东宗教因为要巩固自己教派的权力，排斥异己，杀戮无辜，哪里还容得下人性良知。犹太人在游牧蛮族和宗教迫害下，除了出逃，实无他法，到第二次世界大战时已经到了无处可逃的地步。

说了这么多，其实都是相处态度的问题。以色列海关人员的态度，正好成为文明与野蛮分野的注脚！野蛮追求武力的优势及其代理人，在现今世界到处都是，早已经成为爱好和平人的噩梦！

人与人之间应如何相处，本来就有文明和野蛮之别，不能再掺进宗教利益、国家利益、军火商的利益了。只有把它还原为人与人之间的关系，在态度上下功夫，文明才会有希望。

下面是一则有关“态度”的故事，摘自《一秒钟的迟疑》（稍有删节）：

从中国返回荷兰的航班上，我被升舱了。商务舱除了酒水饮品精致些，还会分派一些荷航的纪念品。有一种特别受欢迎，就是荷航发行的荷兰小房子。

这些小房子有近百个，各有编号，代表不同的经典荷兰传统房屋，里面盛有少量荷兰的国酒金酒。

在每年10月7日荷航的建航年庆日，它都会推出一个新的房子，房子编号和荷航的年龄一样。这些小房子一直是收藏者们热衷的藏品。

总算到了发放小房子的时间。服务我坐的这几排的是一位中国空姐，她让我身边坐着的乘客挑完房子后，跳过我直接走到后面去了。我急忙喊住她，提醒我还没选呢？她微笑着，轻声用中文解释道：“是这样的，荷航小房子我们都是优先给正经买了商务舱机票的乘客。您是升舱的，要等到正经买了票的客人挑完才能选。一会儿我会回来，让您挑剩下的。”

知道了缘由，我觉得合情合理，也没再继续要求什么。就在此刻，我听到坐在我斜后方的一位先生也在问空姐同样的问题。服务那边的是一位荷兰空姐，她微笑着和蔼地回答：“先生，是这样的……”才开了个头，这位荷兰空姐突然顿住了。

停了很明显的一秒后，她继续用荷兰语说：“是这样的，荷兰小房子我们会在提前预订了这里座位的乘客中分发第一轮。很快，就轮到您了，我会再过来。”

一个意思的回答，两种不同的说法！显然，这位荷兰空姐迟疑那一秒是在组织语言，想着如何把这句话表达得谦和得体。荷兰空姐避开了有可能给人贴标签、划分等级的措辞。

说实话，若没有比较，我会以为中国空姐的那段说词没什么不妥。可是，听到了荷兰空姐在一秒迟疑后说出的这番话，还是让我有些触动。想来，荷航对其空姐的培训是一样的。故而，两位空姐答话间轻柔谦恭的语调、和善礼貌的微笑，完全如出一辙，表现了良好的专业素养。

可是，毕竟有些东西不是职业培训能涵纳的，它来自一个人成长环境的行为准则和被灌输的价值观，从而对人的体谅、尊重、态度和语言的选择都会不同。和在荷兰生长的人不同，我们已经习惯了目睹和遭受形形色色的评判和分类。这些三六九等的标准，无非是钱多权重的或是缺金寡势的，谁是施恩气粗的，谁该是低眉讨好的。“尊严”“尊重”被弄成是一小部分人的特权，连我们自己都忘了，其实每个人从出生起，就天生拥有这两样东西。

在如此环境中成长起来的人，哪怕再和颜悦色，也难免会不自觉地用到一些区分尊卑的腔调。

可能很多人会觉得，既然能被升舱，已经很幸运了，不能再“贪心”，该感恩了，何况人家是好言好语跟你讲明情况。

唯独忘了，这跟感恩无关！

既然是航空公司由于票务因素主动给升了舱，那就该对每个乘客一样。有待商榷的事情，用中性的措辞解释，没必要再提醒谁是买全票的而谁不是。（这样无意中打击了公司想通过发放小恩惠来讨好的客人的自尊，实在没必要，最后的环节出了错，属于好心做坏事的愚蠢！）

人是平等的，该得到一视同仁的尊重。我挺感谢这位荷兰空姐用了一秒的迟疑，来呈现一种真正人性和平等的服务态度！[1]

2017 年 4 月，美国联合航空公司因为超额出售机票，两名孔武有力的公司员工强拉硬拽地把正经买票并且已经就座的中国乘客抬离飞机，弄得这位客人身体多处受伤，还丢了两颗门牙，脑部受震荡。事发时舱内其他乘客一片哗然，这样蛮横的态度和暴力行为，好像也只有西方国家能干得出来！

荷兰空姐的素养令人舒服钦佩，相较之下，中国空姐的不足令人遗憾，美国联合航空公司飞机上工作人员侵犯人身自由和人权的粗暴行为令人发指！

很多知识分子对世界看得太简单了，以致不知道中国的好，只知道中国的坏；不知道西方的坏，只知道西方的好。这都是不对的。2000 年的儒家文化培养出一代又一代的文人、士大夫，本应该把中国变得文明、尊礼重教、不再野蛮，但事态的发展突然出现了严重异常。换个角度看，在得与失之间，在新的民主包装内里的秩序下，我们整个民族丢了不少血性换回来的文明，却把很多文人雅士弄得弱不禁风、胆气虚弱、窝囊不堪，然后把对外不利的情绪全发泄到国家头上，而不是好好检讨自己！

相处要态度 —— 正确真诚不窝囊的态度，己所不欲、勿施于人的态度！

---

1 魏蔻蔻：《一秒钟的迟疑》，《青年文摘》2016 年第 22 期，第 11 页。

三十一、荒漠养人

出埃及时还在说着碧血黄沙，人为沙亡到底值不值。这不，还没几天，一踏入以色列后沙漠就派上大用场了。黄沙还是黄沙，但荒漠已经可以养人，这就更能说明白一个道理：土地是立国之本！也是我们每一个人的立身之本！国家领土，寸土不让。

数千年来犹太人一直都在与沙漠打交道，就是流离失所时也从未离远。这就是家乡、乡土的吸引力。它像在无数同心圆的中心呼唤着：归来吧，我的儿女！人们在不同时期会在不同半径的范围生活，受到驱赶时会离得远些，到得张力稍弛时自然又会试探着往回流聚。数千年来一直没能受到自己国家保护的犹太人，终于在 1948 年，在自己祖先 3000 多年前生活过的土地上成立了一个犹太人的国家——以色列。国家成立了，但国家的生存却是个大问题。阿拉伯人迅速派出军队越过以色列边界。

出乎世人的预料，人口单薄的以色列不仅击退了阿拉伯人的进攻，而且还向前推进并占领了更多的土地。阿拉伯人在停战后要求归还，但以色列人认为这是他们在一场阿拉伯人发动的战争中赢回来的土地，而且新的土地正好是当时从四面八方涌回来守卫国家的新犹太移民所需要的生存空间，因此拒绝归还。这样的僵局不可能持久。后来发生的多次大规模战争都是现在安宁的代价，前提当然是以色列在这些战争中都必须赢，否则世人看到的将会是另一种宁静，一种一个爱好和平和有着高度文明的民族心死、绝望的宁静！所以文明必须战胜野蛮才能生存，但要文明自己不野蛮又是那么的不容易，那么的不文明。这也正好说明了国土得来不易、领土的宝贵和捍卫它要付出的代价。贪生怕死只会把问题弄得更复杂，然后留给自己的子孙后代，让他们承担我们这一代留下的苦果！这又于心何忍！这个道理以色列人是经过几千年的流离失所和苦难磨砺后明白来的，所以没有人后退，没有窝囊人，于是他们赢了！

以色列国家虽小，而且多是荒漠黄沙，但它毕竟提供给一个民族急需的立身土地。沙漠又怎么样了，事在人为，没有条件就创造条件，没有机会就创造机会，没有粮食就创造粮食，这是一个受到过无数挫折的民族练就出来的韧性和智慧。

为有牺牲多壮志，敢教日月换新天！他们硬把沧海变良田。

很久以前就听说过以色列人向沙漠要地的消息，这也是没办法的事。在分完分剩的中东板块上强要土地，得到的自然资源自然好不到哪里去，但至少土地提供了条件，沙漠提供了机会，其余的就看人的本事了。

以色列人没有让世人失望，他们的聪明才智得到了很好的发挥，于是，短短几十年间，他们的农产品产量增加十六倍，不仅充分自足，而且大量出口欧洲。以色列的喷灌滴灌和海水淡化技术，都处于世界领先地位。科学控制温度、湿度的温室气候环境，无土培育农作物等农业技术，都很先进。

这些成果来之不易，都是在众多荷枪实弹的战士和劳动者边劳动边捍卫、通过多次血与火的战争洗礼才结出的果实。

所以它们分外甘甜！

三十二、死海

去耶路撒冷，有一半路要贴着死海而行。

世界上三大宗教五大教派的发源地在中东，从神话故事到传说，从史诗到与宗教有关的历史、《圣经》的故事，千百年来都是围绕这块土地发生和展开的。

首先是犹太教。对犹太人来说，自从他们的祖先离开美索不达米亚后，辗转到过不少地方，后来出埃及，穿越西奈沙漠进入约旦河流域，攻克了杰里科城到达迦南（现代的巴勒斯坦），所罗门建立了第一座神殿后，耶路撒冷就是古代犹太王国的首都。后来犹太人被迫长期流浪，他们耐心等待，丝毫没有影响他们对这片土地的眷恋。公元前 538 年波斯击败巴比伦，犹太人终于得以重回巴勒斯坦并于公元前 516 年建成第二圣殿。就这样，犹太人又有了自己的宗教活动场所，波斯帝国的宽容政策使犹太人获得了休养生息的机会，耶路撒冷也就成了他们的宗教圣地。

然后有了基督教、天主教、东正教。这是同一教源三大流派，信奉的是同一个耶稣。耶稣的门徒在公元 29 年，即耶稣被罗马教廷处死后开始宣道传教，但备受压迫。后来罗马帝国政治与宗教两种势力取得和解，天主教成为罗马帝国的国教，到罗马帝国分裂，西部教会仍然是天主教，东部教会则成了东正教。

公元 1517 年，马丁·路德发表了《九十五条论纲》，挑战天主教教义，掀起了宗教改革运动。马丁·路德的理论，不久遭到了加尔文挑战；最终基督教内部形成了 3000 多个教派。

天主教和东正教的教义统一。东正教，实行教会解经制度，只承认前七次大公会议。天主教也实行教会解经制度，但承认历次大公会议。

基督教实行个人解经制度，所以基督教的教义，在不同的历史阶段和不同的地方都不同。

尽管以上这三个宗教流派有着这么多人为的不同，但耶路撒冷是耶稣诞生、传教、牺牲、复活的地方，这一点是无论如何都不能变的，耶路撒冷当然就成了他们的圣地。

最后是伊斯兰教。虽然伊斯兰教成立的时间远比其他教派晚，但耶路撒冷是穆罕默德登天聆听真主安拉祝福和启示的圣城，有世界上第一等的清真寺，当然也是他们的圣地。

在这样的背景下，耶路撒冷注定是一座不会安静的历史名城。可偏偏在离它不远处，就被安排了一个地球上很难再复制的地方——死海。好好的一大泓湖水却了无生气，一片死寂，好像注定要过上一辈子安静得不能再安静的日子。东方人的哲学，有阴有阳，有因有果，这两个挨着的地方正好相对，真是无巧不成书。

死海是地球上最低的洼地，比海平面低三百多米，湖深好几百米，是地球表面上的一条大裂缝。水里没有鱼，没有生物，含盐度比一般的海水高六倍。但再一想，人类掉进水里肯定死不了，不会游泳也能浮起来，所以相对来说，把它说是死不了的海其实也无不可，至少听起来不再那么瘆人。

附近的人可能是见怪不怪了，对死海这名字没多大意见。不过这附近又能有多少人呀？整个狭长的死海，是以色列、约旦边境所在，湖面各分其半，成了军事管制重地。于是，本来渔船不会有，现在湖上更不可能有什么东西，是彻底地死了。

死海被安排在离耶路撒冷不远处，默默地守候着不时传来的喧哗，这一份天意的安排，对各教派的人来说，难道不是一种暗示，人们又岂能无动于衷？

三十三、万古名城

车队的牌照遇到了些麻烦，不得不一大清早便离开了还没来得及熟悉的耶路撒冷北上，进入巴勒斯坦管辖范围的杰里科。这是整个巴勒斯坦发展较快的地方，但与以色列管辖的地方相比，生活水平和生活方式差别极大。

离现在的城区不远，就是杰里科古城遗址。考古证明，这座古城在一万年前已经存在，是世界上最古老的城市。据《圣经》记载，古犹太人在摩西带领下逃出埃及，穿过西奈沙漠进入约旦河流域，首先攻克此城，然后才定居在迦南地区。

西方历史一直到千年前都很有问题，主要还是态度问题。传统的西方历史，就是围着国王、王后、王子、公主等构筑而成的，留下很多美好的童话故事，但那只是所有人孩童时代天真的记忆，成长后应该清醒，分清楚什么是故事，什么是历史！在这方面，我们应该保留心灵中一些空间，让它先空白着，不装载任何成见，然后自己把问题好好地捋一下，分出个子丑寅卯来，千万不要简单地人云亦云，以讹传讹。

即使退回到摩西那个时代，也不过是3000多年前。他们在一个万年古城里做了些什么，继承了些什么，发现了些什么？6000多年的差距，令人很难不去想象里面蕴含着多少文明的进化，或被野蛮破坏后的倒退，这都会留下印迹，引发遐想。

遐想之一：当时古城的人文水平是不是已经颇高？

遐想之二：如果是，那么高的文化水准为什么抵抗不住从沙漠来的敌人？

遐想之三：当时是不是存在6000多年前沿袭下来的文化？与两河流域文明是什么关系？为什么会比两河文明古老而又不是源头？

遐想之四：如果它不被灭掉，是否是人类源头文明之一？

遐想之五：如果它被灭了，那是又一个野蛮灭掉文明的案例。犹太人离开美索不达米亚是因为不敌野蛮，差不多1000年后却以野蛮手段灭掉另一个文明，看来生存的需要远比文明和人道强大！

遐想回到现实后，也不过是传闻成历史的另一种遐想。从一些资料知道，原来的以色列人以何种方式在伽南立足曾是古代以色列史研究中争议最多的问题。亚伯拉罕与摩西的故事，没有给现代考古留下任何痕迹，大家只能在《圣经》的文本考证上下功夫，拿出其中的段落、句子，字斟句酌地去考证。这是没多大意义的活动，但人就是这样，明知道没有答案，却又不愿意放弃。

而定居伽南，按照《圣经》的描述，是一个征服的过程。城池攻破之后留下残垣断壁，定居之时也会留下村落遗址与破罐碎瓦，都可以在考古挖掘之中寻找与检查。在巴勒斯坦的考古，算来已经有一个世纪，收集到的证据不少，但是却与约书亚记之中的征服描述对不上。考古证据，足以推翻《圣经》的记述，却不足以支撑一个大家都能接受的解释。由此产生许多不同的猜想，至今没有吵出结论。

考古学家认为，在杰里科出土的大量文物，证明它是世界上最古老的、一直以来有人居住的地方，9800年前大约有3000人居住。据考证，杰里科以西2公里的比宁古城遗址距今有9000年的历史，中石器时代狩猎者至此，其后代曾长期在此地定居。至公元前8000年，当地形成有组织的社区（2000—3000人口的城镇），四周筑有城墙，居民从狩猎转向务农。（从距今9000年然后到公元前8000年，资料出现时间上的矛盾，这矛盾在下面的内容中继续！）

公元前7000年进入新石器时代。

公元前5000年村落增多，开始使用陶器。之后2000年间，居民点渐少。

公元前4000年末再次出现城市文化。

约公元前2300年游牧民族犹太人等入侵，城市生活再度中断，原住民惨遭灭绝。

以色列考古学家宣布，在耶路撒冷斯尔温发现了史前1800年迦南人建造的供水系统遗迹，它是迄今中东发现的最复杂完善的古代城市供水管道系统。该重大考古发现表明，耶路撒冷至少在迦南人时期已是发达的重要城市，比《圣经》记载的建都耶路撒冷的大卫王犹太王国要早800年，大卫城的历史因此而改写，是迦南人而不是犹太人建造了耶路撒冷和先进供水系统，古耶路撒冷的面积至少比迄今记载的大一倍。

迦南的历史就是一部迦南人被入侵、被灭族的历史，《圣经》的谎言遮盖不了考古学家的质疑。约书亚从摩西手中接过指挥权之后，开始挥师东进。这一过程描述在紧接着摩西五经的约书亚记中，大部分战事，都是遵照耶和华的吩咐行事，过程充满神奇。

渡河以后，他们攻打的第一座城市是耶利哥，在死海的西北角不远，离约旦河约有十公里处的荒山坡上，属于干燥少雨、气候炎热的热带荒漠。幸运的是当地有好几处泉水，使耶利哥成为荒漠之中的一座可以供人居住的孤城。

以色列人攻城方式很独特，每天围着城墙绕一圈，再由祭司吹一通羊角号，就此收兵。闹到第七天，以色列人又出来绕城，只是这一天共绕了七圈。到绕完最后一圈，祭司们又吹起羊角号的时候，众人齐声跟随呼喊。结果城墙竟在一片喊声之中塌陷。以色列人借机攻入城中，不管男女老少，牛羊牲畜，见到有气息的就举刀砍下去，斩尽杀绝。

在“中世纪”十字军东征的时候，那些一手拿剑，一手捧着《圣经》的十字军将士们，却完全按字面理解这一故事，还真的就举着画上十字架的圣旗以及圣徒的画像，围着城墙绕圈子，准备用他们的大嗓门，再造就一次城墙坍塌。自然，城墙并没有因此倒下。

照约书亚记所说，以色列人绕过约旦的东南部，而后向西，渡过约旦河，第一个攻下的是地处死海西北角的耶利哥，其坚固的城墙，在以色列人的号角与吼叫声中奇迹般地坍塌。3000年后的今天，耶利哥作为一个小镇，依然存在，属于巴勒斯坦自治政府的管辖范围，现有两万人口。其周边虽然不再有城墙，但是小镇中部却有一块坟起的大土堆，下边正是几千年前古耶利哥城的遗址。1930年，第一支赴当地挖掘的考古队，很快就发现了向外倒塌的古城墙，约书亚记中的描述像是得到了《圣经》考古的有力支持。

可是到1950年，第二支考古队伍再次赴耶利哥挖掘，仔细复查相关证据之后，却得出完全不同的结论。两次考古挖掘虽说在时间上只差了二十年，但是在年代鉴定的技术上，却不可同日而语。到20世纪50年代，考古学家鉴定年代的方法不再只是陶器风格的比对，还有更为精确的碳十四同位素鉴定。

新技术显示，土堆之下不同泥层之中所代表的耶利哥文化还真是源远流长。最早的人类定居，竟是在公元前9000年，距今已有一万一千年，在整个近东地区都算是早的。

但是，前一次考察中发现的倒塌城墙，其年代被鉴定在公元前2300年间，比以色列人对伽南的征服早了1000年之久。这些城墙建于公元前3200年至公元前2300年之间，修过几次，也倒过几次。倒塌的原因是地震，因为耶利哥正好处在地质断层上。

到了公元前1400年至公元前1200年，也就是大家普遍接受的以色列人出埃及、征服伽南的时期，耶利哥城反倒没有城墙，只是一个有两栋泥巴屋子的小村落而已。

从《圣经》和考古所得出的大量证据来看，约书亚记中的征服记述基本是谎言。

以上算是对万年古城一个聊胜于无的交代吧。又是谎言，又是传说，既有考古，又有文物，然后得出很多人不会接受的《圣经》说谎的结论。

三十四、耶稣的家乡

告别杰里科之后往北，去了约旦河西岸和戈兰高地。

下了戈兰高地向西南行走，就到了耶稣的家乡拿撒勒。耶稣在伯利恒出生，随家逃往埃及，后又返回拿撒勒度过童年，长大后在那里传教，一座天使向圣母预告耶稣来临的天主教报喜教堂就坐落在那里。

因为有了这座教堂，让后来的人们有了个落脚点，引来一群又一群的观光客和参拜者。小学生是宗教信仰的重点培养对象，自然更是络绎不绝地由老师引领而来。孩子们的出现总是让人心情愉悦的。他们穿着雪白的校服，唱着悦耳的圣诗，无忧无虑的脸上此刻满堆开心的笑容，“真不愿相信这些天真可爱的生命迟早也要去承担民族纷争的苦难”。

每一代人都有各自的责任和担当，不过总有很多人逃避责任，甚至想尽办法背井离乡卸掉肩膀上的担当、一个有血性的男人的担当、一个男子汉大丈夫应有的担当。既然很多大人不愿意背起民族的重担，小学生们又哪得安生、又哪能无忧无虑地过上正常日子？就这样，问题一代传一代地积聚，压力也只会越来越重，困难只会越来越深，调解更是无望，于是一些人明知道武力解决不了问题也有可能选择下策。

耶稣成长的地方，那应该是耶稣上小学时生活的地方了。耶稣成长后为世人赎罪牺牲了自己，这是一种什么样的担当？他的门徒继承了他所未竟的事业创立了天主教，当然是教人向善，却又为什么会引出如此多的是非矛盾，弄得现代的小学生们都不得安生？耶稣不会甘心、耶稣的门徒们不会甘心，那么，现代耶稣的信徒们，又如何能够放下这个包袱，又如何面对每天发生的这一切、面对耶稣呢?

很多不可能的事都是在人为的情况下发生的。民族的事情就更能考验一个民族总体的血性和担当。很多国人脑子里对西方国家总是充满早已过时的憧憬，纠缠不放，或难以割舍，却对鸦片战争、八国联军、火烧圆明园等一连串历史事件视若无睹，置若罔闻。这样选择性的失忆能力实在是令人感觉奇怪！不过还有更奇怪的，是美国前总统肯尼迪的一句名言：不要问国家为你做了什么，要问你为这个国家了做什么。

外国人也有很多很好的言行，说的话也很中肯，可总是崇洋媚外的那些人，你们听得进吗?

三十五、扎堆与开拓

今天要去以色列最大的经济、文化中心特拉维夫。沿途经过一些城市，离特拉维夫很近的是一座有3000多年历史的港口小城，叫雅法。这座小城直到近代还记录了一场大冲突和大迁徙的历史。

1909年雅法全城犹太人都离开了，到北部不远处去开拓新的居住地。这话虽简单，分量却非同小可，它让我们感觉到当时犹太人与阿拉伯人冲突的严重程度。

中国人喜欢扎堆，方便打通关系，找照应，所以全球到处有唐人街。

世人都喜欢扎堆。在别人打好了基础的土地上找生活，安全系数、存活率，一切都会好很多。扎堆后一同生活的人基本上就会打成一片，尤其是通过联婚、姻亲、工作、生意等关系输送，七大姑八大姨的，不多久家族就兴旺起来了。这样的事情对所有攸关方都有利。中国皇帝送自己的女儿和番，如文成公主和金城公主远嫁吐蕃，都是为了“和平”大业与近邻构筑起和谐关系。

犹太人也扎堆。但他们是在耶和华的指引下出埃及，来到了迦南，破城进驻的。这种非和平方式的扎堆就闯下弥天大祸了，而且千年不断。本来时间是一切冲突的最好耦合剂，但在中东、欧洲都不灵光。他们的宗教全都教人为善，但又全都教人善不起来，只有无奈！

为什么呢？答案是他们的宗教是排他的！从希伯来人的上帝开始，就只有上帝选子民的份，被选中的自然就要排外了。他们在中东与阿拉伯人争夺土地，但又不能通过任何有效途径彼此打成一片，这种人为的隔阂，就算是对门邻里，时日久了，也要出问题，更何况在宗教与种族两大强力隔离元素的影响下！

公元元年耶稣诞生。那时候罗马帝国统治着从希腊到波斯这么一大片国土，但罗马人毕竟是从斗兽场中走出来的蛮族，把附近文明悉数毁灭：希腊完了，中东的文明完了，埃及文明更是彻底完了。罗马人崇尚希腊先进文化，也需要它弥补自己除了武力外一无是处的不足，所以把需要和可用的部分留了下来，然后罗马人统一了宗教，即天主教。罗马朝廷处死耶稣，却又在他死后把由他的门徒成立的天主教奉为国教。国教是排他的，于是中东多了一个难以扑灭的“火头”。后来从天主教中又分裂出东正教和新教，各为自己的利益排斥他人，火势越来越旺。

以下的问题不一定绝对准确，不过西方早期的历史也就是这样子了，所以说的不妨说说，听的也不妨听听。

阿拉伯人本来是中东一个历史悠久的大家族，但眼见生存条件越来越坏，而有了宗教信仰后的民族蛮番，他们却在不断团结发展，于是在1000多年后成立了伊斯兰教，教义也是排他排外的。到此，世界上主要的三大宗教五大教派除了生于印度长于中国的佛教不排他不排外以外，其他所有宗教都是排他的，世界哪能不乱！

传教士的话都很动听，但骨子里西方文化是有着极大优越感和私心的排他文化。因为需要新的教众壮大自己教会的实力，给外人的印象通过漂亮包装绝对是美好的。但普天之下，传销话语，有不动听的吗？我们要看的是近代世界历史，要听的是有良知、非牟利的人话，要思考的是地球为什么这样烽火处处？

1901年全城犹太人离开了那座有3000多年历史的港口小城雅法，到北部开拓新的居住地，即今日的特拉维夫，既是以色列首都，又是一座世界闻名的现代化城市。

1948年犹太人立国，以色列人大概就是在这种开拓精神中成长的。犹太人祖先攻打迦南时的那种扎堆劲，那种为了好的东西把别人赶走我也要抢到手的劲头，已经化作我们自己来创造、来生产的劲头了。这种劲头其实我们进入以色列后早已有所察觉，因为向沙漠要地不可能是一时的冲动，一定是有着长远规划和经过充分调查研究论证后的理性行为。

还是英国人深谋远虑，技高一筹。他们知道岛国生存的不容易，谋发展更难，所以在两次世界大战前已经充分调动开拓精神到处找殖民地了，后来美国、加拿大、澳大利亚、新西兰等国家全成了英国人开拓出来的定居点。至于印度、巴基斯坦、百慕大群岛等虽然都变得不再重要，但都是英联邦成员，到了手的领土、国土、属土、拓土是绝对不能轻易放弃的。英国人对国土的态度，比中国人的寸土必争心态要强硬百倍。别的不说，就拿英国人派海空军远途奔赴马尔维纳斯群岛（英称福克兰群岛）保卫国土一事，就可见一斑。

至于一些国人对轻易便放弃国家土地不以为耻，不知前人创业的艰辛的，更属病态，而且是病情严重，需要隔离。另有一些人看不到自己的不足，只知向社会索取但又不愿意为社会付出，跑到海外终日怨声载道骂娘的，更属离奇古怪，大概是精神方面出了些问题。

日本人明治维新后一向是唯英国人马首是瞻，可能是国情多有相同之处罢。但日本人的智慧却实在不敢恭维，他们想消灭中国向中国要地不就和英国人要消灭欧洲向欧洲要地一样，可能吗？英国人早就知道事不可为，所以他们宁可往更远的地方发展势力。今天，英国人要求脱欧，也是经过长期全盘考虑的英明之举，很有深意。日本人野心大，蛮劲足，考虑问题却实在欠周详！

犹太人毕竟是个智慧的民族。我要为以色列人从扎堆到开拓的精神转变喝彩！我要为所有不损人利己的创意思维喝彩！当然，我更愿意为所有和平开拓和开拓和平的人喝彩！

三十六、耶路撒冷

几天前离开时好像是有点落荒而逃，但现在终于又回到了耶路撒冷。

“没有一块车牌的车队行驶了大半个军警重重的以色列，竟然没有遇到任何阻拦”，我看要谢以色列政府，而非谢天又谢地，不然一个毫无背景的东方电视摄制车队，如此地扎眼，又如何能够在组织严密人手精干的以色列政府眼皮底下,穿行这么多地方而不被干扰。看来“法理不外乎人情”这个道理，只要出发点正确，大众认可并对任何人不构成伤害，全世界都是共通的。

有些问题的解决需要勇气和智慧。当时电视摄制车队面临的困难显而易见，按规章行事解决不了问题，特事特办又会给对方出难题，因为以色列是个法治国家，哪来这么多的特权？所以需要摄制队当机立断出逃的勇气。迈出了这一步，局面就全激活了，至于是阻拦、追回，或是罚款，都是以色列政府的选项。当然，以色列政府选择了不予追究，还来个“三不”：不看、不闻、不问。这就是智慧！人为的问题总得由人来解决。

宗教问题虽然是人的问题，可是它却被上升到另一个高度，神的高度，人再也够不到，摸不着了，又如何能解？这是人把自己逼进了死胡同，那么如何进去就得如何出来，出不来剩下的唯一方法就是把胡同的墙拆掉。

如何进、如何出是让人放弃宗教信仰；把胡同的墙拆掉是倡议“无神论”；对早已抛掉神巫传统、神权政治而只留下人文哲学儒家传统的中华文明来说，这些改变都不会太难，但对早已深入人心的犹太教文化、基督教文化乃至后来的伊斯兰教文化来说，事情就难办了。来到耶路撒冷的旧城，就是对宗教与人所形成的那种强烈关系、那种人对信仰的全部精神托付、人对宗教的全面心灵依赖！

在耶路撒冷首先进入视线的古老的文化遗址，是犹太教的最高圣地——哭墙，它是犹太王国第二圣殿围墙的一部分，罗马人为了保存自己胜利的证据故意留下的。犹太人从此流落他乡，无家可归，一想到这堵墙就悲愤难言，一见到这堵墙就号啕大哭。这种椎心泣血的痛苦磨炼出来的精神信仰，又有谁能调解？如果有，也只有犹太人自己。

于是，犹太人在哭墙前为刚满十三岁的男孩子做成人礼，用偶尔一点欢悦歌声冲淡常年的哭泣。这是一种很好的安排。我想，犹太人明白弦绷得太紧是要断的，于是用歌声来调节。此外，儿童才是民族未来的希望，让他们学会在歌声中欢笑，尽管在欢笑中仍会掺夹着一辈子也难忘却的哭泣。

哭墙的右侧有一条上坡路，上面是伊斯兰教的圣地金顶岩石清真寺，它的对面，还有一座银顶清真寺，两寺均建于公元 7 世纪阿拉伯军队征服耶路撒冷后。

金顶清真寺华美精致，金碧辉煌，地上铺着厚厚的地毯，中间围着一块灰白色的巨石，相传是穆罕默德升天的地方。走出金顶清真寺环顾四周，发觉伊斯兰教的这个圣地开阔、高爽、明朗，犹太教的哭墙却在它脚下。

这是富人和穷人的对比，征服者和被征服者的对比，告诉世人这个世界不公平的对比。不过对比到了最后，人的尊严却是无法对比的，憋着一股劲，只要自强不息，什么奇迹人都可以创造出来。

就在这两个宗教圣地的交缠处，第三个宗教的圣地也掩映其间，蜿蜒而出。这是一条曲折小路，相传耶稣就是背负十字架在这条路上游街示众的。在他游街遇到母亲玛利亚的小街口，有一个两人眼神相对凝望的浮雕，让人感动。

小路的尽头，是当年的刑场，在一个小山坡上。那里的一座圣墓教堂自公元4世纪开始修建，入口处有一方耶稣的停尸石，赭白相间。基督教把这条长长的小路称作悲哀之路，简称苦路。就是在这条路上，“无罪的耶稣被有罪的人们宣判有罪，他就背起十字架，反替人们赎罪”。路还是一样，盘在地面上，但它已经从真切而具体的路化成无形的心路，盘在所有来过的基督教徒心中。

一座城市三个宗教圣地，各有各的感人故事，这样的安排是情理之中还是意料之外都难说明白。人类喜欢扎堆，难道圣人和神也是这样？如果不是，这不就明摆着是人干的嘛，既然是人为，其他的人又为何如此狂热执着？

不说哭墙，也不说金顶银顶清真寺了，就说城中耶稣背着十字架游街示众与圣母街头相遇，却只能相对凝视。后人抓住这一刻，做了一个浮雕放在那里，可以说抓住了重点。不过问题是越悲情就越能感动人，反过来则好像是因为要感动人所以世间悲情不断。宗教是一种信仰，一种强烈的心灵归属感，就显得更需要悲情的煽动衬托，于是一路悲情，一段简称苦路的短短人间小路，却让这么多代人走了2000年仍然看不到尽头！

犹太教的排外是孤芳自赏。当然，犹太人的苗裔不止一支，到了埃塞俄比亚的犹太族裔外表特征像非洲人，但宗教信仰仍然是犹太教。基督教和伊斯兰教也一样排外，他们排斥的是异教徒，但为了广纳信徒教众，壮大自己力量，并不排斥其他种族人士的加入，至少在表面上是这样。中华文明对任何宗教信仰都不排斥，也不排斥其他文化族类，是世上最能包容的文明，但却面临着不同价值观的打压和自信心不足等问题，大概是近代受到太多不公平和野蛮冲击的缘故，不过这局面正在不断改善。

耶路撒冷是人类创造的精神信仰的三岔口，有三条路提供三种选择。这些选择又全因神只有一个而排他，使被卷进去的所有人精神肉身疲惫不堪、纷争不断，甚至祸及子孙！这一切都背离了人类为了追求精神慰藉、心灵平和、与人为善、和谐共处而创办宗教的本意，很多信教的人做着违背“十诫”或其他戒律的事。

中华哲理文明，是我们先人在神巫时代已经显现的特有智慧，好处正随着国力的上升而不断浮现。当时科学并不发达，不免会掺杂一些迷信色彩和愚人理念在内，需要今人好好梳理，让它重新焕发光芒！

三十七、加沙地区

今天要去的加沙地带，是十分敏感的，被以色列人包围着，却又由巴勒斯坦人管理的狭小地区。岗哨有不少荷枪实弹的以色列兵分三层守卫，阵势实在不小。

车队还是那个无牌车队，这次却连个人护照也因种种原因没有携带，就要穿过边关去阿拉伯人的加沙地区。上次从耶路撒冷是仓皇出走，有点胆战心惊的味道。不过这么一出走，才几天呀，一路历练后再回来，胆色早已经变得不一样，这次出关，简直是带着叫板的味道，就看你们能拿我们怎么办了。

一辆警车驶来，上面坐着一位以色列警官，也不下车，只是看着围上去的“问题人物”一个劲摇头:“你们,居然连什么文件也没有？没有签证？没有车牌？没有通行许可？”耸耸肩,不再说什么,只让我们自己得出结论,便吩咐司机把车开走了。

能有什么结论？“既不好玩，又想不出别的办法，只能打电话找中国驻巴勒斯坦办事处”。等到办事处来人后几经交涉，终于坐上他们的外交公务车进入了加沙地区。

我不知道这样的结局是否验证了我之前的推想，不过获得历练确实需要勇气，两者之间，是一种相互抬高、一同增长，而不是此消彼长的关系。反过来看,也会是一样,越是窝囊越是没出息,越是没出息也就越是没胆气,胆色与出息同往下坡路走。总的来说，很多中国人缺乏的就是这样的历练，尤其是从小就在父母过度的、不合时宜的溺爱监管下，很多人变成难有大出息的平庸读书人，与古人十载寒窗、愿求闻达的氛围，相去甚远！

加沙地区有难民营，难民主要是1967年战争中失去家园的各地的阿拉伯人。由于已经过去三十多年了，难民营成了一个社区，生活环境贫困，但据巴勒斯坦的朋友说，和以前相比，已经有了很大变化，只是满眼的天真孩子们都是赤着脚的。

犹太人在这里有定居点，点内有岗楼，有探射灯，用铁丝网把自己团团围住。每个点都不大，只住十几个人，军警数量与居民差不多。在这样的环境下生活，艰难又危险，枯燥又乏味，比居住点外的难民其实更不好受。唯一的不同，是居住点的留守人员都是个人或家庭的自由选择，多年的坚持，只为向世人表示他们继承着祖先留给他们的祖业。而圈外的人，很多可能是在此居住了上千年的后来者。

定居点的分散布置留给我一个思考，那就是当局有意在更大面积的土地上做长期争夺。它同时也留下一个疑问，难道建设特拉维夫的经验和智慧在这里用不上？

难民营三十年的发展看来是不尽如人意，受害的却无一例外都是天真烂漫的儿童。以色列人的滴灌、点灌、温室大棚为什么在这里用不着？联合国的援助款应该用在建设性的设施上而不是消耗品上。当然，这会是某些当权者所不愿意看到的，顽固的保守力量经常令渴望进步的力量为难。

三十八、大屠杀纪念馆

大屠杀纪念馆坐落在耶路撒冷城西的赫哲山旁，纪念第二次世界大战期间被德国纳粹屠杀的近六百万犹太人。

大屠杀说出了纪念馆的性质，六百万人点出了纪念馆的分量。而我，刚好在2017年春节期间带妻子女儿去过南京大屠杀纪念馆。当天人很多，从头到尾都是排着队走走停停地挪动着，刚排上队的一个小时基本上是停的多，后来开始有点松动了便小步挪移，不过能够稍事停留细看细读的地方并不多，大家的表情都比较严肃，偶有低声细语的，却没有喧哗吵闹，小孩子们好像都一下子懂事起来。参观这种纪念馆的感觉与别的地方是绝不一样的。纪念馆的设计比较阴森黑暗，好像要营造一种愁苦悲痛的气氛，不过这里没有用大量儿童欢笑的照片刻意衬托，也没有人掉泪。

这种纪念馆的目的大概有两个。

一、留下一段足以令大多数人铭记的珍贵历史。通过介绍事发前的背景、历史缘由，然后详细述说事发的经过，保留好事件的文物照片、实物证据，再到事后的处理或解决办法，是否有效，是否足够。整理事件时遇到的种种困难，在冷静下来后是否能够通过人性反映人的不理性，还是通过所谓的理性解决人性的不足？

事件发生了，它和纪念馆留给我们些什么？警惕、训示、告诫、启发？总会有些什么我们大家都能感受到，能为我们的子孙后代起到不再重蹈覆辙的作用，不然死的人为什么而死，杀人的人为什么而杀人，大家都弄不明白，纪念馆是白建了，我们好像也白忙活了。

二、让参观的人能够有更深刻的记忆。通过触动人类良知和人性柔弱点，激发人类怜悯之心、同情之心和更深层面上对社会、对孩童、对弱者的爱心。要通过悲情的情绪打动人心，儿童天真无邪的笑脸是最好的选择。漆黑中的纪念馆打出一大片儿童可爱的笑脸，各式各样的笑脸，微笑的，大笑的，装大人样的，撒娇的，调皮的，机灵的，淘气的，含羞的，全都是真心的笑，这是多么大的对比与冲击！看的人知道，那都是死人的笑、死人的脸；一群无辜可爱的生灵短暂的一生，留下这些匆忙的笑脸，就迎来了不该到来的终点；一百五十万名儿童的笑容，宣示着一百五十万名犹太儿童的离去。天下父母，能不流泪动容？

但是，底线到底在哪里？是一百五十万儿童的笑脸吗？是被屠杀的近六百万犹太人吗？那么，三十万和不大会笑的中国人呢？没有笑容或者还来不及懂笑的儿童呢？对死去的人来说，死去一个和死去六百万个，除了在数量上突出事件的严重性外，有本质区别吗？不公平就是不公平，不人道就是不人道，残忍就是残忍，与数字多少无关，因为数字不能用来形容公平，不能掂量人性、残忍和良知。

注重外表包装的西方文化善于藏拙，连文明、历史都可以包装得漂漂亮亮的，这就很难说他们的底线了。譬如说，体育运动又何时真正脱离政治了？文化、音乐、电影又何尝不是政治的宣传工具，何时能脱离政治独立了？不说这些，新闻的独立性和真实性都快没有了，美国总统特朗普已经公开说得十分清楚，还有什么要吹的？

学习西方文化的日本也学会了漂亮地包装，这些表面功夫学起来不难，但要学会藏拙，还需要下点苦功和添加点智慧。日本人弄得附近邻里人人抱怨，只因为日本人敢冒天下之大不韪公然篡改历史教科书。远在一方的另一位当事人，却与日本相互在广岛和夏威夷的珍珠港举行庆祝，摆出一副天下无事的模样，一言不发偷着乐呢。这又是什么底线了？

不要想在现实的社会里找道德、人性的底线，这一点都不切实际，只可以在书本里做文章，但这样一来，又会贻害一方，误导世人，所以不得不冒犯指正！

在德国纽伦堡对纳粹战犯的审判会上，控辩双方都理直气壮地陈词，胜利的一方早已稳操胜券，对结果自然信心十足，对想要得到的所有条件也是成竹在胸，现在唯一要做的就是在世人面前公开谢幕表演，然后通过审判让历史记录自己一方所代表的人性、公平和正义。[1]这正是胜利者最后想要得到的名利双收的效果，而这种效果一直延续到今天，影响了好几代人！

战败方对第二次世界大战起因的陈述，不人道的表现，甚至化学武器的使用，不管合理与否，听的人早已不多，能不能让人听到也存疑。不过事实是，很多对西方有用的纳粹犯人，为了留着他们对付苏联，毫无困难地就得到了释放。这一切都与公平无关，审判只是为胜利一方多捞取些资本，为胜利一方多留些有用的权威“史实”，仅此而已。

远东战场的东京大裁判也是同出一辙。日本在我国东北的731特种部队丧尽天良，用活人做试验，目的不是找药救人，而是为了寻找更多的大规模杀伤性武器而做的试验。这些实验的结果对美国有用，所以参与工作的战犯都得到赦免释放，资料由美国人没收监管，以备后用。其他有用的战犯，有的让国民党雇用做教官去了，有的留在日本为美国雇用，这都是毫无底线的现实需要，我们又哪能视而不见？！

第二次世界大战后的纽伦堡大审判前，有一位以色列律师，为了好好地了解纳粹战犯的心理状况，找了个理由把自己弄进监狱里，然后挑了一个犯罪性质严重的纳粹战犯，与他同吃同住同生活了可能有一年多吧（反正是很长一段时间），双方都混得很熟，却没能找到战犯与平常人有什么不同之处。生活的习惯、感情的起落、思维的逻辑，都找不出问题来，当然也没能找出心理倾向上的不妥，也谈不出种族歧视的文化问题。这个战犯就是普普通通的一个德国人！于是在离开了监狱后，这位犹太律师悟出一个道理，那就是：“任何人，包括你和我，在某种集体环境的压力下，都可以做出丧失人性的行为来！”中国人说的“近朱者赤，

1 利旋：《纽伦堡大审判——第二次世界大战纳粹战犯受审纪实》，四川人民出版社1994年版。

近墨者黑”“如入兰芝之室，久而不闻其香；如入鲍鱼之肆，久而不闻其臭”，道理是一样的。

所以 2000 多年前中国圣人便已经知道，唯有修身养性，才能调和自己的脾性；唯有读圣贤书并真正了解其中的哲理，才能改良和增强管理自己的意志力！西方没有这样的整套哲理思想，却说要树立哲学的“高度”？岂不可笑。

人啊，摘下有色眼镜，放下扭曲的自尊、自傲，好好地认识自己吧！

三十九、唯适者生存

碗是什么?

我看是个 0。

筷子是什么?

我看是两个 1。

它们都是中国人每天三餐的进食工具;

但也可以是:

数学家二进制法的 0 与 1;

易经的天与地;

矛盾论的无与有，白和黑;

阴阳家的无极和太极……

其实，又哪来这么多事?不就是适者生存嘛!

四十、我们该哭

在耶路撒冷的哭墙前，我们不哭，是哭不出来，有点像在金顶清真寺偷看哭墙的阿拉伯女孩那样，一来无知，二来事不关己。

在南京大屠杀纪念馆参观时，我们不哭，同样是哭不出来，还是像阿拉伯女孩偷偷看哭墙的味道，感觉不到事情和自己有关。

但掂量一下中国的实际情况，这么多的知识分子争着抛家弃土，这么多的家长绑架自己孩子的前途，孩子还在上小学、中学时便急着送他们出国读书，孩子们连家国意识都未能培养好，出国后不知道自己国家的历史，自己的家族背景也脱了节，不知道自己的文化知识，还能知道回国的路、回家的路吗？家长们越俎代庖替孩子们把这些路断了，而且是在他们还没有成长起来、在他们还没有懂事之前。这些家长，送孩子出国的目的不纯，家长们都是一些国家花了大力气和资源培养出来的高级知识分子。问题到底出在哪里？我心痛了，觉得我们该哭，为这么多前途茫茫、“无家可归”的中国孩子们哭。

一部分中国人的崇洋媚外和极度自私心态也实在是太过了。有人劝我早早把孩子也送出国念书，“去不了美国去日本也成呀”！这是一位在北京大学工作的知识分子的“善意”，她很热情，但她的好意却令我寒心，觉得她好像跟我有仇要坑害我家人似的！一般的中国人不太爱思考问题，不爱自己解决，而是随波逐流，人云亦云，所以问题就大了。

其实也用不着多说，如果有百分之五的犹太人像这些国人，只知道向国家索取而不知道要付出和回报，我可以断言：以色列完了，犹太人不可能有自己的国家，想去哭墙哭也没地方！我说的这些人还不包括香港、台湾那些公然卖国的公众人物，所以我觉得：我们该哭！为我们国家辛劳哺育的无良父母哭！为这么多不知羞耻的媚外分子哭！

抗日战争过去七十多年了，几代的中国人，从争气的一代到崇洋的一代。日本人要霸占中国的钓鱼岛，20 世纪 60 年代还有很多在美国读书的中国留学生不停示威抗议抵制，现在不止鸦雀无声，日本货在中国更是红火，电饭煲、马桶盖都有人专程到日本去采购，好像连韩国人都觉着日本人那一套管用，要安设“萨德导弹系统”了。对这样的一些中国人来说，他们是“好了伤疤忘了痛”的一代，没有了血性，只知道自己。我们该哭！

以前我们有家训、家规，家长把它们列为规条训章，自己用蝇头小楷工工整整地书写出来，装裱好用镜框镶起，在厅堂最显眼的地方高高悬挂，孩子们要细看熟背，让孩子们的行为有所规范，做事知道分寸。现在我们很多家长本身就出了大问题，还能指望他们教出爱国的好儿女？成才或许没有问题，但人如果有才无德，哪能谓之“才”？赚钱谋生工具而已！人沦落为工具，社会风气能好到哪里、治安又怎能不越来越差？这样的人才越多对社会的影响越严重。我们该哭！

孟母三迁，要为儿子寻找适合读书、做学问、修身养性的安静地方，远离那些无谓的干扰，而我们小学门口聚起来的全是为利而来的营销掮客，家长们却趋之若鹜，唯恐落后在起跑线上！什么起跑线呀？全是鬼话！你参与、我参与的结果，大家还不是回到同一条起跑线上？不过这条起跑线早已经由那些说鬼话的人偷换掌握，钱也由他们赚取，还偷走了孩子们身心的健康、天真的童年、轻快的脚步、开心的笑脸！家长们，你真爱孩子吗？岳飞的母亲虽然没什么大学问，但仍然知道“精忠报国”，替国家培养出了名留千古的护国大将军，现代人有多少能有这样的胸怀见识？我们该哭！

我们没有哭墙，只有孟姜女哭倒过的一片长城墙。中国人不要以为中国很大，因祖宗留给我们地大物博的江山而心存侥幸，要明白 21 世纪是科技突飞猛进的年代，更要明白围绕着我们的还是那个弱肉强食的野蛮世界，在文明的进程中已经没有末班车了，再掉队就会像邓小平说的那样被人开除球籍！大国的处境和小国不一样，历史早已见证并明确告诉我们那是一个多么悲惨的历程。像所有文明古国的灭亡一样，像埃及的四处苍凉一样，文明不会再留痕迹，哪里还有法老的传人？所以，我们该哭！

犹太人在哭墙面前觉得苦，所以他们哭！犹太人有着这么悠久的历史，可是他们的长老却告诉世人：犹太人的历史不是通过书本相传的，全是由每个人的每个痛苦节日的记忆留传下来的。

犹太人是“好了伤疤忘不了痛”的民族,所以他们哭！而很多中国人“好了伤疤忘了痛”，所以，我们更应该哭，却哭不出来！

善忘的民族只有“三分钟热度”，不像日本人和韩国人那样团结，让人低看。今天我们丢掉了很多优良的传统，淡化了对家族、对社会的“仁义孝悌”意识，很多人私心膨胀，公德心和社会责任感都非常薄弱，所以容易让一些不良风气感染，而西方人的野蛮、自信和冒险精神却在孩子们成长期间早早地被中国的家长抹杀掉，所以犹太人能在巴勒斯坦人包围的地方守住一个个小小的“居住点”，但我却可以肯定地说：中国人不会！

这就是中国人和犹太人的距离！就算为这点不足，我们就该哭！

不过事物总是辩证的，该哭的人应该感谢那些无私奉献、勇于担当的同胞，尤其是开国一代和之后两三代人的巨大付出和牺牲。他们用血汗、辛劳、智慧和双手书写人生；他们没有泪，他们不哭，他们默默地在各个战线上奋斗，他们终生坚持“为人民服务”。新中国的今天，就是他们开创的成果！那些该哭的人，如果能够定下心来找准自己作为一个中国人的定位，与这些不哭的人对比一下各自的人生轨迹、精神境界，更应该哭！

今天，2017 年 5 月 6 日，在中国第一架自主制造（全球采购）的民航大飞机 C919 试飞成功的第二天，我想用中央一台电视节目《朗读者》中中国女排总教练郎平说过的话“为国争光，敢打敢拼，还要敢赢！”和她的团队创造的“女排精神”为本篇作结，并以 2016 年中国女排赢得奥运冠军时全队极度喜悦相拥抱头痛哭的一刻作问：我们不哭？她们该哭！

JORDAN
约旦

四十一、不同的约旦

今天我们离开以色列去约旦，先是在约旦河西岸向北行驶，过关后在约旦河东岸向南。过关很慢，有六个小时。

约旦，百分之八十是不毛之地，全国的生命线就是沿着约旦河谷的一条路，通往南端仅有的一个通红海的港口，生存条件艰难。

负面的思维，此起彼伏，世间太多不平事，有些国家，你需要仰望，而另一些国家，你只能同情，但同情得过来吗？快靠近安曼的时候，房屋渐渐多起来，却有着一种不可思议的干净，眼前的景色在变，脑海里想的东西也不再一样。进得城来，我敢肯定，一切初来安曼的旅行者都不会相信自己的眼睛，因为城外到处都是令人绝望的荒漠，而这里不仅比开罗好太多，甚至比耶路撒冷更舒坦，但满街安静，没有标语，让人找不到任何刻意装扮的痕迹。

这里的统治者侯赛因国王刚去世不久，墙上挂着他的照片。城中的安静和谐，是因为老国王去世国民在哀悼，还是因为他生前对国家秩序的安排已成常态？带着心中因为进城前后景象剧变而引起莫大冲击的嘀咕，我要找出背后的故事！

四十二、前使馆武官

进入阿拉伯国家后在路上一直吃不惯，到了安曼却意外找到了一间很像样的中餐厅，餐厅前面挂着一盏大红灯笼，喜融融的红光四处流溢，未吃已满口口水。安曼的故事，对中国人来说，没有比从一间好的中国餐馆开始更合适的了。

中国人馋嘴，就怪我们祖先对各式各样事物的钻研非常深入到位，对“民以食为天”的头等大事，对满足我们味觉上的口福要求，《礼记》早有明示，国人更从不马虎，随便拿着一个中国菜系的手艺到世界各国去谋生，都可以横扫其他一切对手。唯其如此，漏掉了自然科学体系的发展，自然会引起国民心理很大落差；先人们没能构筑好一个纵向连贯上下、横向覆盖四方的可持续发展科学机制，实在是件令后人遗憾的事，不过这可不能怪谁，每一代人都有各自应有的付出、创新和担当。缺少了这些血性的近代人，只知道抱怨的某些知识分子，不妨先冷静想想，检讨自己。

一度是台湾当局驻约旦“大使馆”的上校武官，人生轨迹却跟随着约旦与台湾地区断交而改变，成为在约旦的这间中餐厅的主人。这样巨大位移的人生抉择我见过不少，有的是在名校读完了博士学位却不能与本来就带有种族歧视眼光的工作单位的同事上司共处，被人像皮球般在不同部门之间抛来踢去，最后还是受不了，离职开了间小餐馆，以中国菜谋生。

生产单位的工作环境与科研单位不一样，人的交往会直接很多，但全世界工薪阶层的人最看不起的恰恰是窝窝囊囊的人，我们很多自以为精英的知识分子给外国人的印象就有点这样，事实也是如此。所以腰板不能挺直的人总是要给别人欺负的，跑到哪里都一样，到那时候，国家观念自然就会强烈起来。

不过，辛辛苦苦读了个博士学位而不能在专业上有所发挥，结果是学无所用；“大使馆”的上校武官，不能为自己民族有所作为，转而为海外大众的口舌肠胃服务，算是大材小用，心理不可能没有落差。但日子总得过，自己心中舒坦，就可以啦！

四十三、名门之后

从一所很像样的中国餐馆老板口中知道他与家人都颇有点来历，于是重点就落在这对夫妻身上。上一篇说的事与丈夫有关，今天到他的家中做客，见到了他的太太杜美如女士，上海名人之后。大时代的名人身世起落很大，名人之后经历波动的幅度会小些，但也走不出这样的格局。有些人不能适应，有些人学会洒脱，不过最重要的一点，就是一定要人格、生活都能独立，小时候养尊处优惯了，能明白这个道理不容易，所以每每命运多舛，要把人生路走好，那就只能看各自的造化了。

人生会有起落，每个人起落的大小与时运、性格有关。不要怨天尤人，如果能经常想想自己有的已经是最好的了，然后在满足的心境下不停努力超越，追求更好，发挥个人最大的潜能，而不是对物欲更多的依赖，给自己身心更大的压力负担，那就是福气。

四十四、玫瑰色的城堡

带着对安曼的一些困惑离开了安曼向南走，二百公里都是枯燥的沙漠和沙丘，进城之前的那种心态又占据了原先的位置，不由自主地厌倦感又再袭来。还好，就在这时，远处出现了一大块紫褐色的山体，原来是佩特拉到了。这是 19 世纪一位研究阿拉伯文明的瑞士学者在古书上看到，然后又花了九年时间才找到的“玫瑰色的城堡”。

到得山前，却见山体从上到下有一条裂缝，踏得进去，两边的峭壁马上让出了一条七八米宽弯曲但地面平整的甬道来。甬道的尽头是凿在崖壁上的一座罗马式宫殿，它的齐整程度，就像一座现在仍在使用的古典建筑，以玫瑰红色的原山体石为材就地建造。

佩特拉缺少文字记录，对它的历史我们只能从建筑物的风格特点猜测推想，其中阿拉伯人和罗马人留下的烙印还是比较清晰的。这样的一个好地方，想拥有的人肯定不会少，奇怪的是大约到了公元 7 世纪，它突然变得冷清，甚至死寂，原因不得而知，直到 1000 多年后，一个瑞士学者用了九年的时间，才把它带回到现代文明的视野。

世界上仍然有多少地方被尘土覆没我们不知道，找出来的就是遗址，但它们之中又有多少历史是能够被证实的、多少是因有实据可以推测的、多少只能是估计和想象的？四大文明的发展史都不是一帆风顺，有些文明遗留的遗憾远远多于遗迹与遗址，这是人类破坏的结果！

显学之所以成为显学因为它有用，而且人们可以从它那里得到好处。人类生存需要物质的给养，所以我们都忙于赚钱，大部分人学习的目的也是为了赚钱，最好能够把学到的东西马上转换成财富。于是我们有了一个现代新词语叫“落地”，以前则叫“势利”或“实用”，一贬一褒，但都不带有时间性。落地含有马上的意思，人是越来越功利了。

文明本身不带有功利性，但在现代社会，我们却要为它找出功利的一面才能有被利用的价值，所以它永远不可能成为显学。但作为冷门学科，或者我们可以称之为“冷学”（这不好，多少带了点温度感）或“僻学”，它又是注定要被尘封的，与现实再吻合不过了。

西方为什么在殖民主义盛极一时后一直都有“基金”和其他拨款支持对这种古文明的探险活动呢?

第一是满足当时西方国家的发展需要。

第二是这种活动是一种长线投资,它可能就是现代经济金融活动中“风险投资”的前身，成功了回报极为可观。

第三是金庸先生在英国牛津大学深造历史时曾提及过，这里就不再引申了[1]。

其实西方文明本身并不文明，到今天仍然十分野蛮。就是这些野蛮的行为，阿拉伯人也好，欧洲人也罢，毁灭了很多优秀的文化和古文明。当时的人并不知道，现代一些人通过野蛮的手段获利富有了，也知道野蛮抹杀文明的严重后果，却已经迟了，只能通过挖掘和探险活动，找回一点历史的文物痕迹，填补一些失去的记忆。于是，对消失了的文明这种“僻学”也就有了资金的来源。

中国也有很多这样的地方，敦煌、楼兰、三星堆。但中国没有这样的基金传统，也没有这样的歉疚和负累，所以中国人不懂，也不很注重，以为这只是政府该做的事，与个人或私人企业无关，对西方人的探险活动，从不细想他们的动机和目的，也不知道拒绝，并且在很多考古遗址的博物馆内大肆宣扬，为外国的探险家立传，这是很有问题的！

一定要铭记，永远没有从天上掉下来的馅饼！互联网的免费使用也是同一个道理。

---

1 罗铭泉:《文明的脾性——大国公民的担当》，中国民主法制出版社 2017 年版，前言第 3 页。

四十五、转型与剧变

小人到处存在，全世界都有，所以我们首先要明白一个基本的道理：人满身细菌，体内更多病毒，外表的吸引，只是充分打扮包装和心态调整适应的结果，过度的洁癖，会危害健康，甚至性命！有些事我们无法躲开，又不能深究，只能与狼共舞，然后谋划出自己的生存空间。所以，只要我们能够保持身体健康，心理强大，自然就会百毒不侵，外力焉能奈我何！

中国传统的君主封建体制，培养出一代代的宦官媚臣，这个身心都备受阉割的群落，心理难免会产生一些黑暗面，究竟如何我们虽然不得而知，但从他们的言行中，可窥见一二。“中国文人中，为什么总有这么一个群体，成天捕风捉影、穿凿附会、窃窃私语，专门为忌妒对象制造‘历史问题’呢？”

这现象脱离了宦官体系也能生存，它先在香港找到了有很好经济收入的生存空间，然后蔓延到国内发展新的立足点，以挖掘、炮制、捏造别人隐私和伤痛做代价，牟取个人私利，还为自己的团体起了个名叫“狗仔队”！当然啦，他们的行为很多都是非法的，但我们好像又不能奈他何。就像很多小区内墙上门边的小广告、城市中行人路面的“找小姐”一样。

问题的原因可以有很多，最主要的一点是国人对“事不关己”的冷漠心态，说穿了就是自私！这心态造成公德心的泯灭，于是人心不古，不能团结一致对外、对事、对问题，有情况时各顾各。于是，盗版集团可以如此猖狂，“环顾四周，文化界很多人对此只是袖手旁观、幸灾乐祸，少数人还落井下石、助纣为虐”。

“文化大革命”的灾难就是这样被扩大的。特殊的政治背景不能作为主因，因为深居简出的领导人不可能知道所有事实的真相，但身边的众人很多都是以明哲保身为主，私心和私利为辅，谣言四起，歪理盛行。一直到今天，这现象仍然没有被完全扭转过来。网上经常出现的谣言，而至“上有政策，下有对策”这样的行为，能不造成歪理盛行才怪呢！所以政府不能为了一时一事而朝令夕改，更好的办法是与社会群众谋求共识，谋定而动，上下一致，歪理自然就会不杜自绝！文化人在编织歪理、寻章摘句、满口道义时，他们自然会被社会的清明风气孤立，如果法律严厉一点，这荒唐现象不可能再发展下去，问题也就解决了。

经济问题有经济问题的解决方法，根据的自然是经济逻辑与规律，其他人为的行政办法成效不可能持久，也不会太大。

文化问题涉及面广，牵涉的方方面面很多，除了经济外还有政治、外交、个人兴趣以及审美眼光等，很不好说。其实文化就算没有西方外来影响还会有阳春白雪 、下里巴人的阶级习性呢，不同层次的教养和生活习惯自然会把人分类，所以问题本身就难说。我说你孤芳自赏，你不能说我错了；你说我庸俗无知，我也不好说你不对；这些原属于主观裁判的范畴。现在加入了这么多的外来文化元素，当然又会因有更多成色的加入、更少人明白，那就给一些附庸风雅的人、追求时髦之士倍增添油加醋的资本，其他人就不要管他们真知道还是假内行了，反正又有什么分别呢？这样的人都会有自己的小圈子相互帮衬，大家自得其乐，不就够了！

我们几代人遭遇到从国际时代巨变，到社会激烈剧变，然后是转型期锐变等不同层次和不同程度的冲击，个人问题早已经不那么重要。一些人既要处理好家国大事，个人问题根本没有时间顾及，妻儿子女只能任他们自生自灭，然后白发人再三送走家中的黑发人，两相一比，还有什么问题吗？

四十六、治小国烹大鲜

我带着心中的疑惑离开了两天，一路未曾放下，现在又带着同样的疑惑回到了安曼。第一件事，是去拜谒前国王侯赛因的陵墓，他应该是解铃人。

“当国王病危从美国飞回祖国时，医院门口有几万普通群众在迎接，天正下雨，没有一个人打伞。他出殡那天，很多国家的领袖纷纷赶来，美国的现任总统和几任退休总统都赶来了，病重的叶利钦（俄罗斯第一任总统）也勉力赶来，天又下雨，没有一个外国元首用伞。出殡之后，整整四十天举国哀悼，电视台取消一切节目，全部诵读《可兰经》，为他祈祷。”

约旦是中东一小国。自人类有文明至今，中东地区一直都是世界上资源最富有、土地最肥沃、阳光最灿烂、斗争最野蛮的地方。在它周边有能力的民族，不论远近，都觊觎着这片土地、这份财富，导致烽烟四起，战争不断。在这片地方，野蛮是常态，也是生存之道，其余一切，包括文明，甚至连开始时平和的宗教，都得调整适应，否则只有让路。小国的生存之道，更是十分脆弱有限，要么是参与战争壮大而成大国，要么只能在夹缝中求存；谁的脸色你都得看，谁的话你都得听，忌妒你的国家你得拉拢，羡慕你的国家你得团结，所有工作都得放下个人身段来做，只为继续不能中断的、脆弱的和平。

在冷冰冰的现实面前，侯赛因国王选择了在夹缝中求生存的和平道路。他用柔和的政治手腕，不固执、不偏激、不拉帮、不结派，圆滑机灵地与周边的国家周旋，分寸拿捏得十分恰当，和周边关系都很好，可以说是长袖善舞。

商人长袖善舞是为财富，侯赛因国王又是为什么呢？没有一个坚定的信念支撑，一个人长年累月地在夹缝中生存是会出问题的。所以时间最能考验一个人的人格、人品，同时时间又是最能为有理想、真心做事的人的无声传声筒。

渐渐地，与国王打交道的人看清楚了，侯赛因国王通过个人的努力，真诚地为中东地区谋求和平、为约旦人民谋取幸福。他的支撑理念，正是“为人民服务”,也就是“人民对美好生活的向往,就是国王奋斗的目标”！至于远离这地区的大国，他们既然都是利益攸关方，又哪能不注意到地区所有的变化。一个小国从哪方面看都不重要，但当这个小国成为地区理性呼喊声的发源地、国与国之间相处的政治稳定器、和平的希望时，国际政治舞台上的人们又怎么能够视若无睹，自然而然就会为这个小国留出一个中心的位置，让它帮忙处理一些大国挠头而不得解的地区问题。但是，在情绪化、宗教化和仇恨相互交织了数千年的中东，能够保留这么一片理性的土地，是多么不容易，不能不令所有人刮目相看！

当我们来到国王的陵墓，才知道它就在王宫内，应该就是前国王办公的地方，现在的国家元首好像也是在这里办公的。通过层层守卫，来到了一堵院墙前，进门是一白屋，不大，朴素，觉得不像陵墓，一问知道是侯赛因祖父的陵寝，再一问，就在他祖父陵寝的门外空地上，有一方仅仅两平方米的沙土，围了一小圈白石，上支一个布篷，也没有任何人看管。这，就是侯赛因国王的陵墓了，简单得令人难以置信。

经过再三细问，确定了这不是临时的过渡安排，我看也不像是为了亲近老祖父的原因，它应该就是侯赛因自己的要求和他的个人风格。围着这一小片沙土的是几根没有油漆的小木条和串联着它们的一条细绳，没有墓碑，没有铭文，整个陵墓不着一字，朴实简洁，大概就是要让自己再无牵挂，轻松回归自然。

从政者不管官大官小，如果能够像侯赛因那样在生前工作中一心一意装着人民，人民自然心里明白，那么，侯赛因对身后事处理的深意，也就不难理解。侯赛因生前并不拒绝奢华，贵为国王，他自有他生活上的质量规格和用度，但他不追求独享独乐，而是与民分享共乐，让他治理下的约旦人民脱离贫困，找到幸福。这对生活在中东的阿拉伯人来说，并不容易。

另一方面，侯赛因生前圆滑、不拘泥、不固执的弹性手腕，就这样得到充分表现。至于他的真实一面，则是在他把人生的路走完之后，才固执地展露出来。我想，与民共享、朴实无华才是侯赛因国王生命的本质。他大概是想告诉世人，人生在世要面对很多不同性格的人和矛盾，所以难得自我，随自己个性或意向发挥就算是好的，是对的，都是任性。人总得要适应环境，才足以对付时势，收获成功。至于其为难处，就是要时时刻刻知道是非黑白，认清底线，坚持原则，初衷不变。这正是，难得一身清净，换来两耳安宁，不贪何来枉法，廉洁自断骂名。

写到这里，想起了徐志摩的一首诗：

问君人生何所似，应似飞鸿踏雪泥。雪上偶尔留趾爪，鸿飞那复计东西！

诗人是轻松潇洒的，但我们应该积极地看待人生，像老国王那样为子民终生操劳、勇于负责、有所担当，最后把尘世间的所有包袱完全甩掉，空空两手，飘然而去！

终于，入境后显现在眼前的约旦、安曼和所有的疑惑，有了答案。

IRAQ
伊拉克

四十七、变态的勇气

早晨四点出发去伊拉克。从安曼到巴格达的距离是一千多公里，沿途没有可以停留的处所，战乱区的治安当然也好不到哪里，但是为了找寻人类文明的源头，我们没有选择余地。

大概中午时分到达边防站，出关进关后就身处伊拉克境内了。清关永远都是件麻烦事，每次都是在尔虞我诈的心理攻防战中慢慢展开完成的。在这个过程中，时间拖得太长了人不免会变得烦躁，正好利用这些时间思考问题。

当朋友们知道摄制队要去伊拉克后，很多让人惊慌的劝说好几天不绝于耳。其实从很多小地方就可以看出一个民族的特性，伊拉克的两河流域是人类文明的重要发源地，不去只能是因为种种原因不被允许，允许后却是绝对不能不去的；路线早就安排好，该去的地方没有理由不去！劝说的人虽是好意，但缺乏明智；如果劝说成功，整个民族缺乏冒险精神和窝囊本性就会在世人面前表露无遗，因为这不是个人行为，这样的一个整体行动早已经闹得沸沸扬扬，满城风雨，全世界都知道了，而且一路下来，事件的本质已经上升至国家层面，所以才有这么多的方便。至于劝说失败，所有好意，都只能结出“扰乱军心，打击士气”的恶果，这又何必？很多中国人不理智的地方，都是打着这样的好意让人防不胜防，还得赔着笑脸把“坏话”收下，感激之情，也不能不言表。于是，真理与歪理，就这样在虚伪的空间盘旋胶结着，不成文的理由无非是顾忌对方的面子，说得太透了容易得罪人之类。这样的后果是，人们不再适应听真话、道真理、说心中所想！

换上一个西方的摄制车队，我估计没有人会劝阻，就算是队员的父母也最多是提醒一下，嘱咐多注意点，其他应该都是鼓励打气的理性话。中华文明是守势的文明，会拼了命地保卫自己，但不会太冒险，确实是带点窝囊气，必须改！

于是，很多有钱的中国父母带头发扬冒险精神了，把儿女在小学或中学阶段就漂洋过海送到国外去读书，而且蔚然成风。这些父母其实并不具备冒险精神，而且是极度地自私、虚伪和不负责任。

这就是一些中国人的私心，其程度严重到父母竟然能够对自己子女下手，在儿女们思维心态没有成熟前、在儿女们身心还没有定型前，就断绝了他们的民族感情纽带，在异乡漂泊，为的只是父母们一己之私。儿女们就像被拐卖送走的孩童一样，不能再享受家庭的温暖，也不知道哪里是回家的路。

我不能不在心中嘀咕，这些中国人自己该做的事不做，偏偏要指使儿童去完成，罔顾儿童们的感情需要，罔顾孩子们成长期间身心的安全和健康，所有的冒险，一概由儿童们承受着，这到底是哪门子的冒险精神？真是邪了门了！

想到儿童们的无助和处境的凄凉，大人们心态的极度自私，心中感到黯然戚然！这时天色已转暗，过关手续也已完备，通关成功放行了。不过我们面临的新问题是六百公里的沙漠，而唯一的公路是世界著名的“死亡公路”，没有选择，只能赶路。这时我禁不住想，行程的安排是不是有问题，不然为什么要起早摸黑地自己跟自己过不去，还倍添风险？为何不好好地睡到中午，吃饱喝足上路，赶在天黑前过关，就让边防人员慢慢检查好了，明早启程，大白天赶路总比晚上赶夜路好！我不知道边防人员会否晚上通宵工作。

就这样摸黑开动了车队，上路后有一辆神秘的小车紧随于后，快慢顿停全按我们的节奏，也不超车，就盯在后面。这在此地可算是一个险情，不管是警是匪都十分麻烦！你看，这就是不明智的所谓好意的后果。结果车队在凌晨安全赶到巴格达，神秘小车也看不到了。

如果不是得到惊慌的劝说，我们应该可以有两条思路，其一是不知道什么原因一路尾随的神秘小车没有采取任何行动就消失了，空自受一场惊恐；其二是小车本来就不神秘，在我们后面只是起着暗中保护的作用，我们到了它也就回去了。再说，尾随着一辆小车能对一个车队起什么大伤害？出发前那些人的“好意”劝说，一点都不好！

我们走那么远的路，是在寻找人类早期的文明。在希腊，我们看到了它受埃及滋养的明显证据，到了埃及，我们明白埃及不是文明的起点。世界学术界已不怀疑，滋养埃及的是两河流域的美索不达米亚文明，而美索不达米亚的含义就是两河平原，它在6000多年前已经是人类活动的中心了。这一刻，在凌晨的巴格达，在一种无可言喻的沉寂中，眼前出现一条灰亮的大河，平静而又充沛。看了一会，我们终于醒悟，底格里斯河到了！

从美索不达米亚的两河平原与人类四大古文明发源地想到远在东方的中华文明最少也有6000多年了，到现在已经是人类仅存的古文明，其历史更有着无可比拟的文字记录优势，只可惜很多古籍无人问津，很多文明的瑰宝无人知道，很多国人空有家财不懂珍惜，更坏的当然是那些胆小怕事、自我惊吓、妄自菲薄，但又充满变态勇气和变态冒险精神的“好心人”！

四十八、两个布什

在凌晨的巴格达找到了一间号称四星级的酒店住下，马上发觉问题严重。这地方凡手可触碰处都是油腻，满屋子弥漫着难闻的异味，那是膻味加上廉价空气清新剂的怪异味；大概是除味的欲望比较强烈，所以怪异味也强烈。

必须搬家，看来只能找五星级或更好的酒店了。突然想起，联合国秘书长安南来伊拉克时和各国记者不都住在拉希德旅馆吗？这该可以吧。

拉希德旅馆果然不坏，但刚进大堂，发现门口水磨石地面镶嵌着一幅美国前总统布什的彩色漫画像，下有一行英文字“布什有罪”。这幅画像做得很大，正好撑足整扇门，任何人想进屋都必须在布什的头像上踩过，很难避开。这不可能是酒店的行为，肯定是国家或国家领导人的意思，但事情发展到了这样极端的程度，又是为什么呢？

原来自从亲美国的伊朗国王被人民赶下台后，美国领事馆人质被扣押了很长一段时间，伊拉克的萨达姆政权就被美国盯上，千方百计拉拢。萨达姆经受不住美国的唆使，在美国大力支持下与伊朗打了八年的边境战争。结果双方都元气大伤，无力继续，这才打成和局。

有人说，巴格达，简直是浮在油海上的一个岛。不过伊拉克没有一个像样的港口，要增加石油出口就得想办法把科威特拿下，只是苦于无借口推翻第二次世界大战后形成的国际秩序。这时候萨达姆自觉与美国的关系正处于美好时期，买了这么多美国军火，为美国出力与伊朗打了八年，又与当时的美国总统布什相处融洽，就试探美国的口气。当萨达姆得到美国

“不持立场”与不干涉的答复后，就放心出兵占领了科威特。不过出兵后美国在全球的舆论配合下高调反对伊拉克对科威特的入侵，萨达姆觉得受骗了，不予理睬。后来事态的发展当然就是大家都知道的美国出兵攻打伊拉克。

这样的不对等战争胜败方都是早在意料之中。萨达姆没有办法，又打不过美国，只得从科威特撤军，恢复以前的局面。美国目的已达后撤军，对萨达姆的政权并没有赶尽杀绝，但就这样，萨达姆与美国结下了深仇大恨。

就是在这样的背景下我们到达伊拉克，布什的头像被放在地上任人踩踏也就不难理解了。萨达姆憋了一肚子气却无处发泄，在人民面前威信尽失，气愤难当，却又一点报仇的办法也没有，于是只能用“阿Q精神”的无聊手段，自我安慰，在国民面前找回一个台阶。布什对此当然是十分难受，但又无可奈何。

到布什的儿子小布什当选美国总统后，不知道是出于孝心或是私心，对布什家族受辱的恶气，焉能不出？于是小布什总统在毫无道理的情况下以萨达姆拥有大规模杀伤性化学武器为由，出兵伊拉克，开始了复仇之战。这次战争当然不会像上次那样适可而止，而是以萨达姆政权的彻底垮台、萨达姆和他的重要幕僚助手一一被铲除后才告落幕。但是事后，全世界都知道美国未能在伊拉克找到哪怕一丁点儿化学武器，不过这时总统布什目的已达，细节早就不再重要，让世人说去吧，只是战争带来伊拉克数十万平民的伤亡，中东的乱局，一直延续至今，并在混乱中打出了个“IS”，一个新的控制范围跨越好几个国家并且强大到要建国的恐怖组织诞生了。这下子倒好，美国慌了手脚，只好再出兵说要维持世界秩序。

小布什的手段全错了。这是霸权政治军事行为。一个世界上最强大的“民主国家”，摇身一变成为中古时代的君主王国，所谓民选的总统，行使的竟然是手操生杀大权的国王的权力，其反人类特征国际组织不得干涉，世界不得议论，天下哪能不乱？这样的事情竟然能够在世人噤若寒蝉的情况下发生，如此大国和政客风度，又岂是人类文明的福祉？

小国家没有能力抗衡超级大国，因为大国用原子弹、氢弹在他们中间画出了一条很清楚的界限。如果某些大国不这样为所欲为，罔顾别人尊严，小国还有可能容忍。但当他们猴子般地被大国要弄，而至他们的领导人在人民面前颜面无存时，他们就会忍不住，吞不下这口气了。于是，一些小国拼死也要自己发展原子弹和导弹，不是要对抗或压倒大国，而是要消除严重一面倒的不平衡，找回一些颜面与尊严。当他们什么也不能做时，也就只能用阿Q手段自我安慰了。

但大国的颜面是不考虑其他人的，就像一些国家把自己的所谓“安全”建立在别人的不安全上、把自己的所谓“防线”推到别人家门口一样。这样的心态世界焉能不乱？那么，世界上最强大的国家为何仍会出现这种心态？

“文明的脾性”这个理论可以说明白整个过程与缘由。伊拉克事件中的所有环节丝丝入扣，也十分人性化，就是缺少了需要时间熏陶的人文修养和“理性”！

中国差点就被迫走上这样一条险恶的路，不是因为中国像伊拉克那样多油，那样富有，也不是以中国的平和诉求、主观愿望为依归。因为我们祖先留给我们的祖业，人多国土大。在强权远胜公理的西方思维逻辑体制里，只有国人自强不息和国家安定团结，中国才能生存发展。我们走过了很多很多道坎，牺牲了很多很多同胞精英，才换回来新中国今天的一点点安宁，实在不易。

四十九、一屋空缺

巴格达博物馆在地图上标示得很醒目，走去一看，门内荒草离离，却没有古朴的感觉。经过打听，才知道已经九年未曾开放，为防轰炸展品都被转移了。为 2000 年新年的到来筹备，已整理出一个厅，但能够让我们参观与否必须要等一位负责人的到来才能决定。既然这样，那就等吧。

楔形文字早在公元前 4500 年前存在于两河流域下游地区，但还是习惯以公元前 2000 年后的三个王朝起算，那就是巴比伦王国、亚述帝国和后巴比伦王国。这三个王国历时 1500 年，代表着两河文明的显赫期，与古埃及的历史大致平行。

后来两河文明部分失传，部分被掩埋，部分则由希腊继承，奇怪的是希腊没有沿用楔形文字而是用像埃及那样的图形文字，不过后来也失传了。希腊于是也像其他中东和欧洲国家一样，到公元后很长一段时间才开始文字的创制，这是很不可思议的一段迷离过程。现在很多人要把希腊塞进四大古代文明这个梯次中，美国一些历史学家更要把它代替消逝了的两河文明和古埃及文明，这是很有问题的。

中国、印度、希腊在差不多的时间框架内进入了文明爆发期。不过在这之前很长一段时间因为记录工具和体制并不完善，所以很多有关文明的发明与进展得不到学术上的认可。只是没有这些工具和发明作为各文明独立发展的铺垫，就不可能进入第一个有记录的文明爆发期。中华文明三皇五帝期间发生的事和发明的工具，不管也不用管其他人怎么说，我们都必须严肃认真思考对待。不过两河文明显赫期的终点，好像又是中华文明、印度文明和希腊文明的起点。

三个王国后的2000多年，两河流域，还是两河流域，波斯人来了，马其顿人来了（还有当时的希腊人），阿拉伯人来了，蒙古人来了，土耳其人来了……谁不是意气风发地进来，想在这里开创自己新的事业，谁会顾及曾存在过的显赫王朝。

这又能怪谁？亚述的一个国王有过这样的自述：“经过一个多月的行军，我摧毁了埃及全境。我在那里的土壤里撒上了盐和荆棘的种子，然后把男女老幼和牧畜全部带走，于是，那里转眼间不再有人声欢笑，只有野兽和荒草。”

这是天大的罪孽。毕竟盐和荆棘的种子都是对土地最大和长久的破坏，这是阻止文明在这片土地上的重生。不过，话又得说回来，这样的国王，这样的文明，要来做什么？

终于等到了博物馆负责人的到来并被允许参观。我们进入的是刚布置好的伊斯兰厅，对一心要看两河文明的人来说显然是有点晚了，而且展品稀少简陋，不看还留有点悬念，看了以后心中难受——分明就是一屋的空缺。

战争是野蛮人的正常活动，也是文明人被迫参与的勾当。战争发生的频率过高，它本身也就变得没有什么公平不公平、正义不正义，大家的观感与反应已经麻木，剩下的只有对生存的更深刻理解和渴望。人类文明的发展，大多数还在青壮年时期，所以人们的冲动和不理智反应，也是可以预料的。不过拥有核武器的大国领导人，实在不能这样任性妄为，弄得阿Q也犯难，因为连他这样卑微窝囊的人格，也失去了可以寄托精神的地方……

再想深一层，人类文明最先出现曙光的两河流域，花了六七千年时间，能归拢积攒在手中的东西，放在一个在地图上十分醒目的博物馆里，却是一屋的空缺，与周遭环境比较，竟又是说不出的吻合，这对人类意味着什么呢？文明的前途，再有这样六七千年的发展，还会是一屋空缺！

五十、它是弃婴

今天去巴格达南方九十公里处的巴比伦，沿途一路平直，而且草木茂盛。当民居逐渐开始稀疏，一层层铁丝网却多了起来。我们到了，也被层层铁丝网围起来了，心中不禁纳闷，这是一个什么样规格、何等级别的古迹呀？古城门口，不设一兵一卫，进出十分自由，这就更奇怪了。

古城门是一座牌坊式建筑，叫伊什塔女神门，原件整个儿收藏在德国贝加蒙博物馆内，这只是一套仿制品，太新，太粗糙。

进门是一个小广场，墙上点缀着一些现代的油彩画，其中一幅是汉谟拉比法典顶部的浮雕。刻有这个浮雕的法典原件，同样是被外国收藏起来。这就说明了个大概，没有什么好看的，只有粗糙的赝品，随便摆放，聊胜于无。

从小广场右拐有一条道路，是巴比伦王国的仪仗大道，有铁栏围着，不能进入。古城除了这段路面，再加上前面一条刻有动物图像的通道，一座破损的雄狮雕塑以及几处犀基塔基，其他什么也没有了。

突然，城墙砖上出现了些好像是楔形文字的刻画，连忙找人翻译。一读，才知道是阿拉伯文写的“感谢伟大领袖萨达姆于1982年复原巴比伦古城”，一连写了很多遍。

靠近“复原”城墙不远处有一个丘陵，顶部有一座城堡形的庞大现代建筑，正想拍照，马上有人过来阻止，原来这是总统府。至此终于知道，原来围起古城的铁丝网，是为这个更远大的目标服务的。

就这样一经启发，整个参观的过程也就有了一些心得。其实不管巴比伦古城的“复原”也好，古城门上的浮雕也罢，珍贵的原件早被盗走，留下来的已经没什么值得看的了。一个远去了数千年的古遗址，连原部落的一个后人都没能留下，又会有谁真正地去关心它、去呵护它？复原恐龙的遗址还会引起世人的兴趣，招来更多愿意付出可观门票费用的观众，能赚钱的生意自然会有人细心料理。文明遗址对一般人来说，好像没什么稀奇的。

所以，一个个文明被无知和野蛮灭亡，这是可悲的。文明生存的机会，来自竞争，但竞争不一定是公平的，不会自珍和竞争的文明，早晚会被淘汰掉。被淘汰文明的遗址，很难得到好的照顾，因为它不过是个弃婴！

五十一、面对现实

世界最古老文明发源地的博物馆展品的空缺，留给人们深刻印象。老旧的文物荒缺，影响还不至于太大，现实生活中物品的荒缺，那又是另一回事了。社会中最脆弱和最无助的群体是儿童，不如就找一所小学和儿童医院看看。

很快如愿以偿，因为当局也想通过这种方式向外界控诉美、英等多国部队和联合国对他们的轰炸、包围和禁运。

世界上所有国家都需要贸易来互通有无。大国的需要会小些，至于小的国家，它们可能在某一方面的资源极其丰富，但资源不等于粮食和必需品，没有人买的资源也成不了财富。生活必需品如盐、油、酱、醋，书写工具，医药物资等，都有可能因得不到充足供应而严重影响社会民生，深受打击的当然是下层的老百姓，其中一定以无辜的儿童为最。

回顾一下历史找点切身感受。英国人要跟清政府做贸易，因为不获答允不惜大动干戈、枪炮相待，直到清政府按要求签订条约，开放口岸通商，侵略才暂时停止。

还是为了贸易通商，英国人不择手段，推销鸦片等违禁品到中国来换取大量白银和其他英国所需品，美其名曰“自由贸易”。所以，对一些国家来说，贸易成了它们经济发展的命脉，西方国家特别清楚这点，动辄不是要与别人通商，就是不让别人通商，翻手为云，覆手为雨，完全不讲道理，哪有半分公平！

当我们走进巴格达一家据称最好的小学的教室，孩子们在教师的带领下齐呼："打倒美国！反对禁运！不准伤害我们！萨达姆总统万岁！"呼喊完毕，两手抱胸而坐……孩子们多数脸色不好，很拘谨地睁着大眼睛看着我们，毫无笑容，这与世界上其他地方的同龄孩子有很大差别。

随便找了个男孩子问他要课本看看，孩子拿出了课本，是用塑料纸包着，里面有很多破页，老师在一旁解释着说，课本的破页不是这个孩子造成的，由于禁运，没有纸张，课本只能一个年级用完了传给下一个年级用，不知道转了多少孩子的手，你看破成这个样子还都那么珍惜，用塑料纸包着。

孩子的境况令人心酸。到操场一看，一个班级在上体育课。女孩子跳绳，男孩子踢球。捡起一个球想拍拍，没弹起，原来是个裂了缝的硬塑料球。老师说，这样的破塑料球全校还剩下三个，踢不了多久。

我们知道，这是巴格达最好的学校，能在里面念书应该是很不错的了，为何看不到儿童们应有的笑容？在战乱的环境里，孤儿寡母当不在少数，儿童顶替成人作为家庭的顶梁柱也是常有的事，所以这里的失学儿童应该不少，但当地官员对这个问题给出的回答，却是没有失学儿童。

真不明白那些官员是否受过正式教育，不然为什么那么无知？一面控诉美、英侵略者造成的严重经济后果，另一面儿童失学正是战争造成的恶果之一，又有什么好隐瞒的呢？儿童在内外都不理智的成人夹缝中求存，求解不得解、求助不得助，那就只有求人不如求己了。离开小学时，我们看到两个男孩推着很大的平板车经过。也难怪儿童们笑不出来。

到儿童医院参观的感受更不好受。那么多病重的孩子，很多还是婴儿，等待着药品，而药品被禁运。病房的每张床上都坐着一个穿黑衣的母亲，毫无表情地抱着自己的孩子。

这是催人泪下的情景，一切都明明白白地摆在那里，所有人的亲情关系和想要的也十分清楚，就是无法完成，连凑合的办法也没有。于是，就像在暴风雨前低气压所带来的气场，一切在无声中酝酿、蓄势，只等那一触即发的时机，一丁点的火星。

没等来火星，但竟然唾沫星也成。一个声音在问："这么小的孩子，病成这样，你心里一定……”话还未完，被问的母亲已经泪如雨下，泣不成声。问的声音本已开始哽咽，此时也在含泪，还如何问得下去？

我想，问问题只是一种专业人士职业上的自然反应，答案其实早在每一个人心中。这一点人性，人类是共通的。走出病房，在走廊里徘徊着，看到很多宣传画，一幅的标题是“禁运杀害伊拉克儿童”，另一幅的标题是“记住”，然后是一双婴儿的大眼睛。

走出儿童医院时的心情，远比离开小学时沉重。对于历史人物，我没有太多要说的，反正世间黑白，谁人曾予评说？对于创造历史的沉默大多数，很多时也是无可奈何的受害者这一群体，我想为他们抗议：“什么禁运？不要再用皇帝的新衣遮丑了。”

五十二、清真寺里的家庭

宗教由人创办，人的不健康、不理智，甚至是不善良的感情色彩难免会夹杂进去，所以会产生争权夺利、教派私有的现象。至于不同宗教之间的交恶，更是时有发生。

伊斯兰教分很多派别，最大的是逊尼派，约占世界穆斯林的百分之八十，其次是什叶派，主要分布在伊朗、伊拉克等地。这两派的分裂主要是因为在选择先知穆罕默德接班人的问题上产生矛盾而出现对峙，至今已有漫长历史。

在伊拉克，什叶派有两个圣地，纳杰夫和卡尔巴拉，我们选择在巴格达西南约一百公里处的卡尔巴拉为参观对象。

中国的穆斯林绝大多数信奉逊尼派。自从伊朗什叶派领袖霍梅尼领导人民发起“伊斯兰革命”推翻了亲美的前国王，继而爆发了两伊战争后，人们对什叶派的关注便多了起来。伊拉克由萨达姆掌权，是什叶派和逊尼派发生冲突的前沿，不过，萨达姆的逊尼派在伊拉克只属少数，大多数人还是什叶派的。

穆斯林的清真寺不对外人开放，进入需要申请。伊拉克当局负责人考虑到客人来自远方的中国，破例让我们进入围墙大门，却不能进寺内的礼拜堂。

卡尔巴拉的清真寺建于公元 7 世纪，几次重修。进入大门，围墙内侧是一圈回廊，无数黑衣女子领着孩子坐在地毯上，神态平静。寺的内墙是碧蓝相间的彩釉图案，高墙最上方是金顶白云。这样的组合，从自谦的人到辉煌的天，一层比一层明亮，一层比一层高敞，对比强烈，真是好看。[1]

这是沙漠中的“绿洲文明”。荒凉大漠的漂泊者在寻找自己精神栖息点的时候，需要从很远就看到高大而闪光的金顶，需要有保障安全和安静的高大围墙，围墙之内，需要有阴凉的柱廊和充足的水源供人休息和洗沐，中间的礼拜堂，不管多么富丽堂皇，都是帐篷结构的延伸。这种基本功能和结构，使清真寺的建筑简洁、明快、实用。[2]

所有西方文明，首先要弄明白的是它们的宗教文化，然后是后来突破宗教的种种意识教条，异军突起的科技文明。很多矛盾，还都存在，悬而未解，但又都能服从于现实的需要，被搁置一旁，为更美好的生活让路。城市里的清真寺更世俗化，游客也多，只有这里远离城市，基本上来的都是虔诚的礼拜者。我们问了坐在回廊前地毯上的一家四口，是不是经常来这里，回答是每两个月来一次，就这样坐一天，念念《古兰经》，心境就会变得平静，我看回廊内外席地而坐的一个个家庭，神情都很平静。他们都有各自的生活境遇和甜酸苦辣，但在金顶下的院落里坐上一天，就觉得一切都可以忍受了。然后，在夜色中，相扶相持回家。他们很多来自外地，黑袍飘飘地要走过很长的沙地。[3]

在“中世纪”前，西方宗教信仰的基础是牢固的，后来被迫无奈向自然科学让步，很多的宗教仪式和教条都被淡化了，这个过程，被称为世俗化。伊斯兰教世界的现代化程度较低，科技又受到西方国家的打压，进展缓慢，所以宗教的世俗化进度也缓慢。一方面，西方希望伊斯兰国家世俗化以减轻双方文化冲突的压力，就像土耳其被接纳为北约国家一样。另一方面，西方宗教的排外性极强，又不愿意与伊斯兰教离得太近；土耳其申请加入欧盟五十多年未被接纳，西方对宗教态度的坚决，可见一斑。

世俗化的西方国家对宗教信仰的依赖减弱，又没有牢固的哲学基础作为精神信仰的支撑，只能纵情酒色和物质享受来减轻生活工作的压力，只

1 余秋雨：《千年一叹》，作家出版社 2005 年版，第 236 页。

2 余秋雨：《千年一叹》，作家出版社 2005 年版，第 236 页。

3 余秋雨：《千年一叹》，作家出版社 2005 年版，第 237 页。

是精神的需要，物质又哪能满足，于是又想到了消耗体力的体育运动上来，一面减压，一面强身健体，一面带动经济。只有伊斯兰教徒，尤其是处身沙漠、物质贫缺的地方，仍然能够很好地坚持宗教传统，通过定期到清真寺来保持心灵的平静。

中国人自从晚清提倡西化以来，在没有搞明白西方文化的特质之前就好的坏的全盘接受过来，丢掉了很多有价值的传统而不自知，所以到了现在，我们浮躁时连个正正经经可以去的地方也没有。

其实以哲学支撑的中华文明又怎么可能没有化解精神压力和心境浮躁的地方，不止有而且多，富有点的人在自己家里就会设有合适的场所。中国的禅舍、道观、寺庙、书院、棋院、尼姑庵、琴院、画苑、茶馆，都能起到入世的减压作用。中国人喝酒离不开饭宴，第一可以中和酒精，第二可以联络感情，第三可以营造气氛，古人很多出色的诗词、书法和绘画，都从酒中来。

至于在家中，焚香静坐，抚琴弹唱，丝竹之乐，都可以静心自娱。日本人会在家中设有一室，除了少量青竹、斑竹外就是遍地白石黄沙，心情浮躁时在沙地上练字、绘画，舒展胸中块垒，这与静坐垂钓，与伊斯兰教徒参拜清真寺，拖家带口地去静坐一样，各有其妙，都是恢复心境平静的好办法，修身养性的好地方。

物质制作，不管如何花哨、巧妙、精美，能传承下去的，也难得过百年。精神、意志、思想、信仰、文化的修炼与传承，能延续下去的，却动辄以千年为度。精神文明对人类的影响，远比物质重要。

西方在战争中轰炸躲藏在医院、学校、清真寺内的少数敌对分子，罔顾公众，问题就已经远远超过战争的范围了。如果连宗教场所、治病救人的医院，无辜儿童、妇女的生命都可以不被尊重，还配得上说人权、谈人道主义吗？

当一个个穆斯林家庭长途跋涉赶到清真寺找寻心灵的慰藉时，我虔诚地祝福他们每一个人都能得到想要的，并且能够平平安安地回家。这，毕竟不是过分的要求。

五十三、底格里斯鱼

底格里斯河的鱼，当地人叫底格里斯鱼。今天晚上是别人吃底格里斯河的烤鱼，我呢，看着我鱼缸的小鱼想，长江的鱼儿，为什么不叫长鱼？黄河的鱼儿，为什么不叫黄鱼？不是没有黄鱼，而是黄鱼好像从海里捕捞的，休渔期还不准买卖呢。

听说阿拉伯人不吃鱼，但他们吃在底格里斯河畔烤的底格里斯鱼，是家乡水亲，拉近了鱼儿的距离，还是传统？我不清楚，希望是传统吧，如果是距离，那就有点乱了。

看了半天鱼缸也没用，毕竟与吃烤鱼的心情不同，还是无话则短好。

不过从生物角度看问题，就很有意思了。鱼儿的智慧，不及人类万分之一，但它们在水中的游动速度和灵敏度，却比人类高上不止千百倍。电脑的发展是在不断提高速度和维度，人工智能也只是在机器能力和智力上的应用、开发，笨笨的更没有灵敏度和快速反应可言。一个物种的进化，如果在某一功能方面远高于其他，高于所有对手，这个物种就能生存。人也一样！我们建功立业，入世谋生，也可以这样想，不一定只盯着大学的学位不放。

鱼儿的生存，靠的就是速度和灵敏度，看着几十条、几百条，甚至千千万万条大小不一的鱼儿一起急转弯，却又不会互碰。再说，这么快的速度也不允许互碰，更不要说相撞了。大海里的沙丁鱼群，就是靠这本领而不被其他硕大的鱼类吃掉的。

鱼缸里面的鱼儿不打斗，不内讧，总是群体地游来游去，而人类却爱斗，并美其名曰自然竞争，其实不过是缺乏修养和自我控制能力的直接表现，数千年来不知进步，哪及得上我鱼缸内的鱼儿！

五十四、偶留趾爪

接到巴格达新闻官通知，1999 年 11 月 16 日，是巴格达建城纪念日，有大型庆祝活动。如果要参与拍摄报道，可获批准。

活动在离市区很远的一个运动场上举行。看台上已坐满观众，高官们也逐一来到，主要是穿军装的军官。他们的高级军官都太胖，但军装都设计得很帅气，连帽子也是。

伊拉克社会的问题，由此可见一斑。如果高级军官们都过胖，还能胜任国家赋予他们的责任吗？军队不能打仗，又如何保护边防、国家财产、人民生计安全？养兵千日，用兵一时，这不同于养马增膘。养兵不能增膘，战斗力一定要保持强悍，行动必须麻利，动作必须灵活，切忌徒有其表，非此无以为用！再说，太胖就是生活养尊处优的结果，耗费大量粮食而人民不得温饱，与伊朗打了八年仗还能养出这么多超标军官，问题还用多说吗？

今天这么大的活动，我们属于外国媒体，虽然还算得上是正规军，但不是国家队；名气不大，却是全场独此一家；再加上好几位工作人员都穿着印有“凤凰卫视”字样的工作服，长长的摄像机往肩上一扛，在场中跑来跑去，成了庆祝活动开始前全场最吸引眼球的景观。于是，场中观众，参演人员，乃至席地荷枪而坐的士兵，都想我们找他们上镜。首先是台上观众开始发难，当镜头对着他们方向时，雀跃欢欣之声四起，兴奋莫名，当镜头离开他们到另一个方向时，不满的、遗憾的、失望的唏嘘声马上切入替代，情绪激昂；镜头转到每个方向都是如此这般，所以后来，只有喧嚣声一片，再也分不清是某种感觉，哪种情绪了。

有了破冰的开始就引来了热情的连锁反应。有几个参加表演的姑娘相互推推拉拉好像很不好意思的样子来到我们跟前，支支吾吾地提问可否替她们拍张照，看到要求被接受后马上表情丰富地摆了几个姿势，快门按下后，她们欢叫一声像一群小鸟一样飞走了。她们都没有想过如何拿到一幅照片，留为纪念，只想拍照。

这种渴望被拍摄而没想过要照片的心态，着实令城市人感觉有点突然和不解。被拍摄的人是想留下点什么，但在很多地方未经许可拍摄他人属于侵犯个人隐私行为，是触犯法律的。要求拍照的人肯定有心，被拍照的人会觉得留下后患，心中不免忐忑不安。大都市人防人的心态，总是如此强烈，如果不这样自保，早晚会吃大亏。在伊拉克遇到的却是人与人之间难得的、毫无心机的坦诚、简单，没想过计较什么，也没想过要求什么，什么照片不照片的，惊鸿一瞥，浮生若梦，在国家的盛大场合留个影像，如此而已。

正是：人生如蜻蜓点水，飞鸿偶遇各踩泥。分时单个觅南北，哪来机心计东西。

人类文明的进步，每一步都带着一些遗憾，譬如城市人不得不设防，乡下人活得从容、坦诚得多，付出时不计较，这都是城市人早已丢掉的真我。所以在进步中我们应该不停地反思、检讨，把丢掉的好东西重新捡起来，不然路会越走越窄，得不偿失。

五十五、过关

这是补述前几天离开约旦进入伊拉克境内的经过情景。当时心中愤怒，十多小时下来，各人肚子虽说空空，却不缺气；不发一言，只是害怕横生枝节给旅途带来不便。

伊拉克给车队发出的签证上明确写着“如有去过以色列的记录，本签证立即作废”。所以车队只好冒称是从埃及坐船到约旦的。以色列方面也很专业和理解，没有在各人的护照上留下点滴痕迹，发出的是“另纸签证”。可是，我们这样一队散兵游勇，又有谁理会两个交战国之间的严重敌意和不信赖，有谁会考虑他家的尊严？于是在以色列时就把自己当成真正游客，买了不少东西，咖啡、以色列国旗和太多的“死海化妆品”，都是些不能说有什么当地特色的物品。买了也就买了，但又没有当时处理掉，邮寄回国，带在身边闯关伊拉克，那不是自找麻烦？于是在两国边境地带的沙漠上折腾了半天，只为处理不能再随行的物品。

说到国家尊严，越是贫穷和落后的国家越要面子，这与中国农村办喜事时的极度铺张浪费所发出的信息和感情是一致的。原因其实十分简单，落后贫穷的地方总受世人白眼，难得有一次机会出个风头，体面体面、风光风光一番，就什么都豁出去了。至于以后的事，以后再说。以后的日子还长呢。访问团不是要访问吗？看重我们的话就该先来我们处，什么事都好说，先到以色列访问就是表明它更重要，那就不要来伊拉克了。我们是小国弱国，但至少，这点权力我们还是有的。如果来者不听，一定要冒犯我们国家尊严，那么一切严重后果自负！

从这角度看，落后贫穷的地方不可能有太多的理性，理性的地方一定是教育普及程度高、科技进步、生产力强大、充满自信的发达地方。所以以色列边关人员能够做事细致尽责，一丝不苟，同时又不失令人理解的一面。只有有了理解，才可能发展，变成为欣赏；不舒服的地方变得舒服，甚至尊重!

从摄制队的立场看，不明白以上这些就不可能把问题处理好，于是只好临机生变，干些偷鸡摸狗的事，这好像也不能算是理智吧？于是，两方面的不大理智叠加一起,后果可能是极端严重的。还好的是,中国人说归说，还不至于真作出出格过分的事，风险一定是在可控范围内。

其实整个行程的安排，以色列可以被独立出来，另行访问，因为它并非此行主要目的。当然，以色列地处中东的宗教、文化、政治和军事风暴地带的中心，可到之处也甚多。就说耶路撒冷吧，已经是非去不可了，所以如果可以独立访问，一切也就顺顺当当，规避了风险。

至于伊拉克边关，还真不算是难过。交上有关文件后就有两个人出来，争论着我们停车的地方，争了半小时还没有结果。……两个小时后出来一个人,说我们应该换一扇门。就这样,政府的边防官员为了那一拨人的利益，争了两个半小时才达成共识。另一门的负责人赢了，过关客队也只能适应调整。

好不容易这一门的关过了，又让我们转回到先前那一门。原来两个半小时的内部争论得出来的结论是这样子的。都是利益分配的问题。不过逻辑归逻辑，在这样的情况下单靠逻辑解决不了问题。大嗓门一吼，用他们可以懂的国际语言义正词严地交涉，倒把他们逼到了墙角。既然第一拨人的利益已经得到了满足，这时剩下的第二拨人就可以说了算，终于低头挥了挥手，居然就这么通过了。所以我说，真不算难。

令人万分感慨的是，每次的大声交涉都是由中国的女士出面，男人们全不知道去哪里了。这次是可以有所表现的，却只是一排站在女人的背后，摆出一脸严峻的样子。中国男人这样的表现，究竟算是哪门子的事呀？

中国传统得改。文士斯文，弄得中国书生手无缚鸡之力，还自以为是，视斯文为君子风度，失去了男人刚强的血性还受到社会的认可和赞扬。可是，今日世界，早已不是仅仅包容九州、五湖四海的天下；中华文化，也不再一枝独秀。在不同文化的世人面前，尤其是只知道弱肉强食的西方文化的眼睛里，这都是说不出口的懦弱。看到中东男人打打杀杀的彪悍，我们的男人必须调整心态。如果我们能多掺点传统蒙古大漠男子汉的刚强血性，又能文能武，在持重中不乏敢作敢为的血性，就更好了。

五十六、一千零一夜

有童年就有童话，有童话就有《一千零一夜》，有《一千零一夜》就有巴格达。全世界的儿童，只要生活的地区消息不闭塞，大概都会先知道《一千零一夜》，然后知道巴格达。

中国好像没有像样的童话，很多简单的儿童故事，如果不是爷爷奶奶编的，就是父母编的，内容多以教育性为主。当然，中国儿童上学的机会，比全世界的儿童都多而且早。早的意思其一是年幼，一个家族，一帮儿童，凑在一起，就可以找个老师开班了，只要有兴趣，年幼的学童都可以听课。孔夫子有教无类，春秋时期已有私塾之设，所以，早也有年代久远的另一层意思。于是《三字经》《千字文》《百家姓》《弟子规》以及一些家训、家规等启蒙读物，慢慢发展起来，就成为陪伴儿童成长的良师益友，但对儿童来说，这些读物都不符合他们好奇好动、追求刺激的天性，远远不如《一千零一夜》有吸引力。

城市的雕塑，与城市的历史传说都是有关联的，可在巴格达这几天，却未能看到与《一千零一夜》有关的作品。当地的新闻官得知后一笑，领着众人先来到一条大街的路口。抬头一看，是一组雕塑，“一个姑娘，在向一大堆坛子浇水，很多坛子还喷出水来，可见已经浇满。从雕塑艺术看，这是上品，令人称道的是那几十个坛子的处理，层层叠叠的没有雕塑感，但有姑娘在上方一点化，又全部成了最具世俗质感的实物雕塑，真可谓点石成金，举重若轻。还有是喷泉的运用，源源不绝地使整座雕塑充满了活力和灵气。其实，这里是以水代油，其实应该浇滚烫的油，取材于《一千零一夜》，叫‘阿里巴巴与四十大盗’，大大有名的故事”。[1]

在这么长时间战乱的环境中，居然还有上好的雕塑艺术品在城市大街路口中供游人欣赏，这才找回一点点安慰。

第二座有关的雕塑在底格里斯河边，刻画了《一千零一夜》这本书的序幕故事：国王因妻子不忠，要向女人报复，每晚娶一个少女回来，第二天早晨杀死。有一位叫山鲁佐德的姑娘要阻止这样的暴行继续下去，自愿嫁给国王，每天为国王讲一个故事，但是每到精彩迷人处就戛然而止，留待明天继续。国王的胃口就这样被吊着，下不了手杀她，直至一千零一夜后，国王早被精彩的故事内容感染，潜移默化地被改造成另一个人，不仅去掉了残暴的杀心，还动了真情，用真心真爱接受了这位善良的姑娘，从此两人白头偕老。

《一千零一夜》有上千个故事，在巴格达找到的却只有两座雕塑，确实是太少了，未免令人遗憾。不过仅从这两个童话中，不难看出中东文明是带着一些从未中断，也没有人想过要设法中断的残暴和野蛮前进的。

所有的古文明，除了中国，再没有专门为儿童而设传授学识的地方——私塾。于是儿童童话，成了世界上潜移默化教育下一代的最理想工具。《一千零一夜》的引人入胜是毫无疑问的，但内容却因为刺激而精彩，不免带有血腥野蛮。譬如说“阿里巴巴与四十大盗”吧，婢女聪明胆大，自作主张，把四十个大盗用滚烫的油一个个烫死。这种文化的残暴基因，通过妇女来演绎执行，其内容并不适合儿童。

另一个故事说国王残暴，而且报复心极强，但结果却被一个勇敢善良的少女用机黠、耐性、智慧和爱心，通过一千零一夜漫长时间的教育化解了，脱胎换骨变成了一个有感情有爱心的国王。这个故事开头也很残暴，但被巧妙地化解，让儿童们知道残暴不好，但要改变，懦弱、怕事、逃避，都不是办法，只有勇敢面对，而且要以柔克刚，用柔和手段化解暴戾之气，但需要时间，很长的时间。在工业社会里，一切都在飞速运转，又会有谁有时间、耐心、大仁、大勇、大智为改造一个人长期坚守？

---

1 余秋雨：《千年一叹》，作家出版社 2002 年版，第 255 页。

中东之乱，在宗教之前，是游牧民族的野蛮不羁，不受约束。有了信仰后，不同宗教和教派又全都为了利益各自树立起排他性的宗教文化势力范围，不再注重理性。本来理性需要哲学教养和逻辑思维的开发而得到巩固的，却不会随着狂热的宗教感情而产生出来，何况西方和中东的宗教信仰，对信徒们来说都是唯一而绝对的。

作为一个历史名城，巴格达可以发展的条件其实很多，何况它还守着《一千零一夜》，有着阿拉丁神灯为它呼风唤雨，最少也应能点燃起指明前途的油灯。但是，战乱毁灭了一切，不稳定的城市不可能得到发展。

一个好的童话故事足以成就一座城市。迪斯尼的动漫童话故事很成功，一直在世界上备受追捧，后来利用这些童话的题材元素建成“迪斯尼乐园”，先在美国西岸城市洛杉矶落户并迅速声名远播，后又在东岸佛罗里达州落脚成功，之后更是漂洋过海落地法国、日本，叫好又叫座。最新的一园于 2016 年在中国上海开业。

《一千零一夜》落户巴格达有一千多年了吧，很多人并不知道它起源于印度的《五卷书》。印度的寓言故事，丰富精彩，后来不仅影响中东，还远及欧洲、美洲，产生了很多童话故事的大家，从意大利到丹麦，佳作纷呈。但在巴格达，因为战乱，想找到一些美好的东西、一点美好的童话记忆，都是如此之难，《一千零一夜》承载着很多儿童童年的梦想，但要承载巴格达这个城市，恐怕是有点力不从心，至于说要造就这个城市，就更难了。

IRAN
伊朗

五十七、找不回失落

要离开伊拉克了，有点失望，有点不舍。

失望的是对一个世界上最古老文明源头的殷切期望远远未能得到满足，就这样离去，心中不免有点惴惴不安，浅俗点说就像是入宝山空手回，心中也是空落落的，这样手、心俱放不下，怎能不失望？说是入宝山，见到的还真不如四十大盗的精彩呢。

就说昨天晚上吧，我们被一位老人带到一个神秘的地方，从小街小门进入，顺台阶往下走，是一个“中世纪”古城堡模样的昏暗地方，巨大而恐怖，却坐满了人。中间有疯狂的乐队和歌手，唱着凄楚而亢奋的阿拉伯歌曲，四边很多狭小的洞窟式小间里摆满各个时期的文物供人选购，中厅可用餐，割吃烤全羊，喝石榴汁。

这样一个以半地下形式存在着的地下空间，应该是非主流而且可能还是非法的。可是，城市里面因为不能太公开而至带有点令人发怵氛围的昏暗去处，却坐满了人，可见不同文化层次的分化和生存，自有它们的规律。禁是禁不来的，只能通过教育疏导，包容共存。

但是，在全球范围内，西方文化一直在发动着强烈攻势，一心要打垮所有不同的文明和文化，并不愿意包容，而且通过跨国集团、公司的巨大能量到处攻城略地，影响巨大。中东国家首当其冲，而且富有，所以一直得不到安宁。不稳定安宁的地方很难建设，不能建设产生不了文明，只能延续野蛮。但好像也只有这样，中东的这些国家才能捍卫自己历史渊源深厚的文化，包括衣着服饰、长袍头巾、黑袍围巾、沙漠文化和宗教信仰。

令我困惑的是，阿拉伯人是在保护着带有源头文明成分的中东文明呢，还是中东文明死后的阿拉伯沙漠绿洲文化？

也不用失望，失去亲人照顾的弃婴命运总是悲惨的，失去接班人的文明又能有谁来真心照顾？好像巴比伦城墙上的雕塑，甚至是整个城门，好的自有人抢走，不值得人去抢的赝品却又是那样粗糙和不堪入目，说是修复，还不如说是抹黑，想想真是难过！但难过之余，又想起总会遇到一些国人，这么快便好了伤疤忘了疼，妄自菲薄，不知道珍惜中华文明，有些人连个人定位也拿捏不准，就替儿女出馊主意，害人害己，不知所谓，心中不禁茫然！

至于不舍，那是因为在庆祝活动中运动场里拍摄下来的记忆。如此不分男女老幼，所有人都雀跃万分，只为留个影而要求上镜，并不计较其他。脸上流露出来的心境、笑意，在战乱苦难的生活中仍然是那么安然、简单、坦率，回到城市后，同样的镜头、同样的场面，又如何再捕到？

今天车队在巴格达往伊朗的沙漠公路上行驶，八年的两伊战争虽然停止了，但依然是戒备森严。边关到了，却发觉边关之间没有什么隔离带，与伊拉克和约旦边境之间的那段路十分不同。四个都是伊斯兰教国家，两个处于休战状态的，显示边界的标志之间的距离却是如此亲近，可能真是有点寸土必争的意思了。至于另外两个和平国家，边界距离相隔远远的，又有点老死不相往来的味道了。两个和平国家，一个是中东难得的和平安定的富有，另一个则是领导阶层与人民之间穷富比较悬殊的浮在油田上的富庶国家。这么一比较，能够生活在心中装着人民的国家，在世界上任何地方都会是人民的福气。

五十八、米底的首都

进入伊朗境内到首都德黑兰行车需要九个小时，有大量山路，因为过关时已是傍晚，只能在巴赫塔兰住上一晚。

车行两个多小时后到达一个小城哈马丹，停车吃早餐。吃早餐时与当地人闲聊，发现这个路过的小城，居然也有一些古迹可看，那就看吧。

去的第一个古迹是城里的地下古城遗址。负责地盘的考古工作者告诉我们，这是 1994 年才被发现的米底王国的首都。米底是伊朗人建立的第一个王国。这个王国统一了伊朗的各个部落，消灭了残暴又强大的西邻亚述帝国，在公元前 6 世纪中叶灭亡。对于这个王国，资料甚少，我们只是大概知道他们是从北方来的游牧民族，在一个叫黑克玛塔纳的地方建都。建都的地方是一个四方交会的山谷，又有雪山消融的水流可供灌溉。今天的偶遇，正好为我们打开了伊朗历史的第一页，真是可喜。

走进发掘现场，一个大棚已经被架搭起来，中间有一条铺了木板的通道，通道下面就是遗址——密密的房舍，街道也很窄，都设计得十分精致。从大棚出来，再走不远就是米底城门的发掘现场，层层城砖清晰可见，边上还发掘出一个瞭望塔的基座。替我们做介绍的考古工作者说，古城没有发现什么大灾难，不像是突然湮灭的，大概是因为年代久远，人们在上面不停地拆卸、掩埋、填土、重建，古城就被埋在了下面。

把一个这样重要、历史辉煌的古城掩埋掉，经历约 2000 年而无人知晓，实在奇怪。但从另一个角度看，我们可以猜想当时当地的建筑物是多么不牢固，容易倒塌，才会塌了就掩埋，然后平整一下又在上面重建。而且四方交会之地必然引来众人争夺，也肯定会战乱不断，因为只有战争才可能对土地造成这样的大面积破坏和荒废。还有一点是这地方文明的发展比较晚，没有可靠书写工具和记录的载体，所以很多事情发生了也不留痕迹。

在发掘过程中，陆续发现了以后各个时代的文物：波斯帝国时代的、亚历山大时代的、安息王朝和萨珊王朝时代的，甚至伊斯兰时代的，一直到三四十年前还有人在上面建筑。用这样实在的方式记录历史，真不能算是好办法，它只能给出一个跨度大而且宏观的大概，还需要专人去解读。

离开遗址的发掘现场后按照当地人的指点来到了一条小街，说是去看一座犹太人的坟墓。

小街很古老，走不远见一圆顶砖石建筑，进门，穿过一个小院，见一个极低矮的石洞，石洞有一石门，石门上有一个小孔，看门老人伸手入内摸了一下，石门开了。里面就是停放埃丝特王后和她叔叔莫德哈伊棺木的地方。

米底王国是被一个来自波斯境内黑山地区的年轻统治者征服的，这人便是居鲁士，古代世界史上特别宽厚仁慈的征服者。他攻入巴比伦之后，把当初被尼布甲尼撒从耶路撒冷掳掠来的万名犹太人释放，宣布这些“巴比伦之囚”可以自由返回故乡。这座坟墓，安葬的是他开创的王朝后代统治者的一位犹太裔王后，因夫君战死沙场无法合葬，所以她身边的棺木里安放的是她的一位叔叔——一位著名的犹太智慧先知。守墓者也是犹太人，守望着 2300 年前犹太人和波斯人友谊的物证。他说小小的石门和棺室内的梁柱、天窗，都是原物，而且至今还有世界各地的犹太人到这里来参拜。

一天之内在毫无准备的情况下看到两个令人振奋的古迹：一个是王国首都的遗址，另一个是它被灭后新王国的一个王后的墓地；两者从质量、大小上相比较都不成比例，承载的东西也同样不成比例。一处承载的是一座开国古城轮回过程的痕迹，点点滴滴巨细无遗地留了下来，化了灰的，成为尘土的，与稍有形状的其他全都混在一起，回归到土里，但经过细节却不甚了了，只能留给有心人慢慢欣赏解读。攻占一座城池大概代表当时人类对美好物质追求的最高原始欲望，只是当时的王侯将相、风流人物，如今安在？他们功成后纵情欢乐之处，也早变为废墟，化作尘土，深埋地下，长时间无人知晓。

另一处承载的是感情，一个受难民族的感恩之情、感激之情，是人与人之间超越文化、传统、种族和时空的特有感觉。这段感情由波斯的居鲁士大帝释放在巴比伦被囚禁的万名犹太人开始，遗泽留芳惠及后人，一至于今。铭记这段历史事件的地方可能很多，但有谁会想到在这么一个不显眼的小城小街处，通过一座犹太人的坟墓（王后与她叔叔），一个接一个的犹太守墓人，2000 年来一直以这么一段从历史分叉出来的故事，印证着两个民族的情谊，到现在还吸引着犹太参拜者不时从世界各地来。

世事沧桑，一切令人唏嘘难料。今天，饱受排斥的犹太人有了自己可以栖身的国土家园，倒是当时强大的波斯帝国早已灰飞烟灭，只剩地图上的一个波斯湾。

中国在第二次世界大战后对日本战犯作出过很大努力，苦口婆心地让他们改造，让他们知道什么是人性和对所有生命应有的尊重，但不同国家的历史和文化传统到底不一样，三数代人下来，动用武力的“我武惟扬”意识又占优势，“南京大屠杀”这样的史实竟然被日本政府从教科书上彻底抹掉。两相比较，这不由得我们不去想。譬如说感恩吧，中国人说“得人恩果千年记”，犹太人与我们总会想一些办法来表露这种情怀。默默无语地坚守着对一段感情的感激、对一位故人的敬爱、对一些恩泽的思念，默默地坚守着一座墓，一守 2000 年！

留下的虽然是一座墓，却保存了这么长久和这么丰富的历史记忆与感情，看来长留久远的还是感情而非物体，只不过感情总得要个看得见、摸得着的符号载体来依附，来宣泄，来表达，好像长城、金字塔、烈士纪念碑……

五十九、放养与圈养

在哈马丹耽搁了一些时间，却汲取了不少养分，这就提供了不少关键词，足够在往德黑兰余下的路途上，作出各种与伊朗有关的遐想。

米底王国是伊朗人建立的第一个王国，后来被波斯人替代。北方的游牧民族从东方到西方，生存于一个环形的带状地区，都有一个特点，就是逐水草而居，既不安定又不安分，他们选择了野蛮，自由自在自我“放养”的生活方式！

开始时东西方往来的道路隔涉不通畅，游牧部落只能在一定地域内发展，免不了相互攻打和吞并，他们也把这样的冲突权当习武练兵。当其中一个部落壮大到一定程度后，为了更多的资源必然会挥兵南下，向生产力强和稳定的农耕民族大肆掠夺，然后往北回归或定居下来。

但定居下来的又会发觉很难适应农耕生活，所以地区动乱不断。就算有能够适应的，彪悍之气也会大减，一定时间内又会受到北方野蛮部落的入侵而生乱。世界于是就这样不断发展，游牧民族到处游走，不可能创造出先进的文明。农耕民族选择稳定生活，通过长时间沉淀下来的技巧、思想、知识、学问，创造了人类丰富多彩的不同文明，但从力量对比上看，文明的进程总是受到野蛮力量的破坏，所以人类真正的文明，磕磕碰碰地走到今天也所剩无几，野蛮的霸权却得到了很好的生存空间。这样的局面，想起来总会令人觉得遗憾，甚至产生疑虑和不安！

人类数千年来的生存和发展，如果要用大写意手法概括，大致不过如此！

野蛮的游牧民族大概是把南方的人看成是“圈养”的财富，择肥而噬。这个野蛮传统，在近代以工业革命为突破口迅速发展起来的西方国家深得其精髓，而且变化着用到经济和其他领域。通过制定规章制度，保证自己一方信息量的有利顺差和预先获知股权、期权、股票、基金等手段，变相而又隐秘地在全球掠夺财富。

古波斯人来自北方，看不起写作，认为男人的正经事是练武和打猎。游牧民族因为生存条件所限，都是这样认为的。不过这里我们要说的，是游牧民族中难得一见的宽大和仁慈。正是波斯征服者居鲁士在攻占巴比伦后释放了一万名“巴比伦之囚”，并把所有的犹太人放回西奈、放回耶路撒冷，犹太人的命运得到改变。在古代，一万多人的力量可以兴邦，也足以丧邦。

问题是波斯王国自身的生存，时间还是比较短的，300 年左右。据说是它的将领腐败，带着妻妾上战场，怎能不败？这是个可以想见的结果。一个君王，如果太过仁慈宽厚，部下肯定会慢慢疏懒腐败，这是人之常情。那么，中国的中庸之道是否可行，如不可行是否应该一切从严、可行又该在哪里划线？

伊朗被征服的次数太多了，有的征服者破坏得非常彻底，这对一个国家来说是非常不幸的。伊朗王朝早期的更迭，历史记录下来的不多，人们难以知道，更难成记忆，不过“波斯”这个名词，不仅世人知道甚多，而且成为一个世界有名的海湾名字，那就是波斯湾。中国人对波斯的认识，早于汉代，在安息之前，因为中国人与伊朗的人文、商业交往，大概是从波斯那些年开始的。后来名字更替，如安息、萨珊，都不如波斯来得亲切。

“五胡乱华”后一直到唐代，中土人士与西域人士的交往都很频繁，有不少波斯人在中国从商，做官拜相、舞文弄墨的都有，最有名的文人大概就是唐末那位被称为“李波斯”的诗人李洵了。

六十、文化寻根说开

到了伊朗，因为风俗习惯的问题，女士们开始受不了。这里的风俗是女性在公众地方都要用头巾包裹，但在外工作，天气又热，不习惯的人带上头巾自然会觉得碍事和不舒服，于是产生了不少矛盾。

“对这件事，外来人容易产生简单的想法，觉得这儿的妇女太可怜了，需要有一次服饰的解放，理由是这样的服饰禁锢了妇女的身心自由，遮盖了妇女美好的形体美，阻断了现代的社交活动和国际交往。”[1]

这件表面上看上去很小的事情，其实关系着整个民族文化乃至世界文明的命运。用西方的眼光看，这个理由似乎可以成立。用伊朗传统的眼光看，她们的行为恰恰是阻挡西方文化侵略的主要措施和有效保障。西方文化和审美观从希腊开始一直是放浪的，原因是希腊文化并不把妇女当作独立的个体看待，所以西方人说解放妇女，其实是鼓励妇女们像男人一样追求生理的满足。

于是，就是那一丁点儿的事，在西方永不过时。古希腊的传统，就是现代色情刊物、音乐、电影、网络的文化根源。不过，这还不算是最坏的，更坏的是这些场所和媒体，为了商业竞争和赚钱，都向极端发展，造成人性的变态和邪恶，无论对健康社会或天真儿童，都是癌症毒瘤！

中东国家在这方面的家庭观念，就像所有从北方来的游牧民族一样，与希腊的无所谓和性开放传统是格格不入、大相径庭的。两河流域的古文明，又如何能容忍希腊文化的个人主义和纵欲享乐主义？这大概是希腊文

1 余秋雨：《千年一叹》，作家出版社 2002 年版，第 272 页。

化一度、多度中断被灭的原因，不过也可能是它一再兴起的理由，因为没有自我约束和修身要求的文化，太能顺从人的原始生理追求了。近代西方依靠科技文明崛起，历史很短，找不到根源，要攀的高枝又是如此支离破碎，只能将就着用尽一切办法修补，诸多错综迷离、穿凿附会的情节，自然少不了。

明白了这些背景，如果有人仍然认为“妇女太可怜了，需要有一次服饰的解放，理由是这样的服饰禁锢了妇女的身心自由，遮盖了妇女美好的形体美，阻断了现代的社交活动和国际交往”。那我就要听听这些人真正、深层次的理由了，当然不是站在希腊人、西方人的角度看，而是从东方人的立场、中国人的文化角度看。东西文化背景是如此不同，而希腊文化的发展和成果，到底是多么优秀或松散懒惰、多么有竞争力还是不思进取、多么符合人类的道德规范还是沉沦堕落，到了今天我们都可以看得清清楚楚，历史的进程早就把一切舒展呈现。

还沉迷在希腊文化的美色中的人，我们也不能说他们错，毕竟“食、色，性也”，人的正常生理需要也不用假惺惺地加以掩饰，不同的选择是个人乃至社会的自由。古希腊人选择松散自由、不受约束，所以办事效率极低，很难形成合力，容易被别的文化淘汰。古希腊人的所谓民主选举，真要算起来却并不民主，因为妇女、奴隶、商人和一切没有身份的人都被排除在外，而这部分人却占当时雅典城总人口中的大多数。

伊朗被灭国的次数太多、遭到的破坏也太悲惨了，所以采取保全自身文化和国家完整的手段，是合理的。对外开放是大势所趋，但当今世界的部分主流文化，是极度的不健康，我们不能不顾后果地蛮干，结果一定是“自毁长城”，捡了芝麻而丢掉西瓜，事后要后悔就来不及了。伊朗人与西方国家打交道的时间、深度和广度都比中国人不知强多少倍，他们能够生存下来自然有他们的办法，足以令我们仔细思考、借鉴，而不是跟着西方一道逼迫他们变坏！说到这里，我们应该想想，我们是不是也变坏了，还能回头否？只要真正知道、理解自己身在哪里，一切都不算太迟，迷途知返，回头是岸，越早越好！

既然是自愿选择进入别人的国家，难道还要别人迁就你们几人不成？这样的思维简直就是霸权主义思维，一点不考虑主人的感受，如此逻辑，主人又该如何待客才算恰当？如果因为几个中国人而开了先例，那么其他人等、伊朗的归侨、伊朗受到蛊惑的年轻妇女，都会要求网开一面，到那时候，该如何收拾，如何划线，如何是好？

解决问题的办法其实十分简单。换位思考，世界各地各民族都有自己的生活习惯，五花八门全搬过来要求中国人去适应，恐怕没有一个中国人能受得了。反过来就是要求客人适应主人，全世界各地的人来中国，都能按中国的民风习俗生活，那么一切都会变得融洽。很多在中国广州三元里或其他地区生活的非法居民，他们不受欢迎的原因除了非法外，更有一些他们带来的传统、行为举止在中国水土不服。不要只看外表漂亮的包装，西方人的生活习惯，到了中国也一样，伤风败俗破坏中国数千年传统的道德准则，是不受欢迎的。

明白了这个道理，只要不是歧视，只要不是多重标准，只要大伙的处境平等一致，既然自己一心要进入别人的国家，又有什么可埋怨的？这不就是工作内容的一部分嘛！整天地埋怨，说这个辛苦那事难熬，都是缺乏生活体验所致。人不经历考验与磨难，哪能成才？都是花架子！

受西方教育而不思、不知、不明其长短所在的人，在中国占大多数，这些人只会站在西方的立场说话，却不明白是非曲直，所以做了西方文化的传声筒和帮凶而不自知，甚至心安理得，处若泰然，那是极度危险的。中国人喜欢随波逐流，对不合理的事又喜欢明哲保身，所以社会上不时出现难看的风景。中国每年出国到欧美的人很多，如果说是单纯地不知道，那就不是单纯那么简单了，那是天大的悲哀！无知与单纯都是被圈养起来的羊群心态，早晚要被消灭的。我想，中国人当然不至于那么无知，也难找到这么单纯的人，唯一剩下的答案，就是众人等装聋作哑，让一些不文明、不宜儿童观看的表演出彩了。

对很多事，古人都做得比我们好。古人知道“食、色，性也”，知道“饮食男女，人之大欲存焉”。所以心中坦荡，也从不避讳。儒家设五伦，规范人际关系，使中国成为礼仪之邦。一切事情的处理有节有度，就说敬老，虽七十可随心所欲，尚不能逾矩。至于“知之为知之，不知为不知”，是告诉人们不要不懂装懂，但懂的也不应装聋作哑，只为个人明哲保身！

好的社会风气是一切良好管理的基础。至于更高层次的精神素养，那就要正本清源，从源头上做起了。在中国，办法还是不少的，譬如道家、佛教的清心寡欲，修行敛性。此外，吐纳静坐，钓鱼书画、羽毛平衡术、叠石平衡术等，很多民间方法，都可以达到宁静致远的目的。

经历了数百年的屈辱，民族沦丧，所以滋长了些阿 Q 精神和崇洋情绪，不过我们丢掉的东西已经太多了，外表的衣冠可能不是最重要，但如果任由西方文化不断蚕食，像切香肠那样一片片地敲掉我们祖业的根基，到回不过头来的时候我们才明白伊朗人为什么对维护妇女的头巾和他们的衣饰这么坚决执着，太迟了。与中东人和伊朗人比，我们与西方人打交道的时日尚浅，应该虚心学习。

一个国家在经济崛起的阶段，管理上严与松的拿捏要恰当，很多法律层面的事不能过严，又不宜过松，更不好朝令夕改；建设习性良好、规范道德的社会风气、习俗，实在刻不容缓。今天所有大都市的电动自行车早已成患，再加上快递业的快速发展，交通秩序每况愈下，这些人不守规则的随意行为，养成习惯后拿到驾驶执照开车上路，能成为好司机吗？

六十一、兴趣的力量

离开德黑兰向南，第一站是伊斯法罕，下面的安排是设拉子、波赛波利斯，后向东拐到克里曼，进入危险地带，土匪出没，一直到札黑丹，一天一站，每站之间相隔五百多公里，全在伊朗高原。再往东走，就进入巴基斯坦了。

进入巴基斯坦，情况会比伊朗更严峻，有很大一部分区域并不在政府控制范围内。一个民间性质的采访车队，却因为拍摄对象是世界各大古老文明的源头，信息通过文字和带解说的录像，每天一发，向全世界的华人媒体撒放，涉及面不可谓不大。金字塔下的联欢、巴格达体育场的盛大庆祝转播活动，能不引人注目？结果将会是得失参半。现在必须面对的，就是不想要的那一半。

明知道前途危险，但文明与野蛮是伴生的，要明白文明，又哪能不面对可能要来的野蛮？我们已经选择了出发，就再没有其他选项。寻求政府的保护，在一些地方可能更危险，因为“极端主义分子”“宗教狂热分子”“反政府武装”“扣押外国人质”“制造国际事端”等，都不再只是新闻词汇，而是我们正在面对的、活生生的现实。有些政府外表强硬，对内实际控制的范围并不大，他们一些高层人物遇难事件的发生，早就告诉我们这条路指望不上。

车队在赶路，工作人员日夜忙碌，风餐露宿，只为捕获并每天准时发送那一组组的镜头和报道。经济发达国家的人民，是不会考虑这样赶路赶产的。当然，除了责任和时间的压力外，个人的兴趣，才是转化成积极动能的主要来源，而至甘冒风险，不避火石，向危险地带前进。

六十二、一日之计

早晨五点出发在伊朗高原上行车，看到的自然风景和人文美景同样令人印象深刻。

首先是明月。以前在别的地方没有看过黎明时分还有这样清澈的月亮，高原的空气就是这样不同，但不管怎样，离逝的时间会带着这片白光走出人们的视线，但不先不后地，同一时间在相反的方向却已唤出一片红红的晨曦，昭示着新一天的来临。短暂的时光交接，却不会显得匆忙，也不紊乱；白的告别红的，依依不舍，红的搀送白的，恋恋万分，于是乎日月同辉，就这样通天透彻，只可惜，这全都在大部分人还在睡梦中的时候默默完成。

“正这么想着，路上车子密了，仔细一看，一车一家，都在向我们车队招手。这也许是伊斯兰世界独有的（人文）风景吧，全家刚刚结束晨祷，便一起拥有了一个完整的早晨。为什么全家大清早要在离城很远的沙原里赶路，这不清楚，但这种情景无论如何是令人羡慕的。”[1]

这话真好，“全家刚刚结束晨祷，便一起拥有了一个完整的早晨”，一车一家地回家。这里面引人联想的关键词是：晨祷，家庭，大自然。

因为对宗教的虔诚，所以一家人起个大早到郊外清真寺做晨祷，做完后神清气爽再赶回城里，天天如此，成为习惯。但反过来，我们是不是可以说因为天天起个大早出城晨祷，大自然的清新空气和景色，不但令人神清气爽，而且可以感受到它的力量和美丽，把人的渺小和大自然的伟大衬托出来，令人对上天有所敬畏而更加虔诚。这是一家人一起的活动，更增

1　余秋雨：《千年一叹》，作家出版社 2002 年版，第 282 页。

强了一家人的感情和凝聚力。

想起了探访伊拉克时在卡尔巴拉清真寺的感受，也是一家一家的，并不喧闹。他们一心要找的是心灵的平静、精神的舒坦，黑袍宣示的，是所有在袍子里面的人，一律平等，再无世俗中的物欲富贵、阶级名利之分，然后全家在一整天的尽情享受后离去，两个月后再来。

然后，想想西方的宗教，有这样的功能吗？有的。好的教堂高大清凉，在里面静坐可以令人心境平静下来。不过工业革命后神权消退，早已大不如前。一星期一次的就在家附近守礼拜的宗教活动，也已淡化。至于家庭团聚的时间，一般是在用晚饭的时刻，围桌而坐。不过经过一天的忙碌工作，大人也只能疲惫地对付着家中琐事，饭后黄金时间又有电视台以极具吸引力的节目与你预约，家庭的凝聚力被冲击得支离破碎，社会的结构纤维也被拉扯得细如游丝，若有还无，能健康吗？

中国人西化了不过百年，却不知道要挑其精华，也不知道野蛮文化祸害之大，所以我们的西化过程，最多只能算是得失参半。东方的寺庙庵堂，本来都是修身养性清静之地，但国民西化后遭到很大破坏，本来的功能早被市场经济冲击得体无完肤，连少林寺也要企业化，然后上市，好让数千年的武术精华公之于众。西方国家一面用专利保护自己的知识产权，连简单的碳酸饮料“可口可乐”都要全球独营，一面又用市场经济和其他办法化解别人的自保，目的是图利。我们这一代人受到外人忽悠，守不住祖业，学西方又只知其然而不知其所以然，进退失据，全乱了套。

不管怎样，“一年之计在于春，一日之计在于晨”。古人早有名训，只是我们一般都做不到。伊斯兰教能够用这样的一个方式，不经意地就把一个好习惯作为一种家庭活动固定下来，让教徒既能享受到清晨之美，又能尽享家庭融洽之乐，也难怪能发展得如此迅速，覆盖范围如此之广。

过中午就到了伊斯法罕。这儿正好是丝绸之路的中转站，中国商人大多到此为止，再往西就交由波斯商人来处理了。波斯人精明，总是制造各种借口想尽办法阻挠中国商人再往前走。困难危险的路段交由波斯人来处理，把生产商和消费者分割开来，不让他们有接触的机会，生意自然只能由中间人说了算。这是波斯人的如意算盘。所以他们失去的不是一方，而是买卖双方。这两方的人都会想尽办法把路打通，于是中东难免战乱频繁。

中国商人，也有不怕危险阻碍坚持往前走的，对这样的少数人来说，这座城市就是他们的歇脚点。这一个“文明之旅”的摄制车队，没有选择，这个地方，就是个歇脚点。

六十三、居鲁士陵寝

今天旅途有点特别，也带有个人的专业色彩。

“我坚持否认波斯文明的雄魂在德黑兰或伊斯法罕的说法。……波斯文明的雄魂一定仍然在波赛波利斯、设拉子一带游荡，2000多年来没再挪移……那些寂寞的遗址很难找到，必须请伊朗新闻部门、文化部门和旅游部门的专家带路。他们正好也乐意，于是开出一辆面包车领头，我们的车队随后。”[1]

车队从伊斯法罕出发南行，开始时领队的车时速六十公里，几经交涉调整才转到八十公里，然后是我们把一个领路人接过来，以一百二十公里的时速推进。就这样来到一个三岔路口，被领路人告知其中一条通向居鲁士大帝的陵寝。

在岔路口找准了方向向前开，一会儿就到了。平野千里间有一石筑，约八米高，六米见方，由灰褐色的大石砌成。下面的台座有台阶，上到平台后是一个棺室，开有一个小门。整个陵寝架构未散，但显沧桑，再加上附近什么也没有，沧桑中更处处透着衰败、失落感，清风斜阳，光辉不再。它，就是一座孤坟。

在陵寝的东北方有宫殿遗址，也受到同一的礼遇，断柱残垣，点缀着古波斯史。我们摸黑走向前，当地的文化官员指给我们看一方石碑，上面用古波斯文写着：我，居鲁士大帝，王中之王，受命解救一切被奴役的人……我想，他至少已经部分地做到了。

“如果说历史像个舞台，那么走上台去的各色人等最终会划分出主角

1　余秋雨：《千年一叹》，作家出版社2002年版，第287页。

和配角……我们在黑夜里赶来，只是因为这里站立过一个真正的主角。这个主角太精彩了……因此，在我看来，这个民族的灵魂在此结穴。”[1]

人类的难于理解体现在很多方面。这里面牵涉很多方面的逻辑、理智、感情、道义，甚至是非黑白。譬如说古波斯领导人、征服者是仁慈宽容的，为什么结出的果会是民族的消失、国家的陨落、文化的灭亡？后它而起的罗马是个野蛮残暴的帝国，为什么却能扶植出一个至今仍然充满生机的意大利？就两者相比较，是非黑白都好像是颠倒过来了，这个世界的希望在哪里？有人会说这是个例外，世界还是好的人比坏的人多，不然人类不可能抱团生存至今。各式各样的说法都可以成立，因为我们都会找到很好的理由，解释我们犯过的错误，为所有我们说过的谎言打圆场，这一点不会错，因为这就是人性！

每每会有人说西方人的思维逻辑是理智的，一切依靠法律而不是个人情绪。欣赏西学的人对这个说法是很受用的，觉得他们的就是法治社会，比中国强多了，不过以上的问题他们却一个都解释不了。法律的应用不就是神权政治变相的延续和引申吗，只不过它囊括的范围更广，规范的条文也更细，方便日常生活中的操作。必须明白一点，人定的条条框框不管是通过神的指示或法律法院的尊严行使，始终都是人的意识行为。

同样的逻辑也应用到西医西药方面去。一般西医只能够在学过的范围内诊病开药。药都是现成的，就好像是法律条文一样。医生的职责，就是法庭法官的职责，一切按规章办。其中的差别，就是病人是自动找上门就医的，而犯错误的人是要缉拿归案的。行为有问题的人都会想方设法逃避责任、脱离法网，所以政府只好另设部门去抓人破案，环节上就多了个维持社会治安秩序的公安部门。这一切都好像离不开中国人的阴阳学说。

后人对居鲁士陵墓的处理，就像巴比伦城墙的遗址一样，没有了后人的感情纽带维系，同样只是个弃婴而已。就这点看，没有国家的人，是没根的。断了根的人，哪怕是居鲁士大帝，也已少人知晓。偶尔路过的，偶尔专程到访的崇拜者，都是少之又少，而且能做什么？

1　余秋雨：《千年一叹》，作家出版社 2002 年版，第 289 页。

六十四、霸主惧谎言

做父母最大的成就莫过于教养出有出息的下一代来，这样的民族才会不停进步、才能自强不息。这成就有两层含义：一是以身作则，作为榜样自己当然不能差；二是对儿女的管教要恰当，能够调动他们的积极性，让他们的潜能得到充分发挥。

做好一国之君需要雄才伟略，但当好父亲同样重要。中国的制度，除了一套既定的修身治国教材外，太子有太傅管教。为了维护太傅的尊严和权威，皇上会亲自主持拜师礼，充分授权太傅以便他代替自己履行职责。就这样仍然时有失误，可见育人之难，其难处在每人秉性不一样。

居鲁士的儿子残暴变态，数代后到大流士执政才重新恢复波斯帝国的尊严。他制定法律，统一度量衡，开凿运河，建立驿站，保证了一个强大帝国的有效运转。他在公元前 518 年在波斯波利斯建立宫殿，是当时波斯帝国的典仪中心。

这个遗址保护得还不错，占地面积很大，残存的柱墩、台阶、浮雕等衬托出来的当时气势，仍然清晰可见。其中一幅在阶梯边石壁上十几米长的连环浮雕，刻有各国使者前来朝拜纳贡的热闹情景。居鲁士和大流士认为天下各国应该平等往来，和平相处，要做到这一点必须让各国接受一种共同的秩序,同时绝对服从维系秩序者的最高意志。他们,居鲁士和大流士，就是最高意志的代表，所以自称为“王中之王，诸国之王”。这个概念一直吸引着后世的世界征服者。不管怎么说，波斯帝国以强大武力支撑着这一意志，大流士更要用一种仪式把制度确立起来，于是建筑了这一宫殿作为一年一度举行仪式的场所。

在这个八方来朝、举世腾欢的浮雕不远处，有一批刻在墙上的铭文，清楚地道出了这种气氛背后的权力依据，值得抄录其中一段：

“我，大流士，伟大的王，诸王之王，诸国之王，阿契美尼德族维什塔什卜之子，承神圣阿胡拉的恩典，靠波斯军队征服了这些国家。这些国家害怕我，给我送来了王冠，它们是：胡齐斯坦、米底、巴比伦、阿拉伯、亚述、埃及、亚美尼亚、卡帕杜基亚、萨尔德、希腊、帕尔特、扎尔卡、赫拉特、巴赫塔尔、索格特、花拉子模、鲁赫吉、冈达尔、萨尔、玛那……”[1]

这些直白而不加修饰的文字所透露出来的豪气，千百年后仍然闪烁耀目，令人震撼。被征服的国家又是这么一大串，其中更不乏曾经辉煌一时的旧霸主，现在一一归顺来朝，共聚在这宫殿厅堂之上，实在是难能可贵。主人踌躇满志之情，溢于言表。

所以为文如此，这大概是人与人斗争中胜利者自信和霸气的表现，必须清楚地让所有人明白他们各自的身份和最高意志的绝对权力地位，否则必然生乱，因为这样的和平从霸权中来，被压着的人不能不服。中国古人说以德服人者王，以力服人者霸，就是这个道理。

到了要再往上比较，那就是与天比了，有理智的人自然都会收敛一些。另一则铭文是这样的：

“大流士祈求阿胡拉和诸神保佑，使这个国家、这片土地不受仇恨、敌人、谎言和干旱之害。”[2]

大流士的智慧，从他的两段铭文中可以看出来。给人看的铭文，一定不能示弱，必须豪气干云，力敌万钧。给天看的铭文，是可以谦卑的。这是一个人对天一对一的祷告，已经剔除了世间所有人等的干扰和破坏，所以不只可以直言，而且可以坦言。

作为一个大帝国的最高领导人，和平是维系帝国内所有归属国的唯一正确理由，排除仇恨很自然就成为首个需要解决的问题。但是，只有没有

1 余秋雨：《千年一叹》，作家出版社 2002 年版，第 291—292 页。

2 余秋雨：《千年一叹》，作家出版社 2002 年版，第 292 页。

了敌人和平才能继续，所以敌人排第二位。

谎言不利于稳定，更不利于人际关系中感情的沟通和培养，而且它来得隐秘突然，也不需要事实根据，是杀人不见血的利器，唯智者能知之破之。问题却是，这位智者必须知道有这么件事，又不能是局中人，同时愿意对受害者提供信息消灾解难。所以大国之间奸细、间谍甚多，很多都是为了防范谎言和谣言的，但这样又惹来更多谎言和其他问题，让人防不胜防，所以被大流士列为第三。其实如果不是从帝国领导者的角度看，单从个人角度看谎言可以列四害之首。

社会上有名人士对谎言更是恨之入骨、惧之若洪水猛兽，但又无可奈何。如果谎言、谣言的出现是因为利害冲突，那还是有原因、理由可寻的。但社会的复杂性和造谣者的变异速度，比电脑和手机换代的节奏更快，不同的是电子设备虽然不具有道德判断力，但都是具有高度逻辑的；在网上制造谣言和谎言的人，可能什么都不具备。社会中空穴来风的造谣新闻，《千年一叹》的作者在自序中也有所提及。无论如何，我们可以不做君子，但绝对不能仿效小人。这是市场经济下社会风气的阵痛，待得全民进入小康阶段时，它是会改变的。

六十五、两代宗教

既然来到古波斯的腹地，参观完两位雄主各自有代表性的遗址后，该谈谈波斯的宗教了。这个古老的宗教世人知道的不多，我是从金庸的武侠小说《倚天屠龙记》中受启蒙的，算不得准，正好趁这个机会补上一课。

古人害怕黑暗，崇尚光明，学会钻木取火后随着对火的驾驭越来越得心应手，很自然地就产生了对火的崇拜。中国如是，波斯如是，希腊如是。大流士的铭文中经常出现的“阿胡拉”，也就是阿胡拉·马兹达，是拜火教崇拜的善良之神、光明之神。

波斯人很大一部分是数千年前迁移到伊朗高原的雅利安人，他们中一位名叫查拉图士特拉的在约公元前 6 世纪早期创立了拜火教。后来希腊人用自己的语言按自己的读法把名字改成琐罗亚斯德，所以拜火教又叫琐罗亚斯德教。另一种理解是希腊人用的是意译，如果我没有记错，Zoro 在希腊语里是“火”的意思。中国人用的是音译，而且是从波斯文到希腊文后的音译，变化就大了，制造出来的是毫无意义的一个词。从时间上看，拜火教可能是巫权时代遗留下来的最后一个宗教，代表第一代原始宗教的神巫，他们崇拜的对象都极富自然色彩，目的是纾解人的恐惧情绪，寄托希望。

第二代的宗教改变了这一切，也把人们从巫权时代带到了神权时代。以代表世人赎世的个人牺牲行为为主的活动，通过强烈的悲情人文色彩赢得民心，牺牲的人变成了救世主，凝聚了宗教信仰所需要发展的力量。其中最具代表性的当然是基督和从它分出来的东正教、天主教、新教等，其他的如佛教、伊斯兰教也有着差不多的人文色彩，这些由人创造的宗教不再突出自然，也不突出个人，而是以精神教育家、布道者的身份替普罗大众找寻心灵的慰藉，满足人们前世今生和死后来世的精神需要，目的当然也是以纾解人的恐惧情绪，化解心灵的空虚和提供生活下去的希望为主。

不过因为生存需要，所有宗教都不得不作出一些适当的调整，至于不能适当调整的其他宗教，那是因为教内无能人领导和无可持续发展的管理机制，迟早会被淘汰。在现存的所有宗教中，佛教是唯一非排他性平和的宗教，但所受压力极大，不断萎缩，结果剩下的可能就是两个都极具排他性的宗教团体——西方的正教、基督教和中东的伊斯兰教。在这里，排他性含有攻击性和不断拓展、推进、同化他人的意思。

拜火教也是很有攻击性的，它宣布对异教徒绝不宽恕，又宣布除波斯人之外的外国人都是劣等人，这等于是把自己逼进了死角，限制了自己的活动范围，又如何发展？拜火教的经典为《阿维斯塔》，据说是光明之神阿胡拉交给查拉图士特拉，要他到人间传道的。大流士笃信拜火教，所以拜火教成了波斯帝国的精神支柱。随着波斯帝国的湮灭，拜火教的神殿也遭到极大破坏，西方宗教的排他性于此可见一斑。

中国是怎么样处理同样问题的呢？这问题一说起，马上就区分开东西方文化主要的不同来。中国古代的哲学家、思想家甚多，但行动家却只有一位，那就是我们的有教无类的至圣先师孔夫子。他是一位教育家、传道授业解惑者。他说“知之为知之，不知为不知”。既然如此，他不能拿他不知道的神来蒙骗世人，于是立论以哲学、人文伦理为基础，制定五伦来确立人与人之间的关系，然后根据不同的关系制定一系列的行为准则，规定哪些是该做的哪些是不该做的，这样社会就调和了。这就避免了一些宗教因为不知的因素而需要假设的陷阱，因为一个假设而带出其他假设的烦恼。所以中国人其实是很讲究逻辑关系的，但中国人又注重长久相处的人际关系，所以讲感情，问题是如果个人修养不到位，这些感情难免不会造成枉法徇私、家族抱团舞弊行为，那就不是古人本来的愿想了。

宗教能满足庞大杂乱、五花八门，甚至是跨文化跨国界的群众精神要求，解答群众的疑惑，群众不需要多加思考，只要虔诚以对。哲学需要智慧，但填不饱饥饿的肚皮，同时不能满足一般人简单的精神要求。但世人之争，多因文化宗教而起，通过任何宗教都不可能达成和解，通过哲理逻辑，则是可以的，而且是唯一的理智出路。

六十六、我欲无言

我不相信在郊野废墟遗址中工作，我们的女士们还能够尊重主人家的风俗习惯？一定不会！真的这样，也没有听说过随行官员有什么不同意见呀？为什么偏偏总是要选在大庭广众之下，在不同人等混杂的餐厅里，拿掉头巾，好像是要叫板当地法律权威似的，当众发难，还有理了？

有人举例说到穿旗袍，这是偷换概念。宗教信仰要妇女戴上头巾，这可不是对衣服的需要。说到对衣服需要，如果去到美国某一州，当地规定妇女要穿上比基尼工作，我看可能真没有人会抗议，女的可能就会穿上然后卖弄一下风情，男的会很自然也很不自然地欣赏美色，只是无论如何，中国人做这些还是不能坦然，一定会是扭扭捏捏、惺惺作态一番，不是自己的风俗习惯，处处透着不自然的行为，又何来美？参与的人不美，旁观的人猥琐！这就是现在我们一些农村在庸俗西化的嬗变过程中与很多习俗传统不相适应下的丑态！说到这里，大家都应该看出来了，这是个对传统尊重与不尊重的心态问题，非端正心态和立场不能解决。

有人问新闻官："你在外国街道上见到过别的女人的头发和耳朵吗？"新闻官答："在外国我想，他们就是因为女人在外面这样抛头露面，所以离婚率这么高。"引来的是大笑和否定。

从这问题中我们可以看出当事人的思路和心态。在我看来，双方都有成立的理由，但思路迥异。

香港人是在西方口味的色情熏染下长大的，在商言商，商业社会人的心态不可能简单纯洁，至于对在相对单纯得多的农村或宗教色彩很浓的家庭中长大的人来说，他们与纯商业城市的人并没有同等价值的交流语言可用。

西方女人就爱在耳朵、头发上造文章，抹一点香水在耳后，再配上一对好看的耳环，头发轻柔飘飘，自信心也飘了起来。这是西方文化的传统，法国香水世界闻名，因为从前法国人不爱洗澡，香水的应用能解决问题。至于社交礼仪，相拥贴脸是男女的见面礼，不注重耳朵、头发又该注重哪里？其实一切都有源头出处，只有明白了才有可能理智论事。有共同点的会相互欣赏，没有的也就没有。都想不到一处，还哪会有其他。

至于离婚率，这可不是可以一笑置之的问题，因为理论是成立的。而这些，一直都是穆斯林教徒抵制西方文化侵略的最后防线，数百年能保留他们的文化服饰、宗教信仰、家庭和谐，正是出于这样的坚持。

可如今，几个早早放弃了很多自己文化传统的中国人，连自己的民族服饰都没有了，还振振有词觉得自己有权去做西方人的帮凶在伊斯兰教的国家挑战这批评那，想起来可笑，但心中总有点悲凉凄怆的味道，笑不出来。

又有人对伊朗的一位文化专家说，自己队里的是一群杰出优秀的妇女组合，哪怕是国家领导人对这些女士们的服饰提什么建议，她们都可以听或不听，根本不会当回事。你们看，连自己国家领导人都搬出来了，这像话吗？至于道理，就更不用摆了。

伊朗的文化专家说："我们这些人倒无所谓，但我们国家为了抵制西方文化，很多家庭在战争中死了人，如果这些家庭的成员看到你们的女士戴头巾有疏忽，可能会闹事……"

"他这么一说，我就激动了。我说：你们有自己的民俗原则，我们中国妇女也有自己的民族尊严，为了我们的民族尊严，中国牺牲的人不比你们少。"

跑到别人国家去作出这样的比喻，恰当吗？理性吗？

不过，有两句话还是比较中肯的。第一句：只有发展，才有尊严！第二句：只有尊重别人的尊严，才有自己的尊严！

不过，有问题还得问。关于第一句，发展需要代价，要付出什么代价才能换取尊严？会不会捡了粒芝麻而丢了个西瓜？付出的代价如果要刨了自己文化的祖坟根基而至不能恢复，值吗？当然，当年陈毅老总的那句“当了裤子也要核子”与个人尊严无关，与国家尊严却关系大了。这样去衡量大小得失，只能舍小求大，代价当然是要付的。

至于第二句，先分清楚宾主的关系，跑到别人国家里说这样的话，是客人不尊重主人的宗教和生活习惯在先，还教训主人并要求主人的尊重，在我来看，简直就是喧宾夺主！

六十七、好不惊险

今天要到札黑丹，伊朗的边境小城。

克尔曼也是个小城，早上六时出发，车子刚启动，一踩油门，就进入了沙漠。

中午时分到达一个很大的古城堡，城门狭小，有护城河。古城堡边有个小镇，叫北姆，据当地人说城堡是安息王朝的遗迹，有2000多年的历史了。这个古堡一直有人居住，到200年前才被废弃。那是殖民主义盛行的年代，一个2000多年前的遗迹终于被逼寿终正寝，人去楼空，给盗墓者做考古用，想来令人惋惜。

在沙漠国与国交界的地方，居住的人口不可能多，人文的传承往往却能久远，因为原生态居民基本上不受外界干扰。这个存在了2000多年的古城堡，应该就是个文物传承的好地方，只是近两三百年来世界的变动太大、融合的速度太快、财富的转移太乱、秩序的破坏太剧、科学的发展太快，这一切都不利于人类文明的延续和生存。很多事情还没有想好、很多城堡城墙还没来得及保护、很多文物还在地下睡梦中就被推土机破坏了，连根拔起，为社会的进步发展让路。

人类真是不可思议，年轻时追求新奇与财富，年老了又会怀古，只是年轻时意气风发不会想这么多，到怀古时连个像样的地方都没有。这样的文明更迭，有人称之为进步，而在我看来却一点都不健康。

从北姆到札黑丹都是危险地带，需要到警察局申请警车随行保护。申请时知道当地警力十分有限，经常要等很久，只是时间不等人，越迟出发越要冒黑夜飞车的更大风险，所以匆忙上路。

这应该是个正确的选择。在当地，警察是备受毒贩关注的目标，是与毒贩势不两立的，而游客，尤其是与当地局势毫无关系的东方文明之旅的摄制车队，充其量只是被绑架要赎金的对象，是有可能和平共处的。

于是，在车内满满惊吓意识和车外浓浓漆黑夜色的伴随下，深夜平安到达札黑丹。

快要离开伊朗了，禁不住又想起头巾这个问题来。这个国家的文化十分特别，如果把它看成是伊斯兰教国家，它又独立于阿拉伯世界之外。阿拉伯世界版图大，而且到处有油，自有其不求人的条件和底气。这个世界，有钱人到处都是受人欢迎的，谁还会干涉你的衣饰头巾，赚你的钱要紧。反过来看，假如戴上头巾是在沙特阿拉伯工作的必然条件，如果工资合适诱人，不要说中国妇女，哪怕是中国男人到了这个地方，也会照葫芦画瓢戴上头巾的。

伊朗势孤，也不如中东国家富有，但他们的有识之士却能团结人民，奋力推翻了美国支持的巴列维国王的旧王室政权，终断了伊朗西化过程的脚步，重新回到伊朗传统和伊斯兰教信仰的文化轨道上去。于是妇女戴上头纱面巾，也不参加西方的体操比赛、沙滩排球等衣服布料很少的活动，自然更不会穿上比基尼参加选美，因为他们追求的不是虚有其表的外在美，而是心灵上、精神上安宁的内在美。而我们呢？打着左转方向灯的同时把方向盘向右转，把“实用主义”的精髓发挥得淋漓尽致！

这可能是中国人的小聪明，但不如坚守立场的伊朗文人坚强大气！但是，我也知道，人必须要顺应时势才能生存得好，否则会变得吃力不讨好，那又何苦来呢？当然，当汉奸的人也有这样说的。

是非黑白，谁人曾与评说？既然搞不清楚，每一方都各有得失，那就不如坚守“中庸之道”这底线好了。人生苦短，风景线却很长，“风物宜长放眼量”就是了。至于伊朗的底气何来，为何能抵御希腊然后是西方色情文化的入侵而至于今，就非我所知了，但我会继续研究直至找出个中因由，因为他们这样的骨气和执着，正是我们不少人的短板。

我对古波斯的居鲁士大帝很有好感，因为我知道，只有自信心十分强大的人，才可能对敌人仁慈。这样的人和这样的文化，为人类艰难地留下真正属于文明的良好基因，可能这就是伊朗能够坚持自我的部分底气来源，值得全人类尊敬钦佩，我又怎么敢乱加批评呢？世俗流行的腐败文化提供机会放纵和享受，只为满足人类低层次天性的需要，但要抵挡却又很不容易。别人把它抵挡住了，而且是漫长的2000多年，也替远在东方的我们遮挡了不少风雨，我虽浅薄，尚知好歹，感谢还来不及，就算有点个人不便，也不会对值得尊重的朋友，说三道四。

六十八、实用与培元

今天是逗留在伊朗境内的最后一天。札黑丹很小，但在伊朗、阿富汗、巴基斯坦三国交界处，地理位置十分重要，进入邻国也很方便。因为战乱不断，这地方近年来已成为世界著名的贩毒区，治安自然不会好到哪里去。

有一位伊朗朋友赶来话别，看来伊朗人还是很感性的。从他那里，知道伊朗人并不把自己看成是阿拉伯人。朋友说："阿拉伯人入侵时，把希腊亚历山大都没有破坏的文化遗迹破坏了，情景十分悲惨。但波斯文化人厉害，没有像埃及一样废弃古埃及文字，一律改用阿拉伯文，而是阳奉阴违地只用阿拉伯的字母，拼写的句子仍然是波斯语。……波斯语因此而保存了下来。"[1]

看来除了宗教之外，波斯人还是尽了自己最大的努力把自己的文化、服饰、语言等在阿拉伯人的高压统治下延续下来，这是很了不起的事情。至于宗教的转变，除了拜火教的迷信残余不利自身发展外，西方及中东宗教排他性的强烈和手段的强硬，不是一般人可以理解的。阿拉伯征服者如果要求辖下所有地区文化统一，首先必然会要求所有人在宗教上归顺，有了共同信仰后精神互通的障碍就被破除了，而精神互通的合力是无比强大的。

朋友是个虔诚的穆斯林，他说："人类……应该共同接受一种至高无上的、公平而又善良的意志，使大家都服从，我们把它称为真主，……我知道，

1 余秋雨：《千年一叹》，作家出版社 2002 年版，第 309 页。

在你们看来，我们这个宗教在礼拜和生活上规矩太多太严，不方便。但人类不能光靠方便活着，你们中国很多伟大人物为了追求理想也故意寻找不方便……”[1]

言辞之间，我们不难理解大流士的族裔后人对自己文化、服饰、语言的尊重和维护它的顽强斗志，只是在宗教上却无能为力，因为一般人都会有精神需要，越是生活困难这种需要越是强烈。他们也知道自己科技落后，但却不会以牺牲语言、文化、衣冠服饰等交换。波斯文化人厉害，中国有一部分知识分子，早变得过于书生气，少了血性，更缺乏男人应有的阳刚，说来实在遗憾。

我真不好意思再谈别人的服饰、头巾、信仰，因为中国人变得太实用了，一切只要顺手就弄来。于是，我们的电插座圆方长扁，万国来朝，我们归顺，有问题时想接配也难；于是，我们发明了万能插座。但是，这显然不是个办法，而且十分浪费资源。人类不能光靠方便活着！

“实用主义”顾名思义就是用来对付现实的。当现实环境不太理想时，为了应付生存的压力，有些时候我们不得不利用它来对付现实。就是在这样的情况下，邓小平提出“白猫黑猫，抓到老鼠的，就是好猫”。但是，权宜之策毕竟不是那些掷地有声、不可更改的原则立场，它只能是因时制宜地，不断调整地适应着用，必须终止时它就不适合再用了。

“实用主义”的应用含有一点被动的意思在内。当局面从被动转为主动时，采取什么样的行动主权在我，那么，一切都可以从长计议，实用不实用都是选项。我们有理由寻找最好的选项。

“实用主义”也可以被等同为“拿来主义”，多快好省，省钱省力省时间，但底子不牢固，有些事可以这样处理，有些事却千万不能这样做。譬如盖房子，基础打不好，楼肯定盖不高，而且盖起来了也不安全，所以改革开放初期出现很多烂尾楼、危楼、豆腐渣工程等，都是侥幸心理作祟，是拿来主义带有的侥幸。做什么事，如果不能把来龙去脉弄清楚，把基本理论讲明白，总有一天会自食其果的。

1　余秋雨：《千年一叹》，作家出版社 2002 年版，第 309—310 页。

另一个例子就是中国的汽车工业，它是伴随着拿来主义的诞生而兴起并急速发展的。但很长一段时间内，中国的汽车零部件生产并不掌握在中国人手里。中国的老品牌“红旗”至今仍然蹒跚学步。到今日，中国已经成为世界产销量第一的汽车大国，中国的消费者不是力挺外国品牌，就是追捧全球独一无二、不成品牌的怪异合资：一汽大众，上海大众，长安马自达，上海通用，东风日产……在产销一片红火中自己民族的品牌却只能老老实实扮演配角，这就是拿来主义带来的严重后遗症。

拿来主义还会衍生别的毛病，如马虎随便，得过且过；不假思索，因陋就简。这样的人，难免会变得懒惰散漫。就拿译名来说，什么是“拿铁”呀，明明就是拉丁文“牛奶”；什么是“威亚”呀，不就是英文“钢线”“钢绳”！

古人费尽脑汁吟诗作词，连一个字的去留都长时间不断推敲，所以才会给我们留下这么多美丽的诗篇词句，到了我们这一代，却是这样不负责任和不争气，对得起我们的下一代吗？

我们很多的行业都有不少短板，除了明显缺乏“中国心”外，零部件也不全，如果不能尽早从速补上，临时的方便一旦被抽掉就足以令整个行业瘫痪。美国和日本在韩国、东海、南海到处搞局，其实是一直在为我们敲警钟。现在我们的大飞机项目也面临着同样的问题。我们商业上的竞争对手给我们设下的是一个怎么样的局我们不能得知，但天上从不掉馅饼，防人之心不可无。

办企业难，创业成功更难。任何一位白手兴家的创业者都明白一个浅显的道理，那就是良好管理者一定要从基层做起，因为他们就是这样一步步走过来的。他们会要求自己的儿女在自己公司的基层接受培训，放下身段，抛开架子，一个部门接一个部门地轮调轮训，直至接班人充分了解整个企业的运作，包括概况、文化、人事、所有部门的功能等，才会放手让下一代接管。

美国人忽悠我们说世界分工，很多元件、配件、零部件都不需要自己全部制造，可以通过全球采购的方式集成产品。别的不说，回过头来再说汽车业，中国国产车为什么很长时间一直没有竞争力，因为我们的车没这没那；没有自动转速箱，手动终究不便。要从外国买吗？第一，贵。用得上的国产车缺乏竞争力。第二，技术是垄断的。第三，自己用剩的或产能过剩的才考虑卖出。第四，产品技术过时才买。

他们会说他们的波音、空客也是通过采购集成的。不错，这的确是事实。问题是他们是为了节约经济成本才这样做，不是不能或没有技术储备，真要做起来他们可以很快完成整个生产链条的所有环节，完全自主不再依靠他人。这就像创业家要求自己的接班人从基础做起一样，只有这样，攥起拳头的每个指头才会连着所有关键要害。需要合力时随时聚拢成拳，但张开后指头自会各有所指，不会忙乱。

美国人给苏联经济开方，传授的是经济阵痛疗法，结果打散了苏联，把俄罗斯打回原形，到现在仍然未能完全恢复。对中国，他们绝对不会为我们出什么好主意！与狼共舞，就得步步为营，处处设防。拿来主义不能再这样继续下去了。

“实用主义”该用的时候用，千万不要上瘾，更不能养成习惯，要边用边修补不足之处，就像我们用电脑一样，时时刻刻加强防火墙，修补自己的不足和漏洞，分分秒秒预防敌人木马入侵，随时提防中毒！

中国搞建设速度很快，世人羡慕。不过话又得说回来，我们是被人用枪顶着后脑勺往前冲的，能不快吗？在快的同时，我们又有点像鸭子被赶上架，脚步歪七竖八的很不稳，而且有点乱。不过走到了现在，应该可以拿出点时间做做基本功了。当然，做基本功可绝不是走回头路，要带着创新意识、改革精神，走弯道超车。这样的做法叫什么好呢？就叫“培元主义”好了！

我们的所有行业，不管是汽车行业，电脑行业，大飞机制造业，零配件制造业……如果都能像航天航空这样高度甚至完全自主，就能从“培元”开始在基础上超越，在产品上创新，像“墨子号”卫星，不再存后顾之忧了！

放开手后能够随时抓得起来的才叫好管理。放不开手的不是好管理，放开手后再也抓不起来的是没有管理。如果要代入到制造行业去，能在需要时随时百分百独立自主制造生产的行业才算独立自主，和平时代非关键、非核心零件可以通过市场采购，那不是问题，但放手的同时一定要学会抓得起，否则必然受制于人。美国人向日本人采购零部件，都是这个道理，控制方一定是美国，控制权也一定在美国。不要被忽悠了，这问题一点也马虎不得！

PAKISTAN
巴基斯坦

六十九、进入巴基斯坦

离开了伊朗，就进入巴基斯坦国境。给我们办过关手续的是一个老头，可是用不到几分钟，就全办完了，与之前经过的所有国家比，实在是有天壤之别。这让我明白了巴铁的部分含义，但回过神来想想，这是不是有点不负责任、有点粗糙简陋呢？不对，应该这么想，从我们来的地方进关，过关前不该携带的早被拿走了，还有什么好查的。

进入巴基斯坦后往七百多公里外叫奎达的小城市赶，到得那里至少也在凌晨一时以后了。这条路紧贴阿富汗，听人说比札黑丹更危险，那么还赶路吗？当然得赶。我们没有一天不是在赶路的，有什么办法呢？

于是，又像两天前一样，不过那时是沿途四周无人，这次却是沿途人影幢幢。面对不明朗的情况，难免会疑云四起，于是车内比两天前添加了惊恐氛围更浓烈的，伴随着漆黑夜景，车队在凌晨平安到达奎达，只是气氛仍然有点紧张，整个小城满布军岗，找不到一个普通百姓。

巴基斯坦与印度本来同属一个国家，被英国人占领后成为英国的殖民地。在始初的蜜月期间，英国人惊叹印度文明的璀璨，无论在文学、数学、哲学、宗教方面都能找到很多很好的文物资料，于是在一面追捧印度人的同时一面把找到的、挖掘到的、抢到的、骗到的有价值文物运回英国，这些文物大概与其他文明的不能见光的文物一同藏在大英博物馆一角。到后来印度再没有什么可以贡献（包括钻石、宝石、珍宝）的了，就开始把印度说得一文不值，英国人又是如何忍受在一个蛮荒落后的国家生活的。印度文明先是变成了英国—印度文明，到这时候就只剩下英国人的文化（没有文明）了。

后来英国人被逼退出印度，临走前利用宗教、语言、利益冲突等多种因素先把印度搞得乱成一锅粥，结果是把印度分裂成四五个国家，巴基斯坦就是这样立国的，所以除了宗教外，巴基斯坦与印度有很多相同的习俗民情。

这是英国人一整套行之有效的政治手段，撤离香港前后都在耍弄着相同的伎俩，把肮脏的政治挑拨说成是民主行动。不久前一些年轻人（有港人也有外籍人士）搞起来的占据中环行动，就是明证。

七十、土灰色

半夜到达奎达，知道没有到伊斯兰堡的直路，都得往南绕弯先到离这里九百多公里的木尔坦。合计一下，没有选择，只能明天清早出车赶路。

因为人口众多，在进境后这里的景象已经不同。今天可以看个清楚，才一看，就知道这一趟赶路要糟了。

路况很差，但路旁的情况更坏。到处是灰土，灰土下面，不动的是全泥砖造的房子，时动时不动的是树木，动的是人。今天不是星期天，但孩子们都站在这里，他们的头脸衣服都像是用灰土洗的，找不到水洗过的证据，反正就是这个本色。树下是堆积如山的垃圾，垃圾上站着无数双赤脚。啊，对了，动的还有苍蝇，可能是动得速度快，一般还是黑色的。

有人说这里的老百姓极端贫困，少数权贵因受贿而暴富。他们又住在哪里呢？我们是在历史悠久并以富庶著称的印度河流域行走，景色怎么可能这样？车行了一千五百多公里后，一个结论开始形成：辽阔的印度河平原已经衰退，呈现出惊人的整体贫困。

“对于贫困我并不孤陋寡闻，中国西北和西南最贫困的地区我也曾一再深入，但那种贫困，至少有辛勤的身影、奋斗的意图、管理的痕迹、救助的信号，但这一切在这里很难发现。因此，惊人的不是贫困本身。”[1]

这里非常自由，自由得没有基本的交通规则和卫生规范，自由得可以在大路边随意潜建，自由得有那么多人在无所事事地闲逛。“我们已经在这‘国道’边看到五六十个小镇了吧，所有镇子的道路旁永远站满了大量

1 余秋雨：《千年一叹》，作家出版社 2002 年版，第 318 页。

蓬头垢面的人互相看来看去，从小孩、青年、壮年到老年都有，好像互相要看一辈子，真不知靠什么获得食品。”

“我们这次跨国文化考察，见到的最惨痛景象，不是石柱的断残、城堡的倒塌、古都的湮灭，而是在文明古国的千里沃野上，那些不上学的孩子们的赤脚密如森林。”[1]

这就是了。最惨痛的事，都是发生在文明消失前人还在的时候。因为有人，就有了感情纽带的串联，带出所有人都可以感觉到的情感来，不过这种在文明落幕中的感情色彩，永远是土灰色的！就算一时半刻还不是，谁又能抵抗岁月的消磨、感情神经无奈的短路、思维网络防火墙的保护和自我隔绝，道德情感的火苗被扑灭了，“人”还剩下些什么？也就是土灰色了。

已有充分的考古资料证明，印度河文明发生在公元前3000年，距今5000年了，大概与中华文明同期。从莫亨朱达罗出土的建筑遗迹看，很多私人住宅已有优良的浴室，而城市里的排水系统让今日的专家也由衷称赞。这种文明还传播到两河流域，在两河流域挖掘到的4300多年前的遗址里，有属于印度河文明的不少器物。

文明的发展需要很多的物质基础，除了优良的建筑和排水系统外，我相信还有不少其他东西。但我们知道，印度文明在3500年前不敌蛮族的入侵而灭亡，听说灭印度的野蛮人是从北方来的雅利安人，而古波斯人中有很大一部分人是雅利安人，这就难怪在大流士的宫殿遗址图像中会在突出的位置雕刻了印度人的朝贡，那是公元前518年间的事，即2500多年前。

虽然说中华文明与印度文明的起源时间大致相同，但中国有记载和能流传下来的发明、文物很多，生活需要和自我保卫的用品都有。这些发明，如抽丝、纺织、丝绸、毛笔、印染、炼铜、冶铁、马车、历算……都是在有文字记录前就存在的。它们的产生，需要很长时间文明的积累和酝酿，只是多长时间却不好说，一切需要看物证。至于四大发明、文房四宝和传道授业、有教无类的解惑机制，更是我们祖先智慧的结晶，也是中华文明

1　余秋雨：《千年一叹》，作家出版社2002年版，第318页。

的优良传统。在向文明迈进的路途上，没有充分智慧和自卫能力的文明不可能生存下来。

但光是足够的自卫能力就可以了吗？这问题是越来越难解答了。因为科学的进步，战争的前线和战场已经被转移到很多众人并不经意的领域：经济、农业、文化、医药、卫生、食品、教育、传媒、化学、病毒、细菌、科研事业……令人防不胜防。人类一天不能改变不文明的天性，就一天仍然是野蛮人。总是与野蛮人打交道，又或是变成野蛮人与野蛮人打交道，文明有希望吗？

印度文明走过的路，实在是有太多经验值得中华文明借鉴。虽然我们也知道我们有很多不同的传统和条件，在这里根本不值得杞人忧天，但人无远虑，必有近忧，如果我们不想有一天灰头土脸地生活，就一定要把问题总结好，千万不要心存侥幸，因为强大如美国，一边在算计着别人、贼喊抓贼的同时，却一边捧杀潜在对手，告诫自己不要疏懒。

中国人习惯于用公式化的理论作出统一的解释，对实际情况知之甚少，少数不负责任的人更有可能完全不知，这种疏于走动、懒于动手的风气，十分危险。反观美国，什么事情都先有实地实时调研报告或可行性报告，再在市场或沙盘上推演一番，没有把握的一概不做，但要做的一定利润丰厚，甚至独领风骚！这是科学的过程，值得我们学习。

那么，印度文明的生存环境为何如此恶劣？如果不能套用外敌入侵，又该有何说法？有人说印度完全独立已经有四十多年了，西方文明的英国还为它留下了世界瞩目的自流灌溉系统，振兴和自强的机会，可以说年年月月都很充分，但都失去了……不管是什么，都需要有一次文明意义上的反省。

“文明意义上的反省”这句话是说到点子上去了，但要真正老老实实地反省却是个大题目。第一个子题目：印度文明既然这么先进，为何在3500年前就退出历史舞台？第二个子题目：印度文明如何传承？这些都不好简单作答，不如挑出一个简单的说说。

西方文明并没有给印度留下些什么，有的只是他们在殖民时代用过的设备，大都老旧不堪，加上技术壁垒，关键的并不传授，当地人民接受后往往是一无用处。英国人在撤退前的种种恶劣行为，却不见有人提及。如果不是英国人在撤走前把印度仅剩的元气彻彻底底地打散，事情还有可为。但是，英国人太卑鄙狡猾了，使力都是在暗处，所以看外表并不明显，很难察觉。但是如非这样，印度怎么可能被分割成两个独立国家，并且相互不和，战乱频繁？独立了的国家之所以能够独立，英国人背后出力不少，这些国家的领导人和人民是知道的，当然会对这个阴险的敌人敬爱有加，一同来对付印度以免再度受到威胁。这些反应都是人之常情，如果发生在中国也会是一样的。就算动乱的人只是少数受益者，我们仍然要记住一点，那就是如果不是在极端的情况下，大多数人总是甘当沉默的羔羊，守着自己的一亩三分地缩躲在一旁的。这就是西方判断民主的大前提，从古希腊到现在的欧美，都是如此。

印度文明需要的不是灌溉系统，不是物质，是精神，是理性的共同行为准则，是一个民族强烈的自豪感、满满的自信心，只是被人硬生生割掉，弄丢了后，该如何找回？

好了，这里我们不能不提及的是中国在某些地方也存在的一些现象：有自由，非常的自由和贫困的关系；有政府管理不到位，因为管理缺席而造成的严重后遗症，人民只有个体，没有凝聚的合力，一盘散沙。

先说自由，因为我们的管治靠的是风清气正的父母官，支持这样管治的是浑厚单纯的民风习俗。法律非常简单，是辅助性的。所以出了问题，其一是人民自由度过大而被滥用了，其二是官员的自由度也被滥用了。出问题的原因是官员、人民素质的下降；素质的下降往往是因为管理上的不作为或不到位，引起人民不自觉地为了私利滥用自由。就说城市交通好了，我们的“三无”电动自行车骑车者，日后可能会变成汽车的驾驶员，但养成了的坏习惯可不好再改，再加上数目上疯狂发展的快递三轮车的加入，交通焉能不乱，这样乱下去，久必生害。政府职能部门放弃了自己的职能，这样不作为。很多事宜早不宜迟，越拖下去牵涉面越广，牵涉的人越多，也就越难处理。

世界上没有一个先进发达的国家是不稳定和无序的，这是一切经济投资、社会建设的最重要基础，更可能是唯一的条件。所以不要小看一些社会现象的出现，如果任由发展泛滥成灾，所有建设成果，不管现在是多么辉煌，以后都会变成遗址里的颓垣败瓦，可能是自己后人都看不到的人类遗迹。五六千年的创业守业后，这，会是我们要的吗?

现在中国政府的管理体系，从历史角度看，无论制度或架构，都是最有效和自由的，不过它们并不是最重要的要素，最重要的一点，是这体系必须是符合国情需要的。中国人聪明，而且爱耍弄小聪明，所以往往是上有政策，下有对策，执法过严群众不满，执法过松易于生乱。这个度其实并不好掌握。

经过了很多次对外事件，通过交涉、妥协、坚持（有关国家领土主权和尊严的，都必须合理坚持）、收场，尤其是 2016 年的南海事件，中国政府应该有自己的底气和方法来维护国家的尊严。国外事件，牵涉的是国际霸权势力，它们追逐利益的方向不会改，有钱人怕死的心理也不会变，只要我们保持足够还击的实力，不再挨打，和平就算是有了保障。国内的稳定团结，就是压倒一切的治国要素，也是中华文明传续的根本命脉。深层次地了解印度文明兴衰的历史，对我们绝对有好处。

七十一、美的哲学

巴基斯坦的车是一个文化现象，需要独立篇章说说。

巴基斯坦的车，代表的是一种文化传统的外在审美观，掺和着体态上十分夸张的造型，内里暗含的可能正是天下所有人民对自己国家强大的热烈渴望。

我们先从“美”说起。

“情人眼里出西施”，这句话首先要表达的是西施美，但这句话本身并无一定的价值标准，而且是非常客观地告诉我们，西施美是因为看在情人眼里。中国古代四大美人之一西施的美，是当时群众公认的标准，应该是得到社会认可的，但仍然要得到情人的接纳才算是美。这说明有些东西、事物价值准则的多元性，世人不能只拿一个模板概括一切。

情人眼里看出来的都是西施，不同的情人自然看出不同的西施来，至于西施到底有多美，甚至美不美，对所有局外人来说，已经不再重要。这个世界如果有情有爱，该有多好，因为每个人都可以有一个西施相伴，家庭哪能不幸福，社会哪能不和谐，世界哪能不美？

中国教育制度全盘西化之后丢了很多自己的传统东西，包括心学、理学，制度建构，甚至连人的审美观都大为改变，应该慢慢调整把丢掉的好东西找回来。每一个民族都有自己的特色，譬如说头发，罗马帝国时代黑头发就被认为是最美的，埃及艳后拥有的就是一头乌漆漆的黑发。当时在英国，黑发美被排在第一位，第二棕发，第三金发，红发是最末等的。

再说眼皮，现代国人很多就喜欢被拉上这么一刀，弄个双眼皮，觉得流行好看。其实很多人弄巧成拙，伤害身体不说，手术后生硬不自然的面相，表情机械，有点虚假，把人与人之间的距离都拉远了。古代中国最崇尚的是凤眼，不管单眼皮还是双眼皮，重点是外眼角必须往上斜，凤眼是富贵之相，眼的大小和斜度要各自拿捏，恰到好处为美。再说，很多西方人的眼皮也不是双眼皮，只不过她们眼眶深，无形中拉出一条上眼线，瞬间看去，好像是那么回事而已。至于燕瘦环肥，那就是各花入各眼，岂能一概而论。

中国人西化已经过了头，迷失了自我。西方的审美观以希腊人的标准为标准，哲学也一样，但我们不能全部无条件接纳，因为我们是一个文明古国，我们有我们的标准在先，西方的标准出现在后，本来这会出现冲突的，但我们太无原则了，伊朗人还知道在各个战线上继续与西洋文化斗争，我们的文化却这样不堪一击，一蹶不振至此！

我曾简略地介绍过希腊人对美、对性、对民主的态度，一切都很原始，表面上看好像顺从自然，追求生活中的种种美好，这本来没什么不好，但恋慕男童成为社会接纳的风气，却是伤风败俗，过于放纵的勾当！

我说过希腊是色情文化的发源地，所以他们的审美观也有问题。在民主原则下它应该得到尊重，但我们完全没有必要人云亦云，抛弃我们的人文价值观而接受西方的裸体文化。古罗马的战士是赤身裸体上战场的，现在还存在不少石雕为西方博物馆收藏；那大概是中国战国时期到汉朝间的事，上战场不好好保护自己，赤身裸体相互厮杀，看来是足够原始的野蛮人，又何来“美”？

大自然给了人类很多美不胜收的事物、景色，而我们却顾影自怜。其实人体本来就与其他生物一样，说到底不过就是个臭皮囊，可以为善，可以为恶，却没有美与不美。所谓“美”，不过是人类因生理上传宗接代的需要通过刺激产生的荷尔蒙而诱发出的欲念，它有挑逗刺激的作用，却不代表美！

人类对美色挑逗产生自然反应，由来已久，到今天仍然有很多人在通过它大发其财。希腊文化从一开始便走上了自由放纵的歪路，所以才会产生自恋自怜的变态心理，但没想到会被我们的文化人追捧，而且是到了不辨色情，只认其“美”的地步！

我们既要接受西方好的东西、好的教育理念，也要通过自己的思考，分清楚其中的“好与坏”，千万不要囫囵吞枣，只看外表的漂亮包装，中了毒还自以为是，对别的文化处处看不顺眼，里里外外都批评个遍。

我也知道，现代的美学要求色彩清淡，各种颜色总是以粉色为主色，讲究低调调和，而不是观感上的刺激。但还不是那么久之前，全人类追求的却都是浓妆艳抹，因为虚荣心要求我们高调显示自己，而至自己的所有，如衣服、摆设、打扮、车马……十分需要强烈的色彩刺激我们的观感，让时间过得更充实、欢愉些。

巴基斯坦人的审美观，与我们农村的乡亲没有太大的区别，也与西方的一些农村相似，不同处只在文化传统上采用的素材。看来农村人过的日子比较单调，总希望发生一些什么事来冲击一下神经情绪，调剂一下平淡得像一潭死水的生活作息。在经历过两千公里的土灰色后，难道我们不也一样想吗？

问题之所以变得尖锐可能是因为巴基斯坦的车的“高”度和“高”姿态。车从被制造出来就有了车的文化，到今天汽车普及成为大众代步工具的时代，我们对汽车自然都会有高度划一的认同感。当这个共识被打破，由看起来好像是不伦不类的物体替代时，自然会令很多人觉得不舒服，甚至抗议。

也真是的，好好的一辆车，经过风洞测试和空气动力学的计算而减到最少的空气阻力，经过底盘整车的调整而得到最好的平衡重心，经过精心设计而得到的最高安全指数，都泡汤了，全都让位于无知的追求，至于追求什么，我们并不知道。当掺和着十分夸张体态的车出现眼前时，我知道暗地里一定会含有一些心态、一种盼想；是人民攀比斗大的虚荣心作祟、是长期对国家强大的渴望。

人民对美好事物的向往，甚至渴望而不可得，是会有很多不可思议的反应的。这种渴望，是一种动力，如果政府能够把力量往好的地方指引，慢慢的一切会走上轨道变好。巴基斯坦的“无比自由”，却是因为政府的不作为而来，人民又哪里去找方向，更不要说轨道了。这样的“自由”不好，同样地，自私利己的自由，很容易造成失序，也是祸害无穷的。

“美”是一种哲学。审美观却不是，可以任由人裁剪。既然这样，就各适其适好了，也不批评他人，更无惧别人如何看自己，就可以了。当然，利用所谓的人体美来进行变态的、假装文明的色情文化，另当别论。

在这里不妨狗尾续貂说一个有关“美”的故事。有一个印度妇女因为抗议丈夫另有新欢，不顾家庭，被丈夫泼硫酸毁了容，半边脸严重变形，一只眼睛瞎了留下一层被侵蚀过的皮盖着，外出只能用头巾把半边脸遮上。这样丑陋的容貌当然会给人带来很大的不便，加上邻居们都以厌恶的态度对待这个女人，认为她肯定做了些不好的事才会招来狠心丈夫的毒手，附近的孩童们也在大人的不良影响和纵容下经常作出一些很伤人心的不恰当行为。一个社会上的弱者因为对自己人生幸福的追求和基本权利的勇敢争取，换回来的却是一连串的打击和社会的唾弃。这女人默默承受着社会对她的不公，同时知道不会再有人愿意对她施加援手和照顾，于是在外面找了一个小地方以替人化妆勉强维持生计。出于女人爱美的天性，她也会替自己面对世人的那半张脸，细加打扮，但不管她如何努力，在世人眼中早有定论，无法再“美”。

这是在深圳卫视看到的“笑面生活，勇敢人生”的节目部分。我们都是俗人，所以大都只看到表面的美。其实表面底下的美与丑，才是触发人类心灵情感的敏感地方，只可惜我们早早便学会了保护自己，这地方并不经常开放。印度每年被泼硫酸的妇女不少，先不说受害者的对与错，伤害他人身体本来就是不能容忍的犯罪行为，但社会对犯法者轻轻放过，却对受害人投以厌恶的目光。这大概就是人类对外表的“美与丑”的最自然反应吧！不过这更说出了问题的严重性，因为受害人不仅身体受到伤残，内心的创伤与打击更是终生不会平复！

记者在店里做了一些采访后便约被访者来到她家里继续访问。家就一间房，里面很乱，也很简陋，地面上有蟑螂出没，也不怕人，早到了熟不拘礼、往来随意的地步。记者接受了这位坚强的女人替自己做一个脸部化妆。我想，理由是简单而明显的，因为在整个化妆期间，两人并无太多的对话。记者乖乖地坐着，眼角的泪光却总是隐隐约约地不停在镜头中掩映。化妆师情绪倒是异常平静，并且不停地找话题暖场，这可能是出于工作习惯和职业上的需要吧。但这样的半点平静不久便被邻居们的急速敲门声打破了。邻居们对记者的采访对象早有偏见，现在更不满她把外国人带回家来采访。当然，在邻居的眼中，直勾勾的都是厌恶。

在这一刻，我看到了一个以半张脸做人，却不得不终日默默承受着社会不公与生活压力的坚强妇女的“美”。从她在家里出示的旧照片看，她曾经也很美，但却因为他人的丑恶行为变得无法再美了。种种的冲击，重重的打击，并没有冲垮这位妇女的生存意志。她没有对犯罪的人报复，也没有对唾弃她的社会发表牢骚和不满，只是独自一个人笑面生活，勇敢地面对人生，这是一种心灵美。世人可能无法接受她现在的容颜，因为我们无法把表面的丑说成美，但熟络了、习惯了后，表面的东西会变得不那么重要，心灵的美才是最重要的。诸葛亮用人唯才德，娶妻也是如此，并不追求美貌，所以孔明一生心无旁骛而成大业。东西方对“美的哲学”看法有同与不同，而不同之处，排除掉肤浅，加入丰富的人生阅历与体验，也是很美的。

在同一刻，记者通过接受化妆安静地坐着，尽管环境不算理想也没说什么，只是眼角流露出的人性光芒，把内心的话语，早说清楚。这个妆不管化得怎样，一定是最美的。

七十二、伊斯兰堡

伊斯兰堡是巴基斯坦的新首都，只有几十年的历史。

新首都没有什么负累，按照现代大城市标准规划落成，干净利落。如果不是在这个国家走完了两千多公里的腹地灰头土脸地进入“京城”，很难想象首都与其他地区的生活水平与居住环境竟能有这么巨大的差别，而且差距的两端，好像连过渡都来不及安排便已交割完成。无论怎么说，这都不像是件正常的事。

伊斯兰堡附近有些值得寻访的地方，如白沙瓦、拉瓦尔品第和塔克西拉，犍陀罗的艺术的中心。

塔克西拉的遗址很多，有一处叫赛卡普，是希腊人在公元前 4 世纪攻打印度时留下的军营。当时亚历山大带领八万多人的部队到来，分两个地方驻扎，但离开时把很大一部分部队留了下来，驻守建设，并融入当地人的生活。

希腊人的社会结构很特别，说父系它不是，因为孩子并不知道父亲是谁！说母系它也不是，因为母亲除了生养外并不参政掌权。这就导致当时希腊人到处为家、随遇而安的水手特性。部队出征后留下来正好方便驻守和建设，更有助于与当地人打成一片。如果有一日归路断了，回不了家乡，那也无所谓。当时的希腊、罗马都只是城邦郡县，并无国家观念。这一点，与中国人落叶归根的家乡观念差异很大，所以后来郑和七下西洋，基本上就像一支商业大军在路演，没有留下人也没有开疆拓土。中国人到西域屯兵长期驻守，那是后期的事了。至于侨居南洋，都是个人行为，很多时更是无奈之举，所以虽然不少中国人在海外侨居，而且时日久远，始终不成气候。

英国人在“日不落帝国”时的疆土版图很大，虽每地驻军不多，却全是打出来的。英国人每到一地，都不急于做生意赚钱，而是先成立政权和当地的警察部队，在驻军监督下有条不紊地接防，维持政权和当地治安的稳定。到今天，英国人仍然每年有一天让“退伍军人协会”在英国人管辖范围内四处卖旗筹款，所得全归退伍军人这个社团福利之用。退伍军人协会所卖小纸旗上的图案，是一朵漂亮的罂粟花，它代表退伍军人的荣誉，但对在鸦片战争中落败的中国人来说，这又是个什么说法呢?

有人问:“亚历山大明明是千里侵略，为什么这里的人总是用崇敬的口气谈起他呢?”这个问题问得确实是非常好。西方人呢，倒是有点认同我们的观点了，却很自然地就把我们看成为黄祸的源头。于是中国人被夹在中间像风箱里的老鼠，里外不是人，而我们很多人却在这么多年后仍然沾沾自喜，分享着别人的骄傲，分担着不该有的骂名。

亚历山大是马其顿人，与希腊的关系可能只是城邦的邻居关系，但他的名气太大了，骄傲的希腊人自然要把他的户口迁过来，那是一样的道理。亚历山大攻占波斯后，带头与大流士三世的女儿结婚，与他同日结婚的马其顿军官和波斯女人多达一万对。当时宗教的影响力不大，甚至可能没有，所以各民族人与人之间的关系没有那么多的分割界限，并不复杂，英雄主义还是所有民族共有的一种普遍心态。人类开始变得不理性是后来的事了。

一直是从西往东走，所以会不停地带上些已经经过的地方的色彩，我想，西方人往东走，应该就是带上这样的目光看事物的。反过来看，那就是东方人带着东方人的眼光一点点西移，在每一个过程中都忘不了之前刚走过的路、看过的事物、欣赏过的人文风景与自然风景，然后慢慢吸收接纳。可惜我们失去了这样的机会，是在枪炮压迫下囫囵吞枣地走向西方，全盘西化的。其恶果就是我们整体地失去了分辨好坏、真伪的能力，我们的东西经西方人的一番吸收、改造，重新包装，然后开始创新，文明的连贯性被人为地打断，只为可以在西方有一个崭新的开始。于是，工业革命来了，而我们再也看不清楚我们自己很早就曾经拥有过的东西，开始有人妄自菲薄，迷失自我，丧失自信，“阿Q精神”开始蔓延，还好马上就被鲁迅先生看破，把它点了出来。不过，这都是题外话。

现在到了南亚的塔克西拉，是该好好观赏一下犍陀罗的艺术文化了。犍陀罗是这一带的地名，公元1世纪曾为大月氏人建立的贵霜王国首都，也曾称为犍陀罗国。不过犍陀罗艺术范围稍大，包括阿富汗南部发现的佛像艺术。

七十三、玄奘和法显

塔克西拉有一座国际佛学院，在山上，是乔里央的讲经堂遗址，等级很高，很多国际僧人荟萃于此，也是唐代的玄奘停驻过的地方。为了纪念玄奘的进驻，后人为他修了一尊完整的雕像，就安放在他坐过的位置——僧人打坐台。

“唐三藏取经”这个故事很多中国人耳熟能详，版本很多，其中当以《西游记》流传最广。不过虽然名为取经，实则是沿途寻访、探讨和与有道人士交流经验、心得。玄奘在天竺讲经是经历过严格考验的。他进入天竺后的第一场辩经会被安排得声势很大，结果当时所有在场考验他的天竺高僧，一一被他折服。玄奘并不是第一个去往西天取经的人，但却是最成功、最负盛名、最有收获的佛学家。这说明一个道理，我们做什么事都必须先做好充分的准备，然后坚持，否则就算不输在起跑线上，也必定会与成功擦肩而过。

玄奘也曾在这里讲过经。据说当时来听讲的各地普通僧人到对面山坡上搭起一个个僧寮，可见当时佛学之盛。玄奘大约是在公元 630 年到达犍陀罗的，他的经历后来在《大唐西域记》中详细地记录下来。

究竟有多少人比玄奘先到天竺，我们知道的有法显一人。他比玄奘早 200 多年到达犍陀罗，那是公元 402 年的事了。法显的经历，显然对玄奘起到很大的鼓舞，因为法显翻越帕米尔高原时已经是六十七岁了，而玄奘翻越时只有三十岁。

法显是为了考察印度河、恒河流域佛教文化的起点而去犍陀罗的，之后这位古稀老人去了今天的斯里兰卡，从海路到印度尼西亚再乘船回国。回国时已是七十九岁了。法显从八十岁开始翻译带回来的佛教经典，并写有旅行游记《佛国记》，直至八十六岁去世。

这两位中国佛学家给我们的遗产不仅是在宗教信仰上的，他们的探险精神、实干、适应的能力、不走寻常路的开拓活动，都是后来中国知识分子所缺乏的。做学问的人就应该具备他们这样的能力和特性，寻找、追求学问之源和理想，以充分足够的行动能力弥补学问经验的不足，不应贪图逸乐，更不能贪生怕死，躲在象牙塔里闭门造车，这样的后果是人的能力会退化、思想会僵化、胆色会弱化，也就难怪一些束手束脚的中国书生被人看扁了。

法显的成就更为难得，因为他冒的风险更大、逾越的困难障碍更多，毕竟六十多岁的人开始这样的壮举，如果没有强大的精神力量和健康的体魄，是难以做到的。支撑法显的精神力量是他的信仰，虽然唐代中国的物质条件已经很丰富，但还是有很多的不足，这样相比，就可以明白精神的财富和力量远比物质重要。

七十四、玄奘西凿

游牧民族和农耕民族的活动范围不同，生活方式不同，生产力和生产手段也不同。游牧民族追逐水草而居，活动范围很广，但也有一定范围，不能随意扩大的原因，主要因为好的牧地早已有主，任何改变就意味着战争；农耕民族是靠地、靠天吃饭的，一般不爱走动。对农民来说，走四方就已经是走得很远、很不安分的行为了，如果不是因为有灾年，个人难得出外，更不要说一家子动窝了。

比走四方走得更远的人是商人和军人。商人是主动的，就跟游牧民族追逐水草那样，只不过商人追逐的是利。正是这些不怕苦不怕死的商人在亚欧大陆上走出了多条世界闻名的丝绸之路来。军人受调动四处出征作战，保家卫国，任务完成后留下来驻守的活动范围是有限的，而且目的、地点都十分明确，没有太大太多的自由发挥空间。

中国是个守势的大陆国家，与游牧民族和海权岛国、海岸诸国都很不一样，所以大多数中国人不喜欢离乡背井的探险活动。孔子不也说过"父母在，不远游"吗？于是，出家的僧人，四大皆空，既免却了红尘俗世、繁文缛节的约束，又没有了家族眷属的牵挂，行脚游走，到处为家，遇到庙堂更可以挂靠投宿，不费分文，在大自然中陶冶性情，也是十分惬意的事。不过，这只是一般的僧人，法显、玄奘却是有信仰而且有目标的僧人，他们能为常人之所难为，可以走得很远。西方的传教士，也是一样，只不过他们的教会早已远离宗教而与政治势力勾结，在政教合一的管理体制下，西方的僧人经常被利用，为政治需要作出有辱教体的事来。

法显是5世纪初到达天竺的，离释迦牟尼创立佛教有900年了，离阿育王护法也有600多年，佛教已经进入大乘佛教发展的中期。玄奘来得晚，正好赶上了大乘佛教发展的后期，也幸运地遇上了古印度史上最后一位伟大的君主戒日王，对玄奘优礼有加。戒日王之后，佛教衰微，以后就进入了密宗时代。

有两个问题经常困扰着我，一个是为什么佛教没能传到中东一带，结果是400年后出现了正教(天主教)? 另一个是宗教、哲学的不断继承、发扬、研究、探讨，总是以新的宗系和另一种流派变换着出现，但都不是结局。哲学的结局却不一样，它可以让一种理论保持完整，可以让它传承发扬，如果真有需要横生枝节，那就是另一个哲学流派了，就如武术中青出于蓝的徒弟叩别师傅，另立门户一样。事物的这种发展，在不停延伸，却没有绝对权威的答案出现过，当然也就没有所谓的结局。只是人还在争，还在想，还在寻找这个若即若离的彼岸。对一般人来说，简简单单的道理，能说得明白就够了。脚踏实地、实事求是，这就是我们生活的主旋律。

我想了又想，找参考书不一定能找到真正的答案，因为西方的历史本来就不太可靠，且不管它们说得有多好听或包装得有多漂亮，大都与事实无关，它们有太多现实利益需要照顾。我们难得遇上一个敢言直言的美国现任总统特朗普，以他的身份地位，他多次公开说出美国舆论及传媒业界的虚伪脸孔：弄虚作假，无中生有，编织故事，然后加上漂亮的包装，欺骗世人，都应该是错不了，这更应验了前总统林肯说过的话，谎言不可能说上百次就成事实!

于是，我只好通过很多资料分析梳理出一些可能性来。第一个问题的可能答案是佛教太和善了，不适合野蛮的西方人贪婪好斗的胃口，要感动野蛮是一件很不容易的事。这样的分析就算符合逻辑，要找参考书也不可能找到。所以我们一定要放下思想上的包袱，为人类文明的未来和出路用自己的良知、爱心好好思考。

同一道理，儒家思想通过蒙古人打通的亚欧大陆通道和意大利传教士的翻译传到欧洲后，确实是引起了一轮轰动，但终于不敌传统政教合一的力量和野蛮的基因，东方的哲理道德文明失去了一次在欧洲发展的机会，倒是伴生的科学文明部分实用价值大，很快便被利用起来并迅速发展。

印度很早就产生过高度成熟灿烂的文明，后来因为从北方入侵的蛮族雅利安部落逐渐向南扩张，开始了吠陀时代和史诗时代。正是这个时代的统治需要，孕育了早期的印度教。尽管后来因为印度教造成的种种不公，唤起了一些人的觉醒，产生了一个新信仰——佛教，并盛极一时，却因过于平和慈悲，丝毫未能动摇印度教的统治地位，反而在一阵热潮过后趋向平淡，终至几近灭亡。后来阿拉伯人入侵印度，把伊斯兰教也带了进来，伊斯兰教是生根了，却未能取代印度教的地位。英国在第二次世界大战后撤退，印度分裂成数个国家，其中印度仍然是印度教国家，印度教在这里占据着无可争议的统领地位，其他如巴基斯坦、孟加拉国等成了伊斯兰教国家，余下的是否仍有佛教国家的存在就不大清楚了。

塔克西拉曾经拥有印度最重要的一些高等学府，无论是社会科学、自然科学还是医学，都很发达。一位西方历史学家说，这地方的学术地位，相当于“中世纪”的巴黎。不管西方人的说法或高或低，这里的文化很早成熟已是不争事实。它的衰落，同样也是不争事实。

一个更大的问题出现了。平和理性还是野蛮好斗哪种更能为世人接受？平和的佛教不能在西方生存却在中国生根，现在看来好像对中国并不是件什么好事。中国的儒家学说已经够平和（不排除部分封建意识的非理性）的了，佛教在自己诞生地印度尚且不能生存，还用得着说其他吗？这个问题，好像一下子上升到中华文明继承传续甚至生死存亡的高度上来了，问题变得复杂，估计最重要的思考还是文化传统和信仰。

那么法显和玄奘带回中国的，到底是些什么东西呢？从学术层面看，这些经典学说都是人类智慧的结晶、文明进步的见证，宗教哲学的精华；从个人修养的角度看，它们都很有价值，给人带来良好精神食粮；但要是上升到国家民族的高度，就完全不是那么回事了。这些经典都是软弱我们决心、削减我们血性、腐蚀我们斗志、混淆我们最基本的生存逻辑的精神鸦片。

不是它不好，是世道太坏，霸权当道。人善被人欺，马善被人骑。一个人平静和善、不作恶、不贪婪、不揽权，社会内部比较祥和平静，只是它是以丧失对外的战斗力和竞争力来换取的。在这个西方主导纷乱不断好斗的世界，对国家来说，佛教并不适宜。

数千年历史证明，我们只需要伦理道德哲学和逻辑智慧，以家庭宗族为社会基本单元，通过邻里间、乡亲间、人与人之间的相互关怀接济，提供温情温暖，和谐社会是可以建立起来的。

七十五、鹊巢鸠占

本来今天要启程去印度，先在拉合尔停留一天，然后入境。团体活动总有很多意想不到的事发生，个人如果可以不去凑这份热闹，也就可以腾出一些私人时间来，正好补写一些有关佛教的问题。

问题可以分哲理性、宗教性和政治性的来讨论。与中国的孔子、老子、墨子等不同，佛祖虽然也是人，但他的理论经典，早已被世人升华到宗教层面，所以这里哲学和宗教也只好混为一谈了。剩下的，就是政治因素。

“佛教是印度文明的最高成果，其立论之明丽、境界之深邃、逻辑之严密、气韵之高华，在世界宗教领域也独领风采。而且，由于阿育王、迦腻色迦王和戒日王等君主的提倡弘扬，佛教曾在印度发展到极大的规模，即使仅仅读法显和玄奘的描述，也已可稍稍领略那种花团锦簇、百凤来仪般的繁荣，但它为什么最终反被印度教所压倒呢？

“……佛教从一开始就反对印度教有关梵天造物的说法和偶像祭祀活动，也不赞成等级森严、割裂人性的种姓制度，而是集中智慧思考人们如何通过熄灭欲望、无我无执、博爱众生而进入宁静解脱的‘涅槃’境界，成为彻底摆脱人生苦厄的觉悟者。”[1]

这些评价都很中肯，世人应该没有异议。人类的智慧，能达到这么高的境界，实属难得。但好的东西不一定适合我们的生存。在恶劣的、船坚炮利主导的、弱肉强食的现实环境下，生存需要勇气、胆色、勤劳和智慧的配合运用，这与佛教的理论全然是格格不入的。人类文明的可悲就

1 余秋雨：《千年一叹》，作家出版社 2002 年版，第 341 页。

在这里。

印度教是游牧蛮族雅利安人占领印度后逐渐建立起来的半神巫半宗教式的神权政治的神权纲领，通过绝对隔离的种姓制度和神巫宗教的精神麻醉，少数的雅利安人顺利地把当地占多数的、文明程度很高的、秉性善良的原印度居民打成贱民，然后通过宗教信仰给出一条来世的出路，让这些平和的人民进入一个不停轮回但子孙后代却永世不得翻身的绝境而不自觉。佛教要给出实质性的出路不就等于是破坏印度教执政的政权基础吗？这又如何得了。我对印度教并不很了解，本不应妄加议论，但事情明显地不公，却又令人不得不说上几句。我不相信印度教的不排外性。就像所有的西方宗教一样，排外是天性，也是一种必然性，不然攻击型民族就不具备攻击性了！

按照这样的逻辑和佛祖释迦牟尼的王室背景，佛教在印度开始时的辉煌是可以想象得到的，因为它与世无争，真正的不排外，如果不然，它也不可能享受这么长的一段美好时光，但在它失去了君王的礼遇后，它的凋零也是可以预想得到的。卧寝之旁，岂容他人酣睡！说的就是这个道理。

印度教的影响我们都应该可以感受到，曾经有印度朋友向我炫富，说他们国家是如何如何富有，在世界排名有多靠前，我听后仿如天方夜谭，当然不相信。后来经他解释，才得以明白。原来他们的算法，是把所有贱民排除在人口单位外，全算进牲口类。这些“人”只是“会说话的牲口”，这“种姓制度”对我的震撼，久久不能平复。我当时就对自己说，中国人呀中国人，我们可千万不能沦落到这样的境地，我们一定要站起来，站得笔直笔直、稳稳当当的，是个堂堂正正的人样！我们的文明比谁都悠长，我们的进化比谁都要早，天经地义的事而已。

倒是印度，古印度原居民的肤色都较黑，那是因为南方阳光过于猛烈充足和雪山反射的缘故，但却被北方来的皮肤较白的雅利安人提供了迷信借口把整个民族打成贱民，文明的成果也被别人剽窃的剽窃、顶替的顶替，自己还莫名其妙地左顾右盼，不明所以。数千年前令人心酸的事，现在看来，只不过是个鹊巢鸠占的故事而已，谁会关注？

看来雅利安人到哪里都不干好事，对印度文明的破坏是件大坏事，鹊巢鸠占后用封建迷信的印度教统治印度更是坏上加坏。土地占了，连精神都不放过。

从文明角度看，佛教的确是印度文明的最高成果，可惜它不见容于当地政权，不利于当地政权的有效统治。

七十六、南亚政治文化

今天离开伊斯兰堡，先到拉合尔。

两个月前被推翻的前总理谢里夫今天受审，气氛显得有点特别。南亚政治，更迭频繁，手段残酷，余秋雨先生在他的文章里面有很精彩深入的分析，值得我们一再细读。我在此引用，是因为不少国人对西化仍心存幻想，反而是对自己文化不甚了了，这是很危险的。西方有好的地方，也有很多坏的甚至是邪恶的地方，毕竟他们的文化时日尚浅，只能对付一下目前的时势，却不能明白宁静致远，产生为人类长期发展谋福祉的远大目光。正如佛教，作为人类一种单纯的、理性的思维智慧很好，但不能满足中华民族的需求和发展，更不适合我们民族在竞争激烈的世界中生存。

对于南亚政治文化，当地生活的人看得最清楚。

有的说，选了多少次了，还不是那两个盘根错节的家族集团轮番上？

有的说，巴基斯坦你们也看到了，不存在什么中产阶级。多数老百姓十分贫困，衣食不周，没有文化……选举时怎么摆脱得了一两个权势集团的控制？不选他们还能选谁？

至于政府的不作为，对人民过度自由的放任行为也不加管理，回答是……每届政府都短命，因此不可能提出任何一个像样的整治方案，只想在短时间内积聚私人财富、扩大集团实力，哪里还管得了老百姓？

“正因为多种政治势力背后都没有一种理性的机制作保证，都没有一片辽阔的土地作支撑，因此总是采取急躁的极端手段。因无序而无耻，因虚弱而暴戾，因需要蛊惑无知识的选民而哗众取宠、危言耸听，因无法设计正常程序而孤注一掷，铤而走险，这便是南亚政治文化的一个重要特色。”[1]

这样的文化特色是如何来的呢？肯定有历史因素的影响。于是，我们就不能不说到印度教和古印度文明灭亡的原因，佛教的影响，也是构成消极因素的一个主要部分。

“产生这种结果的远期文化原因是什么？我觉得一是公元 10 世纪之后外族入侵时骇人听闻的延续性残暴造成了群体性的人格扭曲（这现象早在雅利安人入侵创立印度教时已经产生）；二是广大民众在苦难中，投入了宗教偏执和迷误，不了解文明秩序和社会责任，更难点燃社会改革的热情，凡此种种，并不是宗教本义，却是实际后果，不能不引起文化学者和宗教改革家的深思。”[2]

“凡此种种，并不是宗教本义，却是实际后果”这句话，很有值得商榷的地方。本来宗教的本质大多数都是善良和美好的，但当一种排斥人权、人性的不平等制度——“种姓制度”被安插在印度教教义的核心部分，把人分四等，下等为贱民（不能触碰的族群），造成社会严重的两极分化现象，然后再在教义中植入“生命轮回学说”把受害者的希望点燃起来，麻痹他们的思想，配以严酷的法制管治他们的今生，使他们安分就范。正是这样的宗教本义，才诱发出我们看到的实际后果；这样的问题，世人必须真实地面对，因为它已经触动到了人类生存尊严的底线，任何带有遮掩虚假色彩的表达方式，一定会让我们自食恶果！

我们先人对我们有很多充满智慧和实用的训示，只是国人对国学的认识越来越浅薄，却把太多时间心思放在西方文化上去。父母大人的无知，往往是苦了孩子，害了亲儿。口中说着西方的自由民主，对子女的人生前途却是大权独揽，操办一切。

西方人研究我们老祖宗说的“知己知彼，百战不殆”，而我们却总是以己度人之心不变；知己不知彼，又疏懒到总是以不变应万变，毫无作为，这样下去，又怎生了得？

1　余秋雨：《千年一叹》，作家出版社 2002 年版，第 346—347 页。

2　余秋雨：《千年一叹》，作家出版社 2002 年版，第 347—348 页。

七十七、攀比与竞争

拉合尔向东不远就是印度，与巴基斯坦本来是一家子，现在分成了两个不同宗教信仰的国家，从民族习性和风俗习惯看，它们相同的地方都远比不同的地方多，却就是不再咬弦，噪声很多，终至兵戎相见，两国现在处于严重的军事对峙状态。

靠近与印度接壤的边界时就感觉到有点不对劲，刚刚还是尘土飞扬、摊贩凌乱，怎么不经意间突然变得如此整洁？路越来越平整靓丽，路旁繁花绿树、喷泉草坪，完全像进入了一个讲究的国家公园。从伊朗进入，到这里离开，一个国家的两个边防站，一进一出之间，差距竟然若斯，这样的安排，究竟背后有何玄机呢？

到了边境，岗哨林立，大门重重，所有人都被拦了下来，说过一个小时后，有一个降旗仪式，大家可以观看。一看时间，是下午三时一刻，那就等吧。

边境有颜色不同的三道门，两边国土上各有一门，中间的门是两国共用的，门柱上插有国旗，左边是巴基斯坦旗，右边是印度旗。门是镂空的，一眼看过去，印度那边也是繁花绿树，喷泉草坪，一样的漂亮。看来双方是公开地较上劲了。

四时一刻，一声响亮的口令声响起，却又十分悠长，似有回声，仔细一听，原来对方也在喊口令，一样的响亮，一样的调门。这样高度整齐划一，大概是两个敌对国家想谋求而不得的少有共通点，是每天在谁也不愿意认输的情况下比画中练出来的。

这样的比画，已经从物质、笔杆子、口舌等上升到个人或整队仪仗队这个层面了，不过无论怎么说，这样的比画，是平和的。这比古罗马人在竞技场上的比拼强多了，也文明多了。如果这种比拼能拼出一个结果，而这个结果又能为彼此的领导阶层和人民接受，这倒不失为一件好事！从这个角度，我们是可以看出一些古印度文明遗传下来的文明基因的。

既然是国家队在比拼，双方选拔的军人，都是一米九以上的高个子年轻人，制服设计和色彩，当然是他们各自认为美不胜收的。此外，仪仗队的脚步姿态，步步都关系国威，丝毫不能马虎，两边的士兵步伐走得一样夸张，一样有力，一样虎虎有生气。

降旗是在中门完成的。双方的队伍都是从各自的中线鱼贯而入，所有士兵的表情都显得杀气腾腾，青筋尽显，到最后一秒快要面对面碰上了才彼此向自己国旗的方向转去，到左右各站满五人为止。整个过程营造出来的气氛令人非常紧张。

就在此时，双方各有一名士兵拿出一支小号吹了起来，居然是同一首曲子，询问才知道那就是降旗曲。两面国旗跟随着曲子的节奏慢慢降下，两个仪仗队取回各自的国旗，正步走回营房。“哐当”一声，国门关上。

对外人来说，有些事是不可思议的，譬如相同的口令，共用的降旗曲，都不应该是两个军事对峙国能接受的。但对峙归对峙，怒目相对归怒目相对，共同的文明背景、风俗习惯，双方都不愿意割舍，又可能是双方都认为自己才是文化的正统传人，所以用起来谁也不让谁，而且谁也不会觉得别扭。

分析古印度文明的遗传基因需要点时间，但他们夸张的动作和其他的一切，包括色彩，也包括改装过的所谓棺材车，以至于藏在后面深处的那一丝丝已经不起眼的沧桑和屈辱，都是一个能产生“真正文明”国度的人民所付出的沉重代价，而这代价远远超过一个十字架或一些别的形式的东西。它是一个民族面对野蛮入侵时宁愿丧失自尊、自我而不以蛮力相抵抗的文明答卷，这样的基因土壤在数千年后，仍然能够诱发出不可思议但平和的“不抵抗主义”来。

这个有关基因的答案不一定是定论，需要考证。人的牺牲和付出应该是有限度的，不能把儿女后代的尊严、平等、自由，全部无条件地搭了进去，就像我们的一些父母那样，大权独揽，自以为是地包办儿女的前途幸福，硬要改变儿女的命运，坑了儿女还沾沾自喜！旁观者看着这些天真可爱的小面孔，除了心疼又能做些什么呢？我们都应该知道，好的果子不可能都是现成的，必须经过奋斗和努力，才会结出甜美的好果子来。别人的努力，你跑去捡，想卖弄小聪明不劳而获，可能吗？还是在自己的土地上好好付出，努力耕耘，才会有好的根，结出好的果！

回到现实的巴基斯坦和印度，因为过度心理不平衡、失落、悲愤、激动而得不到办法解决，或长时期的苦闷后仍然找不到出路，人会适当地改变自己的习性来保护自己心理健康，有时候甚至会作出些在外人看来不可理喻的事情。攀比是一种心理的出路，就像近代中国人发展起来的阿Q精神一样，自己找办法安慰自己。

从一般的意义上说，攀比是一种不理智的、自卑心与虚荣心交叠作祟的行为。轻微的攀比心理每个人都会有，过度了就显得可笑了。

竞争是所有改革的原动力、文明前进的催化剂，应该是理性的、合法的、公平的、有序的。只是，这样理想的环境和国际秩序，并不存在！

七十八、文明需要宗教吗

本来今天肯定要过关进入印度，驱车五百公里到新德里，没想到临时传来消息，印度当局只许进人，不许进车，这明摆着是要为难我们。两国不和，边境关防总是反映问题矛盾最前沿的地方，也是最能考验一个国家文明程度的地方。从以色列进入约旦与从约旦进入伊拉克的经历，就是很好的说明。如果我们先去了印度，然后从印度进入巴基斯坦，结果会不一样。

古印度文明早于3500年前被入侵的蛮族所灭，它自我保卫的过程是消极的不妥协还是英勇的抗争失败，我们不得而知，需要更深一步的资料挖掘和考证，不过估计是前者可能性更大。很多蛛丝马迹的证据，足够让我们知道世界文明的积极力量，在这期间被大幅度削弱了。一个平和的古印度被野蛮人占领后改造成一个扭曲人性、以种姓和宗教统治的国家，并逐渐形成新的特性。

古印度文明在灭亡约1000年后还是突破种种障碍为人类送来了世界上最平和博爱、包容无争的哲理信仰——佛教，可惜它不是早已根深蒂固的印度教的敌手而被排挤出印度。文明与野蛮较量又一次落败。在那个年代，也是势之使然，因为越往西走蛮族的力量越大。

“一种文明离开了宗教是不完整的”[1]，这句话完全是站在西方文化的思维角度而言的，带有主观的唯心成分，并不可取而且危险。中华文明生存并发展了五六千年，并没有无中生有地利用宗教给人民提供精神信仰，麻痹群众思想，而是实事求是地分析我们生活中的这个宇宙，这个世界，

1　余秋雨：《千年一叹》，作家出版社2002年版，第355页。

其中由于早期的心智能力所限，会存在一些到现在仍然不足以令人绝对信服的观点，但它没有以人的意志化作神的指示，制造出神权宗教政治来。

这样的发展有两种含义。

第一，人就是人，人不可能利用宗教信仰发出神的旨意来管治他人；就这样，人神之间的分别就会非常清晰明显，世界宇宙的秩序，不在人的管辖范围内，所以人自有不能越位的理由。

第二，人对自然的敬畏心，会始终存在，不敢有非分之想，更无论挑战超乎人力的这个那个。其实世界上很多顶尖的自然科学家，到最后都会明白一个非常简单淳朴的道理——研究科学到头来还是归于哲理，人类无法理解大自然的全部奥妙！再说，人类群体的心理结构非常脆弱，经常自我恐吓，虚惊一场，千禧之际，预言、谣言四起，就是一个明证，如果真有一些超乎自然的不寻常事情发生，很多人还真承受不了！

但中华文明又是宽大而且兼容的，所以我们尊重别人的信仰，只要这些都带有排他性质的宗教信仰在中国能安分守己，遵守中国的法律，尊重别人的精神需要，不管是哲理学说、其他的宗教信仰，还是社会主义精神信仰。对于佛教，我们早有共识，不是它不好，是它的麻痹作用令人过于平和，也令人丧失斗志。在现今并不太平的世界，很多大国强国对资本物产巧取豪夺的需要，并没有随着文明社会的发展而褪色，而是暗地里积聚实力谋划卷土重来，令爱好和平的人（包括这些国家的人民）不能乐观。中国的文化人士、知识分子，必须看清楚这点，否则误导他人还算事小，祸害国家和子孙后代就罪孽深重了！

在中国，有部分上层知识分子对很多深层次的国际问题、政治问题、经济问题、社会问题、历史问题、文化问题不好好深思，只是人云亦云，随波逐流，为了个人一时私利而作出很多对国家不利的倡议，有些可能是无心之失，却对国家产生十分不利的巨大影响。为了正本清源，我们必须对问题刨根问底，真正搞清楚事情的来龙去脉，然后再去发言评议。

“健康的文明需要哲理逻辑，需要清明头脑，并不需要宗教。”只是世人大多不爱思考问题，只希望平平稳稳地过日子，有空时聊聊家常，八卦八卦别人的闲事，或找个所谓名人做他们的粉丝，自我兴奋一番，意志薄弱的时候再找个宗教来麻痹一下自己，用信仰开出的精神出路来逃避现实。西方人在摆脱宗教的羁绊后释放出巨大的能量来发展自然科学和生产工艺，于是才有工业革命的发生。在这之前，西方文化十分落后，不是他们的智慧不高，而是精神得不到解放，一切按教会的既定模式办事，与教会想法不合的人都成了异教徒，很多人都被问罪处死，这样的社会，还能发展吗？后来受到巨大冲击，宗教势力与现实才不得不妥协了，允许宗教作为统治政权的部分力量继续存在。西方政权的政教合一，就是出于满足大部分人惯性的精神需要和科学发展壮大了他们的军事、经济实力，也给他们带来了广大的、新的生存空间的现实需要而存在的。就像我们讨论佛教的智慧一样，西方宗教已经摆脱了好与不好、真与不真、对与不对等理论性问题，踏踏实实地为政权的安稳运作而继续存在。打了个马虎眼，这就躲避了孔子说的“知之为知之，不知为不知，是知也”这句朴实无华的真理。

“当然，最与文明作对的事情，就是发动战争，不管借用多大的宗教理由。在联合国批准《不扩散核武器条约》三十年后，印度河—恒河文明的发祥地连续进行十余次核试验比赛，更是对文明最彻底的嘲讽。”[1]

这样的行文句句正义，着实在理，处处真情，最能令人产生同感。但问题表象下还有问题，是咄咄逼人的大国强权政治，小国被迫噤若寒蝉，受尽屈辱。日本人不是很横吗？但美国大兵在日本却可以横行无忌，不受制约，日本人不也无可奈何吗？世界上虽然所有人都明知自己国家实力不敌美国，但稍有点能力的都被逼尽快多谋取些力量上的平衡，至少可以保持民族的尊严和颜面，少受些屈辱。物质上的日子过得好与不好，有自尊心的人，都会觉得不再这么重要。人活着不就是要争口气吗？

世人不敢批评美国，是因为害怕。其实美国本来是一个十分美好的国度，他们也知道权力不受制衡一定会产生腐败。世人越是害怕，它就越是不受制衡，变得就越来越霸道和邪恶。这是一种因果关系，我们不能播种恶因，更不应让它结出恶果。

1　余秋雨：《千年一叹》，作家出版社 2002 年版，第 355 页。

七十九、中国威胁论

进不了印度，那就留在巴基斯坦等吧。与当地的华侨交谈，问题终于集中到一点："中国威胁论"。说是头号威胁，却一点证据也不提供，总爱捕风捉影，不时炒作一番。这样的政治环境，当然是当地华侨所关心的头等大事，但他们却又是那样被动，总觉得毫无办法介入。

这个问题包含着四个不同层次的含义，也就是四个问题。两个在印度方面，另两个在印度华侨身上。

印度民族的本性应该是平和的，但印度教与印度统治阶层的结合却把自己长期陷在两难的境地：对内的政治需要是通过愚民的宗教信仰达到的，但在得到社会长期安定平稳的同时，一大部分被认为是贱民的人群民智不开，俯首认命，对生活没有追求，只求来生会过得好点，他们对社会的贡献是提供最简单的劳动力，这样的一潭死水，能不影响国家的经济发展？另一方面，就算是总人口百分之二十的人可以参与政治和经济建设，这群人的竞争会因为少了百分之八十的人的参与而变得更公平、有序和良好吗？印巴政治长期动乱不安，提供了最好注脚。

这是第一个层次的问题，也是最基本的总问题，把人分类、歧视不同族群，又对自身怀有莫名其妙的优越感，这情况不止是印度存在，美国、英国等一些西方国家也存在。最好的例子就是富人住富人区，贫民住贫民区，两者泾渭分明、界限清晰，而且不相逾越。穷人要冲出去不易，于是很多这样的贫民区域，区内维持秩序的，不是法律，而是暴力和潜规则，而区外的执法人员和警察等，对区内事务哪怕是自己辖区，也懒得管理，任其自生自灭，于是治安越来越坏，藏污纳垢，成为社会毒瘤。当然，西方国家的问题与印度的宗教族性问题是有着根本性区别的，但有些效果却十分相似。

第二个问题是不平和的人爱欺负平和的人，也许不为什么，只因其可欺这么简单。阿Q欺负尼姑就是这样的人的这种心理，或者说，可怜之人自有其可恨之处吧。印度人不会觉得中国人爱和平，看到中国人总是让人三分，能忍让则尽量忍让，反而觉得中国人懦弱，比他们更差。如果中国与印度之间有国门，如果中国人不能忍让，相信与印度和巴基斯坦之间会有相似之处；如果中国人忍让，他们就会得寸进尺，更是不可收拾。如何处理好一方的不平衡心理问题，需要大智慧，更何况不时会有不少局外人掺进来搞局。

不平和的人更爱欺负平和的人，日本人和美国人都是这样，为了自身利益，不过人善可欺这个道理全世界都是一样。说到这里就说到华侨的两个问题了。

中国人在自己国家内爱嚷嚷，到了国外就老实多了。现在祖国强大了能更多地为身在海外的中国公民出头说话，情况向着好的方向转变。但国民个人自信的建立需要时间，需要敲打磨炼，同时也需要增强爱国心和自豪感，是多方面的培养，既要国人的自律自爱，提高自我素质，也要国家驻外使馆的敢作敢为，但尊重不是自己给自己的，不是像奥巴马说要领导世界一百年就领导一百年。这个过程必须得到所有交往国家国民的认可，才能水到渠成。我们要培养的就是大国公民的素养，一个国家只有国民的责任感和素养得到全面提升，才能赢来世人的尊重。

那么我们的公民在外国给人的感觉又是如何呢？这是第三个问题。最后的问题是我们又该如何自处和应对。能不亢不卑，做事勇敢果断，不惹事但也绝不怕事最好。虽说天塌下来有高个子扛，但太多窝窝囊囊的人在世人面前丢中国人的脸，形成不良印象，形单影只或是数目不多的高个子再高也难扛。现在可以回到第三个问题上来了，相信每个人各自的答案都不难找到。

问题都有诱因，只要知道原因一切都可以改变。窝囊的人练胆量，心气、胆色。素质低的人练如何提高修养、学识。中国人传统的书香世家是何等儒雅，何等有风度气派，我们很多传统还是世界领先的，可千万不要丢了。

中国人在海外需要自己保护自己的时候多，多一点团结，去掉一些个人的小聪明和私心，华侨的地位和生存条件自然就会不断提高。这是赢取别人尊重的办法。印度尊重英国人，被英国人统治了一个多世纪，更被英国人瓜分成四五个独立国家，也没见到有人说“英国威胁论”，这就是全世界都明白的道理。

八十、印度的问题

在任务完成却不能离开的地方滞留可以令人心情烦躁，也可以令人想到很多问题，最多的联想自然是为什么会这样？于是，我翻来覆去地想下一个文明落脚点印度的问题，目的是尝试在千丝万缕纠缠不清的历史轨迹和卷宗中找出一两条主脉。

今日的印度，它所显示的种种迹象都把问题指向同一个方向，那就是文明被灭后原住民再也不能当家作主，而外族要长期停留又必须把原住民踩在脚下，造成民族不和与文明的长期二元化。如果没有政治制度上的歧视，不同文明和民族可以在长时间的磨合下趋同，问题就可以得到很好化解，但雅利安人在南下占领印度后却利用宗教和政治上的种姓制度来统治占领国，把人分等级，然后在精神、经济、政治、文化、教育、婚姻上全方位地压制一个族类，把这个民族的出路定位在来生，而且子子孙孙都得如此，这就断绝了整个民族今生的希望！

这是跨越主权、民族、国界、文化的有关部分人类生存状态的人道主义问题，世界上很多国家的原住居民都在面临着被不同程度灭绝的命运。在印度，这种肉身被灭绝的情况不曾出现，但精神的麻木痛苦却更恐怖！

印度的问题是在发达国家都在比拼人才的今天仍然沿用着2000多年前的神巫宗教政治体制。一种体制生存这么久肯定有它独特存在的价值，我们实在不好评说，还是留待当地人自己思考好了。

中华文明复兴必定经过一番生死风雨，千万不能掉以轻心。这大概就是我们经历、探讨千禧文明之旅，并从中总结文明衰亡和后人悲惨命运的重要启示，希望达到警惕国人的目的。从西方来的野蛮势力是真实的，它与中国的中间缓冲地带早已被蛮族打扫干净，更多了一个师效野蛮的东方近邻，形势实在不容乐观，但也用不着悲观，只要国人心中清楚，方向正确，中国人的国防实力不断提升，同时不忘万里长征的不朽意志，保持敢为人先的创新精神、愚公移山的坚决毅力，万事皆可为。

我们的老祖宗说得很好，世上事物万变不离其宗，我们要明白埃及文明、两河文明和印度文明覆灭前遇到过的问题，就是我们今后将会长期面对的问题。这不是黑白之分、是非之辨的问题，它是简简单单的文明与野蛮的对立问题。我们追求文明，就必然会与野蛮产生抗衡，毫无选择之余地，更无从躲避。所以国人千万不能有哪怕是一丁点儿的侥幸心理，只能放下幻想、真诚团结以对。

我们拥有世界上仅存的古文明，我们的责任再也无从推卸。我们的使命，不是简单地与狼共舞，与野蛮共存，而是开导、教化世界上这股强大的野蛮力量，令其明白“利”外有义、“人”有人性。人要有“四心”才可以成为“人”，否则也只是人面兽心的动物，披着人皮的狼，又何足领导全球，管治世界！所以中华文明承受的压力是巨大的，既要自强自保，不再受人欺负，又要平稳平和，开导教化万方。中国人的素养、学识、目光，如果不能全面提升，这个任重道远的使命，是很难完成的。

最近频频听人说，中国人缺乏信仰，中国人缺少的是多党民主选举制，这都是不合国情的胡说八道。只有民主集中制能破解西方对中国从不间断的颠覆破坏活动和各方面的不良干扰，不过关键是基层民主一定要建设好。如果基层干部都能民主选举、择贤举能，到高层后一切都会迎刃而解。但如果基层民主没有处理好，那就说明我们国民的素质还不过关，仍然私心高涨、法律意识薄弱。没有基层群众的守法民主和全国所有基层官员遵守法律的基础土壤，一切都是空谈。这样的胡言乱语只会让敌人有可乘之机。不过就算基层建设能达到民主选举，产生基层的好干部，一切仍然要靠国人的火眼金睛，看清看透那只无形的手在幕后所做的一切、所干的不能见诸天日的坏事。

突然传来消息，印度当局已批准车队进入。

INDIA
印度

八十一、人多为患

从巴印边境到新德里，实际距离是五百公里，花了差不多十小时才到达。

印度人口是个问题。印度国土面积约为中国的三分之一，但人口已经超过了十亿，政府又无出面管控的迹象，人口压力在持续增大，这就不由人不担心了。对于人口增长的问题，中国有过大辩论，在反复冲突调整中寻求共识，因为对国家整体来说，正反双方的观点都各有利弊，中国人的智慧是找出现阶段的国情特点和需要而做决策，以趋利避害，到一定时间后再视情况变化作出微调。这是一个有责任感和勇于面对问题的政府应有的态度作为，不作为和无大作为引致社会的放任、自由和散漫，是政府极端不负责任的表现。

在印度，终日在街上游手好闲的人不少，除了乞丐和摆地摊的人外就是这种闲散人员了，他们占大多数，哪里有事就往哪里涌，这说明他们的好奇心不比其他人少，不过更能说明问题的是他们生活的乏味和时间的“无价”。摆地摊的人，完全不讲秩序，开摊时把东西随地一扔，就像一个书架子倒地，可能这也便于他们收摊，不过这正好说明了他们懒散的性格。

新德里很大，也有一点气派。主要问题是空气污染和水污染。据说水污染最严重，排入恒河的工业废水和城市废水，每天就有九亿多升。人类文明发展了城市，城市用水系统就成了城市的大动脉，而提供源源不绝的活水的大河就成为文明的发祥地和城市的生命线。不过一路走来，从尼罗河、底格里斯河、幼发拉底河，一直到巴基斯坦的印度河，看到的都是贫困和战乱，污染的问题还不算最严重，现在由恒河来破纪录了。中国的大江大河也有污染出现，但政府已在着手整治清理，应该不会参与破纪录游戏。

从更大的视角去看，地球的日趋变暖只是一个骗人的说法，严格说应该是地球变热。在巴黎通过的全球减排协议经过多年的协商由奥巴马政府通过，到特朗普当政又被推翻，美国不再认账。

人多为患，破坏资源使其短缺也是患，破坏地球生态致使不可逆转更是患，人的智慧、良知、逻辑全被贪婪欲望改变，众患之源在于此。

八十二、新老德里

新德里的北面是老德里，两个德里连在一起，显示的绝对不是新和旧，不停移动的脚步早把两边的气息搞混，往来运输的物品模糊了，没界限了，只是老地方还是老地方，新建筑总是新建筑，犬牙交错地互相侵蚀着、影响着、传承着，在交换气息中磨合着。

历史当然得从老德里说起，著名的用红砂石砌成的皇宫红堡就在这里，占地面积超过 0.5 平方公里，城墙很高，外有护城河，非常气派。城里有一座白色大理石建造的清真寺，叫珍珠清真寺，通体洁白，毫无杂色，在整个红堡的暗红色基调中，显得十分突出，也改变了 11 世纪伊斯兰势力入侵印度前的印度建筑风格。

自从古印度文明灭亡后外族入侵便没有一日停止过，去了一批旧的又来一批新的，倒是莫卧儿王朝有点不一样，原因是它有几个皇帝让人难忘。

第一代皇帝巴布尔是成吉思汗的后代，这就有点意思了。他勇敢而聪明，创建了印度最重要的外族王朝，只是死时才四十几岁。

第三代皇帝阿克拔则更有意思。作为一个外族统治者，他却看到了印度宗教的不平等问题。他召集了一次联合宗教会议，说印度的麻烦就在于宗教对立，因此要创立一种吸收各宗教优点的新宗教，并修建了“联合宗教”的庙宇。印度教徒对新皇帝产生好感，但又都不想在信仰上轻易改变，而原先占统治地位并信仰伊斯兰教的群众则不同意者居多。阿克拔皇帝想以这种平和的手段改变人民信仰的结果麻烦不断，导致他在皇族中势力减弱，最后凄凉而死。

创造一个新的宗教需要很大的凝聚力，也就是说，个人的魅力、学识、修养、组织能力、说服力和行动力都必须很强，并且得到群众的认可。这不是一个善良的、追求平等博爱的国王的副业。另一方面，一个宗教一旦得到确立，要群众脱离信仰是十分困难的，因为这里再无理性和逻辑可以沟通，只剩下感性的激情和直觉的冲动。一些宗教的不平等和不理性，尽管外人可以看得一清二楚，但当局者迷，惯性拖着后腿，往往会出现执迷不悟、难以自拔的情况。宗教的麻痹性和引发出来的精神力量是不可理喻的，这都是印度问题的一部分。

还有一位皇帝以出色的建筑才能闻名，他就是为皇后泰姬玛哈修陵墓而出名的沙杰汗皇帝。不过有人说，由于沙杰汗太过沉迷于包括泰姬陵在内的大量豪华建筑，把从阿克拔开始积累的大量财富耗尽，致使莫卧儿王朝盛极而衰。是否如此就见仁见智了。

从阿克拔开始积累大量财富到他想改变印度的宗教不平等现象，都显示出他是一位明君。积累财富很多人都可以做到，但要改变精神上的不平等就难多了。

八十三、日本建设蓝图

日本的《朝日新闻》在世界各国选了十个人，让他们在2000年开头十天依次发表对21世纪的看法。这次选中的中国人是参与凤凰卫视“千禧之旅”的文字主笔余秋雨先生，于是身为《朝日新闻》报社中国总局局长加藤千洋便与翻译杨晶女士一起赶到了新德里，找上门来进行一次急匆匆的访问。

加藤先生准备得很充分，问题大致是：20世纪就要结束，人类有哪些教训要带到新的世纪？两次世界大战的惨痛教训有没有铭记？联合国秘书长安南不久前说，最近十年死于战乱的人数仍高达五十万，可见自相残杀并没有停止，新世纪如何避免？除了战争，还有大量危机，例如地球资源已经匮乏，而近几十年发展情况较好的国家却以膨胀的物质追求在大量浪费，资源耗尽后该怎么办？人口膨胀问题如何解决？政治和宗教方面的冲突，虽然方式变了，却不见得有大幅度的缓和，如何减少差异，共同生存？什么是理想国家的风范？……

访问内容当然是在《千年一叹》中发表。不过就此访问，我们不妨岔开一笔，谈谈《朝日新闻》报社在采访时提到的一些问题。这是一个有世界抱负的大报社向它的国内读者乃至全世界人士表达它的发展追求的一种方式，视野广罩世界，内容包含万千，但主要的现实问题和实质内容仍然在政治和经济方面，人文方面的以“什么是理想国家的风范”为主线。

千禧之年，万物交替，日本经济有紧压美国之势。日本国内重要财团之一的松下电器产业集团创始人松下幸之助写有一书，书名《松下理想国》，是松下先生为国家谋划的未来建设蓝图，虽然带有一定的主观色彩，但却用心良苦，在日本影响深远。

加藤先生问的一个问题是：什么是理想国家的风范?《松下理想国》给出的答案是从一个假设性的国际权威机构的调查问卷开始的，时间是在2010年初，调查对象为世界各大国的普通市民，以百万人口为基数。其中的一个问题："当今世界上，您认为最理想的国家，是哪一国?"这样的一个问题，答案当然是五花八门，凡沾点边儿的国家，都会上榜，但得票最多、占压倒性优势并稳坐第一位的，是日本。问卷调查要求在填写答案后给出相应的理由。

【丰饶的生活】日本经济长期高增长并维持稳定，在19世纪末，国民平均所得已经达到世界之冠。在被称为发达国家的国家当中，日本税率很低，财富得以公平分配，所有国民都能享受高水准的生活。在这一点上，举世公认。

【物价稳定】很多先进国家的国民平均收入与日本并无大别，但他们总是要为物价腾贵烦恼。

【日本人有高尚的道德与良好的礼仪】这一点受到各国受访者的一致称赞。每年都有许多外国人访问日本，他们对日本人的彬彬有礼和亲切态度，大加赞赏；对公共场合清洁卫生，井然有序，不见垃圾，极为钦佩。许多日本人因为公务或者观光，前往国外时，每个国家的人士，都以尊重和亲切的态度，欢迎日本游客的到来。

【美丽的大自然】日本是个长条形四面环海的岛国，与大自然尤其是大海有着经常性动态的接触，所以十分富于变化，而且因为海水的不停洗涤，流水不腐，经常保持干净。日本人对洁净颇有癖好，对岛上大自然的美丽风景和魅力又能适度地加以有序开发，所以给世人的印象是十分美好的。

【自由与秩序】在21世纪的今天，全世界人都追求更多的自由，但有些国家在享受极大程度的自由后，人民却误解了自由的真正意义，产生了很多任性的言论与行为，秩序被破坏，造成了社会的混乱不安。日本人认为，日本在个人生活上，在团体或企业的活动范围上，自由度都不次于世界上任何国家。因此，每一个日本国民都能够自由地发挥所长，同时，日本国民的自由，保持了一定的理性，在社会各方面保持了良好的秩序，因此治安稳定，犯罪率比任何国家都低。

【青年人对未来满怀希望并珍视老年人】这是很多国家接受访问的人所表达的观点。的确，日本的青年都受过适当并切合社会需要的教育，除了足够的实用知识外也很有教养，十分爱国，各自拥有为生存奋斗的目标，能发挥各自的才干，在追求更美好的人生、创造更美好的社会的大前提下，渡过宝贵的青春时光。此外，许多老年人，也能根据他们的年龄、体力、经验，参与适当的社会活动，发挥余热，过着奋发喜悦的每一天。

【日本的历史传统/日本皇室的存在】这是许多受访者提出的又一理由。日本在当今世上属于历史悠久的国家。而且，天皇家族绵延不断，在世界史上，是独一无二的。这孕育了日本独特的传统精神。日本的国民非常珍惜自己的历史与传统，并引以为傲，只是日本人从不向外国炫耀。

【政治制度的安定】世人对日本这样的肯定，正好反映了世界局势的动荡不安。日本拥有许多不同主义和不同主张的政党，执政党和在野党之间曾在许多问题上，发生过冲突和对立，但它们都不会坚持自己政党的主张，总是以日本的最高利益为共同基础，在对立中求调和，所有政党都能集合众智，使日本不致发生严重的动乱，行政效率很高。

【日本对世界的贡献】日本对发展中国家的支援，是以各种形式提供援助资金，并且一定优先考虑受援国的利益。日本的这种态度，日本人的高尚道德，良好礼仪，受到世界各国的欢迎。日本对世界经济所做的贡献，日本衷心追求世界和平的愿望，渐渐被世人理解并尊重。

【教育体系】在日本，幼儿期的教养，义务教育期间的成长教育，成为社会人之后必要的人格教育，政府都经过充分研究和考虑，所以做得相当到位和充分。高等教育只限于适当研究学问的学生就读，或者只让在职业上需要更高深学问及知识的人就读。在日本，包括各种职业教育在内的实际教育体制，相当完善，此外，由国家实行学历资格鉴定测试，合格者即使从未就读过高中或大学，也可以取得高中或大学学历的同等资格。日本这样的富有弹性、不拘一格的教育体制，受到一些国家高度重视。世界各国的有识之士认为日本的教育体制，创造了今日物质及精神都极为丰富的日本。

【自卫与安全】日本的国民意识非常高,对国防和自卫安全也十分重视。日本实行精兵制度，现役的军官，就算是最低一级的士兵也能在短时间内培养成为官佐人才，独立带兵作战。日本的军工业，虽然是在美国监控中，但实力绝非一般。日本并不追求军国主义性质的军事目标，而是着重于和平下的安定发展。

日本在许多方面都有着相当优异的表现,但不是任何领域都是理想的。今日的日本，最忧虑的是粮食问题和能源问题。众所周知，日本的领土过于狭小，人口问题，也很快变成了粮食问题。不过，日本人早已注意到，并拟定出了惊人的对策，称为“国土创成计划”，准备花两个世纪的时间，把日本的有效国土增加一倍。这是日本最大的国家目标，所有国民直接参与，人人以能有所贡献为荣，每一个国民都对未来拥有梦和希望。以往的日本，常提到的“诸恶的根源”这句话，例如在20世纪70年代发生的石油危机，企业被认为是造成通货膨胀、物资不足、公害污染等的“诸恶的根源”，不过，严格来说，国土狭小才是问题的核心。

回想三十多年前，日本经济令全世界惊讶的高速成长，但背后却是无数的隐忧，不单在经济上，教育、国民精神、政治，都处于一片混乱的状态。结果，三十余年后，日本发展成了世界最理想的国家。这是一个非常有趣的问题，值得所有热心人探讨研究。于是，造访日本的外国人士激增。

这是一个日本企业家的家国情怀，我们先不管松下幸之助的理想是否能实现，就这一腔热情，满怀担当，就值得我们敬佩学习。我们中国的企业家队伍也在不停壮大，应该有所作为，多吸取一些前人的经验，吸收他们的智慧，让我们也用三十年创造出一个真正和谐强大的中国，一个理想自信的社会。

1980年，松下幸之助创设私塾，名为“松下政经塾”。开塾那年，松下先生已经是八十七岁的老人了。

八十四、又见宗教鼎立

在耶路撒冷，我们看到了三个宗教的对峙，各有各的地盘，各有各的精彩，各有各的信徒。曾经有过的无数次激烈战争，虽然未能消弭冲突的根源，但至少令各方明白，以力压人就算是宗教问题也不可能找到出路，于是得以维持现在相对和平的局面。

在更大的地理范围内，我们看到印度也有三大宗教力量的严峻对峙，并且因为种种原因最后造成国家分裂。不过在新德里城南十四公里处，有一座以13世纪的帝王库都布的名字命名的高塔，它的建筑风格隐藏着三大宗教互生共存的关系。

塔是伊斯兰风格建筑这点不假，但第一层入口朝北，横截面是葵花形却是印度教的要求和标志，这样的糅合体现出一种相互影响的倾向。塔旁有一清真寺，是印度最早的清真寺，不过现在已没有了宗教功能而只是宗教遗址，一些颓垣残柱宣示着它辉煌的过去，点缀着它现今的存在。攻击型宗教的霸力有时是疯狂和不可理喻的，这座清真寺是拆毁了很多印度教、佛教、耆那教的寺庙修造的。所有人都说追求文明，但手段往往是疯狂的，结果几乎都是以野蛮获得胜利。人类数千年积聚的一点点良知、人文文明，两三百年间就全被实用的、可以支持行使霸力的科技文明覆盖！

在院子里，人群聚得最多的，不是高塔，不是清真寺，而是一根黑黑的插在它们旁边六米多高、半米直径铁柱。它是伊斯兰王朝定都德里时从印度东部搬移过来的，这里的人叫它阿育王柱。阿育王热心佛教，但他本是一个相当强蛮的君主，听了佛理后幡然醒悟，立地成佛，为佛教在印度的发扬光大作出了划时代的贡献，结果成了佛门中人，广受崇拜。

佛教在印度最终败在伊斯兰教手下，败得很惨，不过这里想说的，是平和的宗教教导出平和的人民，而平和的人民注定要被外来野蛮好斗的民族所灭。所以我们很容易得出一个结论，那就是：只有当全世界野蛮的力量都消失了，文明才可以生存，而这，恰恰就是一个悖论。

奇怪的是，这根铁柱在那里矗立一千多年，却没有一些锈斑，是当时印度的铸铁技术高超之故？此外，它到底是哪个王朝挪到这里的？带着这些问题问印度朋友，他们大多哈哈一笑，不了了之。印度人普遍对历史抱有传说化的态度，因为他们在传统上并不注重历史，于是历史成为传来传去“水分丰富”的记录，从来没有真正起到应有的作用，习惯了历史就是传说，传说就是故事，与工业革命前的欧洲同出一脉。

我的猜测是这根铁柱用的是带有陨石材质的玄铁，所以才能经年暴露在外而不锈斑。不过简简单单的一根铁柱，却能吸引众多的群众，把代表其他两个宗教的遗址比了下去，不令人意外。平和简单的本来就是最好的，它可以深受群众爱戴，但却不能提供自己生存的土壤。

八十五、圣雄甘地

甘地在印度被视为圣雄，因为他以独特的、只有在印度才有可能的和平不流血方法，争取到了国家的独立。

在前往新德里的甘地墓时经过庄严的印度门，停下仰望。这是与甘地墓有着一定历史逻辑和因果关系的建筑，承载着的是第一次世界大战期间为英国参战并牺牲的九万印度士兵的诉求和感情。这些士兵在牺牲前都深信，他们拼命地为英国打仗，战事结束后英国一定会让印度独立，战场上的英国军官更是信誓旦旦。战事结束了，英国人根本没有把这些承诺当回事，死的人全白死了。这样的毫不隐讳的国家欺骗行为，不能不深深地刺痛印度人的心。

甘地就是其中一人。在英国不讲信义后，甘地开始领导民族独立运动。他是以和平的“不合作运动”来对抗英国的压制，但是，人民习惯了用直接的方式表达心中的激愤感情，那就是以暴力对抗压制，但甘地说：“如果我们用残暴来对付邪恶，那么残暴所带来的也只能是邪恶。如果印度想通过残暴来取得自由，那样的自由我不感兴趣。”

终于，人民渐渐理解他，殖民主义者也被他这种柔弱中带着坚韧不屈的精神能量震慑。甘地成功了，印度也取得了独立。不过印度独立的背景和大环境都是特殊的，其他国家要想效仿很难成功。正是英雄造时势，时势造英雄。

甘地的主张和行为都符合古印度文明传统，平和而智慧，但遇到毫无节制与理性的蛮族入侵，就像秀才遇到兵，有理也说不清一样，古印度文明灭亡了，第一次世界大战后甘地争取民族独立的平和手法却成功了，这绝对不是英国人仁慈心善，深层次的原因是当时大环境的需要。英国在老家欧洲遇到很多麻烦，不可能长期在印度与反抗者对峙缠斗，更何况在可预见快要到来的第二次世界大战中，英国希望印度仍然能发挥力量，站在英国一边参战，所以与其坚持控制一个不合作甚至敌对的印度，还不如让印度独立并成为自己的盟友。只是离开前英国人心有不甘，歹毒如故，利用宗教力量硬是把印度分裂成两个独立国家，又把它们留在英联邦内以便控制。

我们庆贺印度以自己和平的方式争取到民族独立，这是一个成熟文明的表现，不过印度也为自己的平和文明付出了巨大代价。这个代价并不是用经济、军事实力或国土大小来衡量的，它存在于民族心灵深处，通过长时间的嬗变而以一些很独特的行为方式表现出来。直白点说，因为长期的压抑，它已经化为民族的不自信和因此出现的一些敏感甚至几乎是幼稚的条件反射。

汉唐时期的中国人，不会了解这样的心态，但清末以来，我们因为不够努力早已成为受害国家之一，受害程度或有不同，但理解力却具备了。全盘西化、崇洋媚外，唯洋人马首是瞻的心态，出现在一些国人之中，至今未能纠正。这些人有肤浅留洋后挟洋自重并自以为是的，也有不够自信妄自菲薄的，鲁迅先生说的阿 Q，现存的不知道还有多少呢。这种心态我们不能够让它蔓延，必须调整过来，如果我们自信心不够强大，不只不能影响众多的海外华人，反过来还会被他们影响。一些从香港过来的洋滨江风气，早已成患，只是众士谔谔，没有人认真理会而已。

甘地墓在德里东北部的朱木拿河畔，占地开阔，但墓园不大。进入墓门，来到墓体边，看到墓首有几个用不锈钢雕刻的印度文字，是甘地遇刺后的最后遗言："嗨，罗摩！"意译为："哦，天哪！"

现在回看印度的独立，应该从多个层面看甘地的作用：第一，政治层面，没有或没来得及打好真正民主轮替或民主集中的制度基础。第二，文化层面，仍然受到英国影响很大，尤其是从英国接受教育回来的所谓"精英分子”的影响，所以精神上不能算是完全独立，缺乏个性、理性和凝聚力。第三，种姓制度在21世纪的今天早已不合时宜，但西方从来不提印度的人权问题，反而对一些经济发展很成功、人民生活越来越好、民权有着长足进步的国家指手画脚，说三道四！作为民权、国家独立的争取者，甘地在这方面的付出好像并不足够。第四，人口问题。这可是个大问题，如果把人化作资源，也可以成为一个大宝库，这就要看人的素质了。从甘地的一生看，他的言行平和得不能再平和，只是他的平和很有原则，那就是争取印度独立，所以上面的要求，对甘地来说，可能是有点过分苛求了。平和的人可以通过耐力和容忍争取到别人可以放弃或交换的东西，但平和的人却不能创造出一个新局面，一个新世界！所以后来的发展，新中国与独立的印度是那样的不同！

尽管表面上贫穷落后，动乱不断，吵架不休，能产生出甘地的国家就算野蛮也是输入的、外来的。这个文明有着它自己平和的文明基因，可惜的是野蛮不会容许文明存在，3000多年前如此，现今也如是。

八十六、泰姬陵

从新德里向东南方行驶二百多公里，到阿格拉，看泰姬陵。

在印度，新与旧、洁净与脏乱、美好与粗俗，总是交错在一起。这说明了一个问题，印度不是无能力做简洁美丽的东西，不推行是没有这个意愿。当然，好的东西谁都愿意拥有，不作为的原因有历史性、宗教性、文化上的，交织在一起就非常复杂了。

泰姬陵建造在河滩边的峭壁上，按照沙杰汗的计划，他自己的墓陵将建造在河对岸，用纯黑大理石，与泰姬陵的纯白相对应，中间再造一条半黑半白的桥，横架在朱木拿河上以做连接。说起来这简直是成年人的童话世界。

成年人的世界与童话世界本来就有很大差异，因为成年人生活在现实世界，也时刻推动着现实世界的进展，根本就难得找到仍然沉醉、眷恋于童话世界中的成年人。至于出现有能力把天真烂漫的童话世界想法付诸行动，变成现实的君王，就更是难上加难了。

斋浦尔与德里、阿格拉各相距二百多公里，呈三角形。那里长期以来由一个与莫卧儿王朝中央政府有姻亲关系的土邦王朝统治，在 18 世纪出过以斋辛为代表的一些聪明君王，把豪华的宫廷建筑当作堆积木游戏，于是出现了像筑在山上的阿姆拔城堡，阿格拉的泰姬陵也属于这种类别。

童真很难在现实世界里生存，其难在于真。世人喜欢儿童的烂漫无知，天真无邪，所以与童心有关的产品很有市场，但都是失真的仿制品，真不起来的东西，就没有那么难了。现代社会中最成功的“童心产品”自然得首推美国的迪斯尼乐园，历经数十年的经营，它现在已落户亚、美、欧洲，巴黎、东京、上海都有它的存在，为大人和小朋友们带来很多欢乐。它的商业经营模式非常成功，但有一条底线它永远不可能逾越——人工雕琢的痕迹处处可见，它“真”不起来。

八十七、圣洁之源

瓦拉纳西现在又称贝拿勒斯，无论在印度教徒还是在佛教徒心中都是一个神圣的地方。伟大的恒河就在它身旁。印度人民不仅把恒河看成母亲河，还把它看成一条通向天国的神圣水道。一生能来一次瓦拉纳西，喝上一口恒河水，在恒河里洗个澡，是一件幸事。很多老人如果觉得身体不好，就慢慢向瓦拉纳西走来，睡在恒河边，只愿在它的身躯旁静候自己生命的结束，并把自己的骨灰撒入恒河。[1]

有了这样的认识，贴着恒河一夜酣睡，早晨起来神清气爽，果然感觉很不一样。今天要去的地方是鹿野苑，佛祖释迦牟尼初次讲道的圣地。这里原是森林，一位国王喜欢到这里猎鹿，鹿群死伤无数。鹿王为保护自己的下属，每天安排一头鹿牺牲，其他的则远远躲起来。有一天国王在打猎时看到一头气度不凡的鹿满眼哀伤地朝自己走来，大吃一惊，一位手下知情直报，才明白由于自己的捕猎，鹿群锐减，今天轮到一头怀孕的母鹿牺牲，鹿王不忍，以身替代。国王听后如五雷轰顶，觉得自己身为国王还不如鹿王，立即下令不再猎鹿，还辟出一个鹿野苑，让鹿王带着鹿群自由地休养生息。

大概是在公元前 531 年的某一天，释迦牟尼在菩提迦耶的菩提树下悟道后，就来到鹿野苑开始布道，因此这个地方非常关键。佛祖开讲的地方，有一个直径约二十五米的圆形讲坛，高约一米，用古老的红砂石砖砌成。讲坛边是四道长长的坐墩，讲坛下面是草地，草地上错落有致地建有

1　余秋雨：《千年一叹》，作家出版社 2002 年版，第 393 页。

一个个石砖坐墩，是僧侣听讲或静修的所在。北边有一组建筑遗址，是阿育王时代的，当然少不了一根残断了的阿育王柱，是真正为阿育王所立的柱，时间约在公元前 3 世纪的 70 年代初，那时这里已成为圣地，直到公元 7 世纪玄奘到来时仍热闹非凡。

佛教在印度早已衰落，这里自然不再热闹，倒是现在的冷寂更能还原佛教始创时的氛围。在世间的众多宗教中，佛教自始以来一直都是智者交流的语言，从悟道到布道，从布道中听道，从听道中修道，又从修道中得道，如此循环不息，叠加层层智慧，实在不是一般宗教可以比拟的，其中最重要的一点是清静脱俗。正是：静而后能定，定而后能安，安而后能思，思而后能虑，虑而后能得。尘世扰扰，欲念不断，入世之人，安能免俗！

智者的宗教首先要理智；清醒的思维、理性的逻辑，这是对修道者个人品质的基本要求。但佛教的教义与修道内容，却在博爱众生、与人为善，这些感情上的悟道，不单与修道能力需要的理智、清明有所冲突，更会因为难以调和的矛盾而加深修炼的困难。世界上的事物本来就没有绝对，现在要求矛盾统一，通过感化的力量、以身作则的影响来改变一些事物的既定轨迹，手中的唯一武器就是结合情与理的智慧说辞。不仅如此，对话的另一方会有自己的个性脾气，遇上桀骜不驯的、目空一切的、自命不凡的、宁为鸡头的……难免有烦恼的时候，于是明白，六根清净、四大皆空，这种境界，其实难有。

俗人离不开尘世，而尘世多野蛮，眼见文明一个个倒下却无良策应对。扪心自问，世界上哪有单方面的理，说对方是非时想想自己其实也好不到哪里去，每个人都是如此。

不过，孕育出佛教和甘地的这片大地，当然还有圣洁的恒河，实在是不简单！

八十八、思想囚徒

一路走来，除中国外，眼看四大文明古国中的三个，一个比一个衰颓不振，一个比一个贫穷落后、战乱不堪，心中早已戚然！对恒河抱有的美好想象，暗地里已经大打折扣。

今天终于来到了恒河边，看到了举世闻名的"恒河晨浴"。闻名到底不如目睹，在这之前，心中即使有着千万般憧憬，却是变幻不定，总无定型的。当有一日幻想终于被框住，不管即时的反应有多强烈，是喜悦的也好惊诧的也罢，一切都会随时间慢慢平淡下来，现实就是这么无情。不过，例外总是有的，"恒河晨浴"给我留下的印记，就是一个打完折扣仍然惊诧不已的例外，久久不能平静。

"早晨五点发车，到靠近河边的路口停下，步行过去。河边已经非常拥挤，一半是乞丐，而且大量是麻风病乞丐，不知怎么任其流浪在外。赶快雇过一条船，一一跳上，立即撑开，算是浮在恒河之上了，但心绪还未舒展。好几条小船已经围了上来，全是小贩，赶也赶不走，那就只能让它们寄生在我们船边，不去理会。

"从船上看河岸实在吃惊，一路是各式肮脏破烂的房屋，没有一所老房子，也没有一所新房子。全是那些潦潦草草建了四五十年的劣质水泥房，各有大大小小的台阶通向水面。房子多数是廉价小客店，房客中有为来洗澡住一两天的，也有为来等死住得较长久的，等死的也要天天洗澡，因此房子和台阶上进进出出、上上下下挤满了各种人。

"更多的人连小客店也住不起，特别是来等死的老人，横七竖八栖息在河岸上，身边放着一堆堆破烂的行李。他们不会离开，因为照这里的习惯，死在恒河岸边就能免费火化，把骨灰倾入恒河，如果离开了死在半路上，就会与恒河无缘。大家可以想一想，这么多蚂蚁一般等死的人露宿河边，每天有多少排泄物？因此整个河岸臭味冲天。印度还有一些人认为死了烧成灰倒入恒河，一定会与别人的骨灰相混，到了天堂很难恢复原形，因此便把一具具全尸推入恒河，任其漂流。此地气候炎热，结果可想而知。

“此刻，天未亮透，气温尚低，无数黑乎乎的人全都泡在河水里了，看得出有些人因寒冷而颤抖。男人赤膊，只穿一条短裤，什么年龄的都有，以老年为主，极胖或极瘦，很少有中间状态。女人披纱，只有中老年，一头钻到水里，花白的头发与纱衣纱巾纠缠在一起，喝下两口河水又钻出来。没有一个人有笑容，也没见到有人在交谈，大家全都一声不吭地泡在水里、喝水。

“有少数中年男女蹲在台阶上刷牙，没有人用牙刷，一半用手指，一半用树枝，刷完后把水咽下，再捧上几棒喝下，与其他国家的人刷牙时吐水的方向正好相反。

“突然来了一个警察，拨弄了一下河岸上躺着的一个老人，他显然已经死了，昨夜或今晨死于恒河岸边。没有任何人注意到，大家早已司空见惯。死者将被拖到不远处，由政府的火葬场焚化。但一般人绝不进那个火葬场，只要有点钱，一定去河边的烧尸坑。这个烧尸坑紧贴着河面，已成为河床的一部分，一船船木柴停泊在水边，船侧已排着一具具用彩色花布包裹的尸体。焚烧一直没停，恶臭扑鼻，工人们浇上一勺勺加了香料的油脂，气味更加令人窒息。这一切不仅让所有的人都能看到，而且居然成了恒河岸边最重要的景观！几个烧尸坑周围有很大一片陋房，被长年不断的烟火熏得油黑。火光烟雾约十米处，浮着半头死牛，腔体在外，野狗正在啃食。在过去几步，一排男人在刷牙咽水，一口又一口。”[1]

这是一种什么样的生存环境？连普通人的生活也谈不上，更不要说体

1　余秋雨：《千年一叹》，作家出版社 2002 年版，第 399—400 页。

面和尊严。人的生存,却没有“人”的要素,那算什么呢?这是一种印度现象,所以要分析,我们不能不从印度的特性说起。

印度与世界上其他国家不同的地方,主要有以下几方面:一、宗教信仰;二、文化基因;三、风俗习惯;四、政治体制。其中又以宗教长期对印度原居民的禁锢和牵制影响最大。

古印度文明在3500年前为雅利安人所灭,当时正值神巫时代,新政权的文明程度又远比当地原居民落后,除了用蛮力维持统治外,只有施展神巫迷信手段,许愿肤色较黑被打成贱民的人种会有美好来世,但今生的希望与权利却从此断绝,完全被剥夺掉。于是印度的种姓制度,得以维持数千年不变。神巫的信仰后来发展成印度教,印度踏进了神权政治时代,一大群人成了自己国内的“思想囚徒”。印度原住民的文明基因与后来长期主宰印度精神信仰的宗教,合起来成为剖析印度人生存状况最重要的抓手。

回到恒河边,我们看到的是文明的完全退化,“人”已经从一种特有的灵性动物退化,回到简单动物行列,思想不再独立活跃,也不再主宰个人的一切,只是机械式地操作着个人简单的生活需要。抽象一点的概念如清洁、卫生、欢乐、笑容等,已经远离大自然的简单要求了,所以不会再起作用。别人看来恶心的举动,他们却会泰然处之。文明社会一些升级版的细腻要求与行为能力,他们已经完完全全地交还给大自然。

我从一开始的极度惊诧中恢复了常态,虽然在感觉上一种莫名其妙的哀伤长久散不去。我不知道应该如何去感受。我的认识多了一个新坐标。在乱世中,他们的抵抗能力一定会远超我们,至于适应力和反应力,好像都不怎么样了,但究竟是好是坏,却无从分析。

在这里,我们应该可以更深刻地理解失去亲人、家园、家国保护的痛苦和无奈。只是真正的痛可能感受不到了,苦也可能不再认知,但它们存在于那些人的眼中,化作更复杂的、无复明状的平淡。

中华文明是自然淘汰下的最后一个古文明了,但它离野蛮的力量却越来越近,而且形成了被包围的态势。新的文明到底年轻,不知古文明成长过程的艰辛险阻，更不会理会个中得失深浅。深浅是以时日来浇铸量度的，年轻人又能从哪里找来没有过的历史时空？所以他们永远不会理解，到能理解时，已经迟了！

我们自己的年轻人也一样，因为他们的父母就是这样的，也不管好坏，也不管对错，就赶着自己子女学习外国文化，送他们出国，替外国人操那份莫名其妙的心，自己国家文化的传承，反而无足轻重，无关痛痒。

这个问题实在是太严重了！恒河边上的情景，可能有它的独特背景，但哪条河岸边上的背景，不是如此？不同的是生活质量与希望、前途而已。

我为中华文明的存续担忧。“哀莫大于心死”，这就是我们在恒河边上看到大规模出现的“边沿人间”景象。它是一个弃婴现象，文明被野蛮迫害、宗教麻醉后的特有迷离现象。这样严重的文明倒退，到底会否在别的地方发生，如果会又离我们多远，谁能告诉我？

带着这个巨大的问号，我无法继续剩下的旅程。我想，今天我可以脱队了；我搭乘的顺风车——文明千禧旅，也应该结束了。有待梳理的问题仍然很多，路仍然长远！

八十九、解读人生

世上所有宗教的目的，一定是与人为善，再就是解读人生，寻求心理慰藉、精神解脱。又有哪一个宗教的缔造者会想到人性的缺点，把所有宗教的美好愿景搞得一塌糊涂，从人性救赎的净化境界拖到人类相残的杀戮去处；从追求心境宁静到灵境成香火处处、喧嚣迷信的尘俗地方；从智者引导的参悟修道到有心人引领众生的盲目崇拜；从对人生真理的不懈求索到毫无理想，只有逸乐的游戏人间。

人生有欲，很多事情的美好性质，通过时日都会慢慢褪色改变。后来的操控者，如何能让他们都能与缔创人保持一致，这事太难了。我们生活在充满对立和矛盾的动态世界里，因果相随，一切选项尽在人间，得失对错却在个人。

于是，世界上有部分私心重的聪明人开始有了自己的小九九，沽名钓誉，敛财牟利，同时又想逢凶化吉，只得不失。

在这个前提下，聪明人会变得贪婪自私，尤其是小聪明的人。人类很多良好的天性泯灭了。美国的霸权靠军火商撑着，社会福利、废气减排、种族歧视和人权问题却一概少理，赤字巨大便靠收保护费借贷度日。本来美国是世界最富有的头等大国，在全球有很大影响，经常对世人颐指气使，并在各地挑起矛盾，诱发别人搞对抗，这不是好的政治。我知道很多人对美国充满憧憬,总觉得美国就代表自由民主。要这些人面对现实,醒悟过来,并不容易，但真的有那么一日，他们一定会很懊悔和痛苦。

人多了便必须有一个说话有分量的领头人，在需要时作出令众人信服的决策。公司如是，团体如是，国家也如是。在这个问题上，东西方都无异议，问题是如何决定“谁来做主”这个过程上。

东方是通过众人信服、众望所归的个人学识、年龄、修养和德望来作衡量准则的，于是这样的一个人有了决定权；在家有家长，宗族中有族长，村有村长，乡有乡长，市有市长，国家有首长，都要求德高望重者担任，出现偏差是因为看走了眼、选错了人。于是，年轻人反对封建的家长、族长，但又无法否定制度中存在的血缘关系和亲情纽带，所以迷茫，觉得西方自由。基本上现代人都反对封建主义，理由也在此，但到自己成为家长后，又会一反常态，不只是不再反对，而且是越来越过分地包办儿女的一切，甚至国籍和前途，传统特权也不会轻易放弃。

其实世界上没有绝对的东西，一切都存在着矛盾。我们都批评过的封建主义体制，问题如果出在掌权人的人品修养、学识脾性上，那我们就得从自己做起，尽力培养出有抱负、修养、魄力和担当的新一代接班人来。我们老祖宗知道两个道理：第一，人多了便必须有一个能说了算的人；第二，这个人必须找好。

要解决好上面两个问题，很多问题我们都已谈过，很多选项的好坏大家也清楚，但还是纠缠不休，为什么？因为我们总在东西方的逻辑、习惯上徘徊，同时又很少回看老祖宗的智慧，大概是有点习惯小瞧自己了。其实老祖宗早就知道，到最后一切条条框框和法律条文还得由人来制定这个道理。既然如此，这个人还不如直接由知根知底、德才兼备的能人做，来替大家做这个主。以前的大家族一家之主轻易会带上数十口人，一族之长更可能领上数百人，如果不是血缘最亲，就很难做到公平公正，自然也就更难令所有人信服。问题出现一定是在个人身上，不过这已经把第二个问题的风险减至最低了。如果我们连生养我们的父母都不能相信，世上可信之人还有谁？这是一个概括性的概念，例外当然存在。

至于一些人认为西方的陪审团制度更公平，我没有异议，但好的制度还需好的人选，于是又回到人的问题上。西方人思想较独立，不容易随波逐流，因为守法而显得很有公德心。他们不会卖弄小聪明，不会“上有政策，下有对策”这一套阳奉阴违的把戏。这些就已经说到我们全民素质的问题了，而非单纯的封建制度传统了。很多中国的问题在外国并不是不存在，可我们偏偏要把这些问题说成中国特色，哄堂一笑带过，并不想深究，更不要改良。有些中国人老是觉得外国好，于是想出国，想尽办法把上下三代人都移民海外，而不是贡献自己的才华，把自己国家建设、发展得更好。这样的歪理，却大有市场。你要解释讲理吗？他们根本就不愿意听，自己替自己和家人制造妄自菲薄、崇洋媚外的心态；教育制度更是过于现实而远离了本质，一线大城市尤甚，与松下幸之助的日本理想国教育蓝图比较，不能不令一些国人汗颜。

既然世界上没有绝对，那么5000年的存在就是我们依据的硬道理。我们应该以自己的传统为根本，努力与时俱进，使之好用才对。

西方标准，重法理不大重才德，通过公开的民主选举产生人选。于是谁最受群众欢迎，谁就紧握选举的脉搏和胜券，很多严重问题随此而来。再好的法律也需要人来执行，所以问题重心就转向执法人、影响民意的媒体、在幕后影响法律制度、操纵选举的人，甚至是财大气粗的财阀和他们所控制的无形的手。我们必须要知道，世界上没有离开人独立存在的法律，也没有在人缺席下运作的制度，所以一切仍然回到人为中心的世界。

既然东西方的制度到头来仍然是以人为中心运作，那么法律也好、规章也罢，离开了人，就不再存在。在这个前提下，人的修养和德行，重于一切。东方的问题，不在于人治或封建，而在于近百年来，我们只知道对传统全面打击,造成人民品德修养下滑。在中国,由于中下层干部数目众多，广大民众的公德心与自私心严重失衡，一部分人和干部存在较严重的侥幸心理，轻易以身试法，触碰“民心就是最大的政治”这条不能冒犯的底线，也就不难理解了。

世界问题离不开人，人的问题离不开人性。譬如《礼运》篇“七情”中的种种恶、自私、忌妒、仇恨，甚至懦弱、无血性到血性过猛导致暴力等。法律可以制约人性不良的一面，它是通过比犯法的人更大的蛮力来实现约束的，所以在西方经常爆发更多更大的暴力，绝非治本良方。修身、修德、修行、修性，治理的是人性中的劣根恶本，使之向善，虽不能立竿见影、短期收效，但长远来看，通过培养社会整体的良好风气，针对所有人进行德智教育，对管理干部进行重点培训，让他们引领良好风气，强化大众公德。当然，强大独立的监督建制和制度化的随时突击督察检查，才是成功的保证。不过，如果下情上达的渠道有效畅通，冤情和贪污舞弊等都能在社会上被及时有效地曝光，很多事情根本就不会发生。这，才是一切的重中之重！

九十、文明的基因

一路走来，我们经历过的文明文化，大概有这几个：埃及、美索不达米亚的两河流域、希腊、罗马、波斯、伊朗、阿拉伯、巴基斯坦和印度。它们各自都有独特的表现，如果能够简单地分类，或者可以从文明的基因这个角度去观察。

从地理范围分析，横贯亚欧的陆上丝绸之路大概就是北方游牧民族与南方农耕民族的分界线，北攻南守，长时间内一直保持锯齿状。

埃及和印度都是最早被灭的文明古国，入侵的游牧民族占据手段和管治方法有所不同，造成的严重毁灭性后果虽然相似，但表现在世人面前的具体情况却不一样。开罗和恒河边的观察，给人印象尤深。

灭亡了的文明留下了无可传承的子孙，他们大都生活得比较潇洒，也可以说是疏懒，精神面貌总显得有点涣散。这是我在开罗、在恒河边得到的粗略印象。但这些地方，入侵者和被侵略者是同时存在的，高层次的生活条件丢掉自己文明的人大概是轮不上了，所以我们沿途访问和遇到的，大多数是潇洒的人。他们身上流淌着难以掩盖的平和、善良、简单、亲切的遗传基因，从个性、言谈、行为举止中就能很好地看出来。当然，在这样的国家，我们又会发现一些通过消灭其他文明而存在的基因，所以印度和埃及这样的国家，总体表现总是十分复杂。

善良的文明基因推进文明的发展，会令人舒服，问题是这些文明如何抵抗野蛮人的迫害而不为所灭？我不知道答案能否在埃及和印度找到，但余下的美索不达米亚两河流域和中国，前者有着在侵占地上撒盐和播下荆棘种子的传统，好像一点都不和善。中东局面的混乱，持续了数千年，除了地理、政治、经济和宗教的因素外，难道文明的基因不是一直在起作用吗？我不敢想象下去，不过以后总会有机会做一些调查研究，猜测不是办法。

希腊的地理位置既好又不好。从经济角度看，它早期的迅速发展受益于航运的四通八达。从希腊的文化传统看，它是一个高度注重享受逸乐、哲理数学、观感美学的小岛国，又如何有能力抗拒野蛮、创造文明？不过如果我们换一个角度，就不难看出希腊有着丰富良性的文明基因。

罗马与希腊虽然近在咫尺，却全然不是那么回事了。恕我直言，我不喜欢罗马斗兽场。它就是一个兽类的屠宰场，哪里还有人类的文明存在？

波斯是一个古国的名称，到现在除了用在波斯湾，已经不存在了。“波斯人很大一部分是几千年前迁移到伊朗高原的雅利安人，查拉图士特拉的血统说明了这种渊源。”[1] 从印度和伊朗的古文献比较研究中，也可以推知远古时期，中亚地区北部曾存在过一个自称是“雅利安”的原始部落，大概就是印欧语诸民族部落的统称。公元前 1500 年左右，一支南下，定居于印度河上游地区；另一支向西南流窜，进入伊朗；还有一支进入小亚细亚地区。

波斯古国早已不在，只留下了大流士和居鲁士两个在历史中十分显赫的人物。人影响的时日毕竟有限，倒是波斯的拜火教令人印象深刻。拜火教的教义有好的部分，但它毕竟是排外的，带有那个时代的神巫色彩，与在印度流传的印度教有不少相似之处。从宗教角度去考量，这种文化带来的文明基因，并不理想。但从其他方面看，波斯被灭国后，继承的伊朗被外来文化消灭的次数更多了，现在终于以伊斯兰教立国，但又与伊斯兰世界的其他国家不合流，有着很大的传统差异。所以从这个角度看，波斯与伊朗的文化，应该是有着较浓的和平基因的。

阿拉伯文化很特别，起源于中东的两河流域，极具斗争性，这可能正是它为什么能够生存至今，腥风血雨却又长盛不衰的原因。这其中要研究的东西太多了，只能留待以后再说。

---

1 余秋雨：《千年一叹》，作家出版社 2002 年版，第 296 页。

巴基斯坦和印度本来是一脉相承的一个国家，但跟波斯、伊朗一样，扛不住外来的野蛮力量，早就被雅利安人接管统治了。雅利安人通过在印度设立印度教改变了原住民的很多习性，同时又基本上达到了把原住民和后来者长久分开隔离的政治目的。到入侵者变成了英国人，局面并没有太大改变，不过更早的时候阿拉伯人已经作为占领者存在过，并带来了伊斯兰文明。

英国人撤离时把印度分裂成数个国家，以不同宗教各自独立存在，如印度有印度教，巴基斯坦有伊斯兰教，斯里兰卡有佛教……至于原印度的平和文明基因，因为众多后来者的介入，野蛮的基因不断增多，人民心态也变得混乱和不自信，所以其综合表现也是那么与众不同。

终于又回到了中国。中华文明是这次自西向东古文明之旅的最后一站，满目疮痍的地方看多了，也看够了，文明的希望，应该出自这里，再也没有什么地方可以让我们寻找了。这还真不只是句只讲感情的话，是有充分理由的。中国不断地修建万里长城以抵抗长期从北方来的侵略者是一个最明显的物证；600 多年前中国明朝的郑和七下西洋也没有开疆拓土。当时郑和的舰队数目庞大，达二百余艘，六十余艘宝船（可作旗舰用）更是硕大无比，其中最大的长四十四丈四尺，宽十八丈，是当时世界上最大的海船，折合现今长度为 151.18 米，宽 61.6 米。船有四层，船上 9 桅可挂 12 张帆，锚重几千斤，要动用二百人才能起航，一艘船可容纳千人。马船较小，但也有三十七丈长，可以走马；其他货船、兵船、战船等也多，兵精粮足，后来西方一两艘小得多的战船便胆敢在沿海骚扰我国，甚至长驱直达北京，可见中国明朝政府不是不能为而是不为，因为中国没有殖民地这个概念，高丽等藩属小国，在朝鲜半岛也可以长期生存；陆路海路打通后也是只守不攻，反惹来倭寇和洋鬼子的觊觎。看来世界和平不易，必须要有足够的魄力胆色、血性和实力，才能保证。

如何寻找文明的和平基因和野蛮基因，上面有了些铺垫，困难还是很大的。

九十一、以史为鉴

人类源头文明的衰落，各有原因，但看来总离不开那两三个窠臼，这就成了它们共同的规律。文明应该是人类摆脱兽性的桎梏，走向和平共处。摆脱兽性、野蛮与不讲理脾性是所有文明建立的共同基石。能够成功开创并建立文明的人类部落差不多都是在同一的历史起跑线上起步，它们独自发展并拥有：（一）相互沟通的语言；（二）进步的生产手段；（三）自我保护及整体防卫的能力；（四）分工合理的管理制度；（五）传承和发展文明的文字和良好的文字载体。五者缺一不可。

文明与野蛮本来就是对立共存的概念，所以越文明越容易被野蛮破碎。现在世界的所谓“文明”，本来就是建立在野蛮之上，是伴随着奴隶买卖、殖民地掠夺、两次世界大战和长期悬在全人类头上的核威胁而产生的。所以我们首先要问的是人类到底进化了多少、进步了多远，如果人类不能在善恶之间、是非当中搞明白，如果人类追求的只是利益，如果人类仍然沉溺于物质享受，我们今天的“进步”，其实是文明的倒退！

文明的产生就像母亲的分娩，过程艰辛，不明确是否会有死伤。所以虽然拥有了文明产生的要素，并不能保证文明在产生后长期生存，因为到现在，人类仍然具有充沛的野蛮基因，竞争本来就是人类与生俱来的本领。我们大多数人只注重外表，但在西装革履包装下，说到底人仍然是那具臭皮囊。我们需要的不只是虚有其表的“绅士风度”，而是实实在在的“君子风范”！风度虽然值得欣赏，风范才是人类都应该追求的内涵修养！于是，在野蛮持续不断的攻击下，一个个几经艰难产生的文明被摧毁，其中就包括“四大源头”中的三个，仅剩下来的中华文明世人好像也不怎么珍惜，野蛮人攻打的攻打、破坏的破坏、歧视的歧视、忌妒的忌妒，最难理解的是传承中华文明的龙子龙孙，对它好像也不怎么看重看好，抛弃衣冠如抛掉敝屣，发了财的人急于转移财产外出；村里烟火早已稀疏，乡中人脉更是难以为继。城市在发展，却又欧风美雨连名字都要西化；教育在普及，只是外语培训机构多如牛毛，抢占了孩子们在小学阶段中最珍贵的知识营养吸收时段。家长们一窝蜂地把有限的资源用于替外国培养人才，坑了自家孩子！这样的环境叫中华文明如何好好生存，更何来发扬光大？

中华文明之所以能够生存至今，靠的全是祖先给我们留下的文明财富。从文明资源看，我们的祖先从一开始就没有亏待过我们：文房四宝、甲骨周易，四书五经、锦衣丝绸；文攻武卫、五湖四海，唐宗宋祖、当代风流；德行伦常，上下有序，人情世故，育幼无忧……

从国家层面看，包括管理制度、科举取士、有教无类、培养人才、忠官谏言、清官守廉、直官修史、武将守疆、才德兼备、举人唯贤……

从个人层面看，修身，齐家，再到治国，平天下。今人不谈修身，不重齐家，在我们高度西化的教育制度培育方便接驳出国的影响下，中国很多所谓的高级知识分子总爱高谈政治，阔论天下，用的却是西方思维逻辑，脱离国情；说话中不时引用缩写的英文词汇，更经常搭上三两句外语，好像是要拿来助威似的，与中国老百姓的语言习惯和理解力，完全脱节。

从社会层面看，注重礼乐兴邦，端正衣冠习俗，整顿民间风气，这些都是不能轻易放弃的衣冠传统、习俗纽带。清兵入关后很多高雅之士宁可逃避或留发不留头；伊朗人多次受到外族入侵被灭，但他们仍然千方百计地维持传统。而我们今人却把自己传统，也不区分好坏，也不深究原由，全弃之如敝履！

从发展层面看，注重厚积薄发，勤俭累积。西方的发家致富是从抢掠中得来，从抢掠中维持，这样做首先是民心不正，社会不公，总脱不掉野蛮色彩，又何来所谓文明？

对比之下，我们不难发现夭折了的文明是为什么衰落的，还不是外来蛮力所致，没有内因，又哪能起到这么大的摧毁作用？不过野蛮的力量一直在采取攻势，文明力量，顾名思义便知道只能守。这样的攻守力量，都会在自然状态中呈现不稳定的波浪形曲线，如果曲线是攻守同步，那就不那么可怕，自强不息就是了。在现实生活中，这些曲线一定会有错步错位的时段，攻方总会是安全的，但守方却经常面临巨大风险。譬如说，清兵入关、八国联军进京、日军侵华等事件，都是在中华文明的综合力量处于曲线的谷底，同时对手力量却处于曲线的峰值期间。出现这样的情况时我们再不能拿国家面积大小、人口多寡、资源对比、经济条件差距多大等分析说事。这时候精神面貌和人心背向才是决定一切的因素。所以说“民心是最大的政治”就是这个道理。团结全民的最大公约数，就是得民心！

日本人、韩国人都比中国人更容易团结，因为他们民族单一，资源较缺，岛国较小，但他们的野心也同时很容易变大。我们既然是防御型的和平国家，对自身防守力量的建设，发展经济，团结民心的工作，都是绝对不能松懈的。至于中下层官员，他们直接与群众接触，他们的素质和能力是否经过严格定期考核、监管？他们能否代表政府依法办事，抑或是依赖手中的行政权力，非法蛮横执法？这牵涉官员的个人利益和政绩表现，但执法的公与不公，却总是所有矛盾的集中点，是“民心工程”的关键部分。全国这么大，所以下情上达的渠道必须畅通宽敞，多设几个真心关注民间疾苦和不公并能真正解决问题的部门，保证国家的长治久安，都是刻不容缓的工作。

尾　声

野蛮是人类咿呀学语时期的唯一自保手段。就外表看，体积、力量、速度、灵敏度，人类都不及很多动物，但野蛮和智慧使人类生存了下来，并尝试逆着野蛮，创造文明。

今天，我们发觉野蛮已悄悄地把文明一个个带走了，剩下硕果仅存的一个，也曾有过一段风雨飘摇、危如累卵的日子。代替了差不多所有人类“文明”的“西洋科技工业文明”，也因此达至更大高度，通过军工与其利益输送体系，推动、制造而不是控制野蛮。

从东向西看，我们以前总觉得西方的野蛮文明相隔很远，对我们影响不大。中国人始终觉得自己国家地大物博，文明发展更是遥遥领先，加上北有长城，西有沙漠，东南诸岛，有南海、太平洋为我们天然屏障，不成威胁，海外国家，于是得出一种自以为是的大国安全感，一直到清代末年。

这一趟文明千禧之旅自西向东，方向的选择很恰当，是尾随着死去的三大古文明留下的遗址印迹，蹒跚赶路，约三个月抵达恒河畔，得到的却是完全不一样的感觉。我们着实感觉到了野蛮巨大而持续的力量及它所带来的灾难与痛苦。人类文明何时才能摆脱野蛮，走向美好和谐的大同世界？

车轮、脚步的测量是到尾声了，心路的历程却停不下来。千百年来人类不管是用哲学理论还是宗教信仰都不能解决的问题，到现在用科学手段是否就能解决好？如果不能，一切都是白说。如果可以，科学将会带领我们到一个怎么样的世界？它会是纯真无情的“冷科学”，还是带有人性的“暖科学”？人会把自己放到一个怎么样的位置？问题到这里，好像又回到“法治与人治”这个逻辑上来。也好，先说说这个，因为科学的将来，是冷是暖，我并不知道。

这是个“矛盾的世界”。解决世上问题只能靠力量平衡，而力量的产生与控制却离不开人。

道理这么一说，世界上好像就没有“人治与法治”这个矛盾，众人也没有争论不休的必要，因为它根本就不是个“矛与盾”的问题，它只是个选择题中的两个选项，一个成为聪明而富有的政治家玩弄权术的手段，把自己通过一定程序打扮成合法而且合乎民意的民主法治的代表，不按此程序得出来的人选，都被打压成不合法的，代表独裁与人治。

很多中国人崇尚西方的“民主”与“法治”，对西方严重的人权和种族歧视问题却选择性地视而不见，这是一种可悲的自我菲薄式偏见。如果西方的那套人为程序能够产生真正的民主和法治，世界上也就不存在矛盾了！如果世界上不再存在矛盾，那么“野蛮”与“文明”也不会再互为障碍。我们理想中的文明世界，天下为公的和谐境界，也就大有希望了！

人治靠人，但总离不开一定的法律基础；法治靠法，却又必须要有执法的人。西方有一句很古老的谚语：“什么样的人民就会有什么样的皇帝！”自己不去检讨自己并从改良自己做起，却把问题推给政府，只知埋怨，有用吗？美国前总统有一句警语：“不要问国家能为你做什么，你能为国家做什么？”国家是所有人的国家，爱国人人有责，全民素质（包括政府官员）一定都会得到很好提升，社会、国家也一定会好起来。

七八千年，是量度文明发展进度的杆尺，打回原形可用不上这杆尺，以百年为度，一度足矣，想着都觉得人类可悲，但沉醉在欢乐享受中的人们，却不这样想。

人有遗传基因，人性有善恶。我想，文明因人而产生，所以文明应该也会有基因，也会有善恶。当然，这样的善恶并无绝对定义，大概和人生存自然环境的好坏与随之而来的、在适应过程中发展起来的文明有关。

后　记

创新需要活跃的头脑、缜密的思维逻辑、平稳合理轻松的环境、充分丰富的知识，不过最重要的，还是敢为人先的勇气和坚韧不拔的探索精神。自然科学如此，人文科学也一样，都需要面对真理时敢说话的人。这些话不一定对，但不说出来便无人知晓，又如何纠正？更不要说创新？

生存依靠感觉。现实与感觉触动神经思维，引起感触；感触产生思想；不同程度的教育、文化背景和阅读习惯构建起不同角度和层次的思想；思想碰撞会迸出火花，产生星星点点的光明。这短暂的光明可能闪出智慧、创造历史、推动文明。在只为生存浑浑噩噩的凡尘俗世中，这是一条智者和勇者的心路，只有用行动成功走完这路的人才会留下历史的荧光和印记。

不管怎样，庸俗浑噩虽不可取，历史终究是由广大人民的力量谱写而成的，这种洪荒之力需要文明的组织、疏导和指引。代表文明力量的一般都是受过良好教育的社会精英，但什么才是真正的社会精英这个问题我们必须要彻底弄明白，东西方要求的不同也在这里。

创造财富者代表精英？能说善道，巧言令色的营销者代表精英？力量强大者代表精英？仁义智者代表精英？博爱善行者代表精英？……就简单地从东西方的看点探讨问题，答案已经不可能一样，因为各自的价值观早已形成不同的基点。但纵观人类整个文明的发展史，我始终认为，鲜仁寡义的社会出不了精英，只会产生富人和为富不仁的人。

中国传统文化既注重心学，也注重理学和伦理之学，但不大注重动手能力，心理上对工匠排斥，于是能知不能做，只说不能证，慢慢拉开了与一些自然科学的认知距离，而且越来越远，终于在清末全面落后。但是，当时的统治阶层、社会精英没有自我批评、检讨、省悟与修复的能力，最终使得社会整体陷于粗暴、自私、野蛮和动乱之中。这是文明发展的通病。中国人在学习追赶西方科技的同时，千万要清楚他们的不足和我们的所长，否则免不了会捡了芝麻丢掉西瓜。

“千禧之旅”一路走来，受益良多。我在看着旅途中的点点滴滴，想着意见相左的见解，受到触动，时而掩卷，时而踱步，时而抵腮，时而轻叹，也不急于写下自己的冲动想法，而是慢慢消化，多想想，再看看，总会激发出更多下笔为文的材料，成为本书结集的缘由。当然，意见不同并不一定代表对与错，我甚至希望能听到更多不同的声音，看到更多能令我改变想法的智慧。真能这样，我必会虚心拜读接受，并在本书有机会再版时更正致谢！

称它们为人类的“源头文明”，是因为这些古文明的开创性和全面性，既包括物质方面的需要、提供生产和生存自卫能力，又着重精神方面的满足，包括哲理性的甚至是不容挑战的神巫的、宗教信仰的安抚能力。这些众多“源头文明”在地球不同地区产生时，它们不约而同地都要面临随时夭折的命运。文明与野蛮毕竟是两个共生的对立体。

于是，在产生与夭折的反复过程中，“源头文明”剩下中东两河流域、埃及尼罗河流域、印度恒河流域和中华黄河长江流域四个。它们胜出后各自生存的时间长短不一，令人惋惜的是能熬到今天的仅存一个。

文明面对的问题早已从原始的战胜生存环境转变到战胜人类自身的“邪恶人性”上去！这问题既包括我们的私心欲念，又夹杂着挑战宇宙自然的野心。也就是说，它既包括巨大而野蛮的破坏力，也含有推动文明前进发展的强大动力。野蛮一直是人类拥有战胜一切的“蛮荒之力”，却胜不了自己负面的人性。

文明开创后便有了生命，就算是被蛮族消灭掉的文明也会不停地被继承和替代。埃及、美索不达米亚的两河文明和印度文明，就是如此。于是，“嫁接文明”出现了——希腊文明、波斯文明、新印度文明、罗马文明，伊朗文明、阿拉伯文明等，不一而足。

新的印度文明通过外来政权带来的种姓制度、宗教和统治慢慢摆脱掉与古印度文明相连的纽带，但外来野蛮政权的文化落后，基本上全盘接受和继承了原来的文明传统，但在宗教、种姓制度的推进下却把原住民的文化创造能力逐渐消磨殆尽。这样的变迁，慢慢地自然就会体现在印度人与众不同的精神面貌上。

到近代出现了一种创新型文明，即现代科技工业文明，只是它并不全面，只有科技，不顾人文。顾名思义，它就是一种非人性化的科技文明，正想以机器代替人类，在新一轮掠夺资源的过程中冲锋陷阵，替一些野心家卖“命”。这当然会比以前出现过的一切暴力、战争更野蛮、更无人性。

人类文明好像已经被单一的现代科技物质文明所挟持，并且已经走到了一个十分危险的历史转折点。中华文明的再度崛起，不仅代表了一个古老源头文明的复兴，更代表着全人类人文文明发展的希望。世界上如果有力量能够改变人类现代“唯物主义文明”走向的，恐怕也只有哲理性的、温和而人性化的中华文明了。

在文明与野蛮、哲理与宗教不断的较量角力中，每每是后者胜出，所以人类数千年来的修行，总成不了正果。人类明明清楚知道社会需要正义与公平，但文明的走向却一直摇摆不定。野蛮的力量无论多么可怕，人类在怕过之后总会“好了伤疤忘了痛”，自私的霸占欲望盖过正义与公平。人类良知的呼唤，就如同天籁之声一样，在众多手机、电视，以及游戏机的杂音掩盖下，再难听到。“于无声处听惊雷”会很响，应该很能打动人心，但现在的环境条件存在巨大的反差，更需要异常心静。

中华文明的责任是重大的。中华儿女都有责任传递一个声音，把有良知的哲理文明宣扬出去。

中国的宗教，都是先有哲学，然后派生出宗教。譬如孔子的儒学，因统治需要而成科举考试的必修科目，不入于一般宗教流派，但地位崇高超然。道家由老子所创，止于哲学，后人功利，因帝王追求长生不老的需要而开发炼丹修仙之术，慢慢成了教派，画符修仙，炼丹补阳，为了个人利益有点媚上媚俗，成为“道教”，而且教派很多。佛教本是佛学，由玄奘等佛学家从印度取经传入，年代晚了很多，但因贴近平民老百姓平和朴实、与人为善的精神需要而广为流传，汉、唐都得到朝廷的大力支持。一般人为生活奔波，不会想太多，更不会花时间在哲理冥想方面，简单的能够释放精神压力和心理负担的方法最合心意，宗教能够很好地完成这个使命，于是盛行不衰，愈能麻痹思想就有越多人追捧。这与现代的追星一族和粉丝现象是同一个道理。

在这里我想说个真实的故事。曾有友人在联合国工作，生活本来过得很不错。他在美国东海岸读大学，拿到的学位不下五个，有工科的、哲学的，还是理工科的博士。不过他最后放弃一切，跑到一所神学院去修读硕士学位，一去多年。有人问他：“你相信神的存在吗？”

又是这个永恒的话题，连答案都是：“信则有，不信则无。”对不信者来说，什么样的答案都会很轻松。但是，对虔诚的宗教徒来说，这绝对不是件轻松事，一点都亵渎不得，加上千百年来很多其他杂乱的世事混杂其中，事态变得异常复杂，本来就难解的结，现在更是纠缠不清了。

还是2000年前中国的哲人说得好：“知之为知之，不知为不知，是知也！”世人如果都能这样，问题其实是不难解决的。朋友被问后没有犹豫，随即便说：“我读理工科时不信，读历史哲学时不信，现在在修道院时也不能认真地说信。不过你知道吗，每个人内心世界的精神需要与意志力的强弱是有别的。坚强的人可以不受干扰，充分发挥自我支配的空间，但大多数人的精神还是比较脆弱的，有些甚至连简单的家庭经济压力都承受不了。所以有人会酗酒，有人会以家庭暴力的形式发泄……我不想过这样的生活，同时我对世俗社会的交际应酬、尘嚣喧闹感觉厌倦难受，对很多的社会不公感到不满，有些想去的地方又去不了，修道院的宁静正合我意，可以让我安静下来，不用再为生活奔波发愁，所以我愿意长期待在这里。这是我的人生选择，或许你们会说我是在逃避，但不管怎样，我找到了我感觉舒服的人生和地方。”

这位朋友的话可能不中听，但这就是宗教的功能，而且还是一种十分正面的功能。中国很多的寺庙、尼姑庵，不也在提供这种选择？至于对“少无适俗韵，性本爱丘山”的人来说，跑到深山去当隐士，融入自然，与世无争，优哉游哉，自得其乐，也是一种不错的选择。不过，对一个正在崛起的发展中国家来说，这些选择，并不可取，更不宜鼓励。

宗教不能解决世俗的社会问题，只能提供一个麻痹逃避的方法。中华文明的哲理注重修身，或可替世人指出一条更有建设性的出路。但国人中，妄自菲薄的人仍然不少，如不能先在内部形成共识，又如何凝聚世人之力？

很多人批判中国传统的封建主义和层层专制，但除了一味地仿效西方外又拿不出其他更好主意。仿效也就罢了，对西方的发展时间、历史长短、来龙去脉乃至其野蛮暴力倾向和核心价值观，却全然不知，只看到外表华丽的包装和船坚炮利的实用部分，就盲目追随，丢了自己传统与心智，还在议论纷纷，莫衷一是，这样又如何能够凝聚全民共识？

所有问题在人世间任何地方都会存在。所有文明、文化交汇的矛盾总和就成了我们生活的文明现实。就各文明自身问题的解决来说，却是万万不能与传统一刀切断，应该与时俱进，随着人们对以往愚昧无知的认识和科学知识的丰富普及，进行自我检讨。在总结得失之余，勇于改进，自我修复，把千百年来结出的果实精华，精心护理好，施加养分，细心栽培，使之焕然一新，发扬光大，造福民族，造福人间。愚昧部分，自当切除改正。至于所谓不科学、不民主部分，则宜细加区分，择优使用，而不是由一小撮人在百年前出国考察三年半载，不加深究，不明就里，不知底蕴，就匆匆忙忙地决定全盘师夷，囫囵吞枣，取舍不清，贻害至今。

当然，这里并没有要责怪谁的意思，在那个年代，大局所趋，形势使然。不过到了今天，应该知道选择，有所调整了。这就需要我们对中西文化都有比较深刻的认识。

于是我们要问，为什么民主选举产生的政权，一个个成为霸权？高喊自由、平等口号的国家，却深埋着严重的种族歧视和仇恨的种子？这些问题，为什么不能通过民主制度解决？这些现实问题，为什么众多发达国家的领导人，长期视而不见？

文明之旅我止步于恒河边。路是越走越不好过，所见的破坏与伤害，都已经从外层转移到内里，从肉体转移到心智上去。我看到了人“心死”的精神面貌与生活状态，不忍再看，甚至不忍再想，但在这个文明之旅中，中华文明还在咬着牙、挺着胸，坚韧不屈地延续着，而且现在已经与科技物质文明较上了劲，同场竞技，从千年为度改为百年为度，对手立的规矩，为了对付我们更是一再改变，双重标准改为多重，并且可以随时推倒重来，核讹诈的弹头又老是高悬场中，加上“现代科技文明”参赛者可以轻装上阵，叫板传统，古文明却不能更不敢对整个人类赖以延续生存的人文文明轻易抛弃，力量分散，我要与人为善，对手却是一心要与我为敌，又怎能不想？

但找寻文明生存的解决方案需要回到最后一个文明古国，于是中国成了我长期驻足思考之地。在再出发寻觅资料之前，上面的一些见解成了我的部分答案，有的问题需要我在文明的基因上下功夫，这样，“文明的基因”就成了我下一本书的题目。

“业精于勤而荒于嬉，行成于思而毁于随”，中华民族在崛起，但世界绝不太平，居安思危，是必要的。